"十四五"普通高等教育本科部委级规划教材

珠宝首饰营销管理

李桂华　黄磊　主编

章前引例　　　　　拓展阅读　　　　　章后测练

中国纺织出版社有限公司

内 容 提 要

本书涵盖了开展珠宝首饰营销工作应掌握的基础知识、理论框架和实操技能，按照"基础知识—战略设计—策略执行—销售实操—策划实务"的逻辑，科学构建珠宝首饰营销管理工作的知识体系。

本书的营销思想和观点紧密结合珠宝首饰行业的竞争现状及发展趋势，同时具有学科前沿性和视野国际化的特征，收录了大量国内外经典的珠宝首饰营销案例，范围涵盖国际知名品牌、本土老字号品牌和面向新消费的新创品牌。在章节布局上，除了知识点主体内容外，还提供了章前引例、拓展阅读、章后测练数字资源，帮助读者结合丰富多元的实际案例掌握核心知识点。

图书在版编目（CIP）数据

珠宝首饰营销管理 / 李桂华，黄磊主编 . -- 北京 ：中国纺织出版社有限公司，2025. 9. --（"十四五"普通高等教育本科部委级规划教材）. -- ISBN 978-7-5229-2749-7

Ⅰ. F768.7

中国国家版本馆 CIP 数据核字第 2025W14E85 号

责任编辑：亢莹莹　　特约编辑：黎嘉琪
责任校对：高　涵　　责任印制：王艳丽

中国纺织出版社有限公司出版发行
地址：北京市朝阳区百子湾东里 A407 号楼　邮政编码：100124
销售电话：010—67004422　传真：010—87155801
http://www.c-textilep.com
中国纺织出版社天猫旗舰店
官方微博 http://weibo.com/2119887771
三河市宏盛印务有限公司印刷　各地新华书店经销
2025 年 9 月第 1 版第 1 次印刷
开本：787×1092　1/16　印张：20
字数：368 千字　定价：69.80 元

　　管理学大师彼得·德鲁克认为：企业只有两个基本功能——营销和创新。营销不仅关系企业在当代商业社会中的生存与发展，也影响和决定一个行业的竞争法则。当前我国已成为世界上重要的珠宝首饰生产国和消费国，珠宝首饰消费逐渐成为继住房、汽车之后的又一国民消费热点，在这样的背景下，掌握科学系统的营销管理知识和技能，是珠宝首饰企业管理者制定经营决策的关键。目前，国内大多数营销管理教材并没有特别聚焦于珠宝首饰行业，通识性的市场营销课程和教材难以适应珠宝首饰行业中的低频次、个性化、仪式感等消费特征，未能通过专业教育和课程体系形成对我国珠宝首饰行业转型升级的有力支撑。

　　结合我国珠宝首饰行业稳步增长的发展现状及消费偏好的变化趋势，本书在深刻洞察行业人才需求转型升级方向的基础上，以珠宝首饰企业的营销管理者和高校相关专业研究生、本科生等为受众，提供了一套有助于解决珠宝首饰营销管理复杂决策的知识体系与思维框架。通过本书的学习，学习者不仅能够了解珠宝首饰企业经营的商业环境，也能掌握开展珠宝首饰营销活动所需的专业术语和通行法则，更重要的是，结合本书中提供的国内外珠宝首饰营销经典案例，学习者能够通过理性与感性的碰撞，在珠宝首饰行业情境中真实体验营销管理"科学与艺术"的交融及挑战。

　　在充分考虑珠宝首饰行业特殊性的情况下，为了帮助学习者循序渐进、由浅入深地理解和把握珠宝首饰企业营销管理的本质规律，本书的知识体系按照"基础知识—战略设计—策略执行—销售实操—策划实务"的逻辑进行编写，共分为五篇。其中，基础篇主要解读了珠宝首饰营销活动的特点趋势及其宏观、微观环境，包含珠宝首饰营销导论、营销环境、消费者行为和市场调查及需求预测等四章内容；战略篇从顶层设计的角度探索珠宝首饰营销的整体架构和思路，包含通用竞争战略、目标市场营销战略和品牌化战略等三章内容；策略篇以"4P"营销要素组合为主体，兼顾营销组合策略的比较及数字化技术的影响，包含产品策略、营销渠道策略、定价策略、促销策略、营销组合策略及数字化营销策略等六章内容；实操篇聚焦珠宝首饰销售落地的具体方式与方法，以打通企业与顾客成交的"最后一公里"为目标，包含销售方式、拍卖与典当、销售技巧等三章内容；策划篇从理论学习和实际应用两个方面，为学习者完成珠宝首饰营销策划方案提供知识与案例，包含策划程序和组织、策划方案实例等两章内容。

与传统营销管理教材或参考书相比，本书的特点体现为"知识全面、逻辑清晰、国际视野、案例多元"。如上所述，首先，本书聚焦于珠宝首饰行业，因此对该行业开展营销活动时的共性与特性等要求进行了充分考虑，在专业术语、行业规则及特定交易模式等方面进行了详细的解读并提供前沿见解；其次，尊重受众的学习规律，除了每章的主体知识外，本书还设置了"学习目标""章前引例""拓展阅读""重要名词""复习思考题"和"章后测练"等板块，有效形成理论学习与效果反馈的闭环；再次，本书为学习者在全球经济一体化的背景下学习国外知名珠宝首饰品牌营销策略提供相关知识，也为我国珠宝首饰走出去提供基础的框架和思路；最后，本书涵盖了大量最新或最经典的国内外珠宝首饰营销案例，通过案例学习和阅读丰富拓宽学习者的知识面，也适用于课堂上的案例教学。

本书由南开大学商学院李桂华教授和重庆理工大学管理学院黄磊副教授共同主编，并负责全书设计、统稿和修改工作。本书撰稿人来自多个高等院校或专业岗位，其中既有珠宝首饰营销教授，也有珠宝首饰鉴定专家或拍卖典当专家。本书初稿具体分工是：李桂华负责撰写第一、第二章，黄磊负责撰写第十一、第十六章，袁绍峰（辽宁大学）负责撰写第三、第四、第十三章，以及第十四章的第三节，张健敏（南开大学）负责撰写第五、第十二章，王博（南开大学）负责撰写第七章，张兆辉（北京商贸职业学院）负责撰写第八、第十章，欧义蓉（南开大学）负责撰写第六、第九章，以及第十四章的第一节和第二节，姚草鲜（南开大学）负责撰写第十五章，王硕（南开大学）负责撰写第十七、第十八章。此外张雨菁、刘晓轲、成宗峻、胡纪文、杨婧妍等参与了本书的案例素材收集和相关资料整理工作。在此，我们向本书所有的直接或间接贡献者表示感谢。同时，还要感谢给我们带来学术见解和行业观点的同行及企业管理者们，正是他们的建议使我们对珠宝首饰行业的营销管理有了更深刻的认识和体会。

在本书编写过程中，我们参考和借鉴了大量相关高水平研究型论文、专业著作和众多专业网站的内容和素材，并在所有观点引用中尽可能罗列了参考资料来源，但仍然可能有所遗漏，在此对可能的疏忽向原文作者致歉。因水平有限，书中难免存在疏漏和不妥之处，恳请同行专家和广大读者批评指正。

李桂华　黄磊

2024年5月6日

教学内容及课时安排

篇（课时）	章	课程性质（课时）	节	课程内容
第一篇 珠宝首饰 营销基础 （8课时）	第一章	必修课 （2课时）	●	**珠宝首饰营销导论**
			第一节	市场营销的核心概念
			第二节	珠宝首饰营销概念及特点
			第三节	珠宝首饰营销趋势
	第二章	必修课 （2课时）	●	**珠宝首饰营销环境**
			第一节	影响首饰营销的宏观环境因素
			第二节	影响首饰营销的微观环境因素
			第三节	珠宝首饰的市场类型与竞争战略
	第三章	必修课 （2课时）	●	**珠宝首饰消费者行为**
			第一节	珠宝首饰的消费需要
			第二节	不同需要驱动下的购买行为
			第三节	珠宝首饰的购买决策
			第四节	对珠宝首饰营销管理的实践启示
	第四章	必修课 （2课时）	●	**珠宝首饰市场调查与需求预测**
			第一节	市场调查的战略意义和主要内容
			第二节	珠宝首饰市场调查程序与方法
			第三节	珠宝首饰市场预测程序与方法
第二篇 珠宝首饰 营销战略 （10课时）	第五章	选修课 （2课时）	●	**珠宝首饰企业通用竞争战略**
			第一节	通用竞争战略概述
			第二节	总成本领先战略
			第三节	差异化战略
			第四节	集中化战略
	第六章	必修课 （4课时）	●	**珠宝首饰的目标市场营销战略**
			第一节	珠宝首饰市场细分
			第二节	珠宝首饰目标市场选择
			第三节	差异化与市场定位

续表

篇（课时）	章	课程性质（课时）	节	课程内容
第二篇 珠宝首饰 营销战略 （10课时）	第七章	必修课 （4课时）	●	**珠宝首饰品牌化战略**
			第一节	珠宝首饰品牌概述
			第二节	珠宝首饰品牌战略规划
			第三节	珠宝首饰品牌价值维护
第三篇 珠宝首饰 营销策略 （12课时）	第八章	必修课 （2课时）	●	**珠宝首饰产品策略**
			第一节	产品的概念与珠宝首饰产品
			第二节	珠宝首饰产品与珠宝首饰设计
			第三节	珠宝首饰产品与珠宝首饰包装
	第九章	必修课 （2课时）	●	**珠宝首饰营销渠道策略**
			第一节	营销渠道的作用与基本模式
			第二节	营销渠道的参与者及其职能
			第三节	营销渠道的设计与管理
			第四节	全渠道设计与珠宝首饰营销
	第十章	必修课 （2课时）	●	**珠宝首饰定价策略**
			第一节	珠宝首饰定价原理与方法
			第二节	珠宝首饰定价策略
			第三节	珠宝首饰调价策略
			第四节	珠宝首饰估价策略
	第十一章	必修课 （2课时）	●	**珠宝首饰促销策略**
			第一节	整合营销沟通
			第二节	人员推销策略
			第三节	广告策略
			第四节	销售促进和公共关系策略
			第五节	促销策略发展新趋势
	第十二章	选修课 （2课时）	●	**珠宝首饰营销组合策略**
			第一节	4P营销组合策略
			第二节	4C营销组合策略
			第三节	4R营销组合策略
			第四节	4V营销组合策略

篇（课时）	章	课程性质（课时）	节	课程内容
第三篇 珠宝首饰 营销策略 （12课时）	第十三章	选修课 （2课时）	●	珠宝首饰数字化营销策略
			第一节	大数据营销策略
			第二节	社交媒体营销策略
			第三节	内容营销策略
第四篇 珠宝首饰 销售实操 （6课时）	第十四章	必修课 （2课时）	●	珠宝首饰销售方式
			第一节	珠宝首饰销售方式概述
			第二节	基于零售终端的珠宝首饰销售方式
			第三节	珠宝首饰无店铺的销售方式
	第十五章	选修课 （2课时）	●	珠宝首饰拍卖与典当
			第一节	珠宝首饰拍卖概述
			第二节	珠宝首饰拍卖的程序与组织管理
			第三节	珠宝首饰典当概述
			第四节	珠宝首饰绝当品营销的程序与组织管理
	第十六章	必修课 （2课时）	●	珠宝首饰销售技巧
			第一节	设计销售程序
			第二节	选择具体销售方法
			第三节	销售队伍管理技巧
			第四节	设计销售组织架构
第五篇 珠宝首饰 营销策划 （4课时）	第十七章	必修课 （2课时）	●	珠宝首饰营销策划程序和组织
			第一节	珠宝首饰营销策划相关概念
			第二节	珠宝首饰营销策划程序与关键因素
			第三节	珠宝首饰营销策划的组织与管理
			第四节	珠宝首饰营销策划创意与方法
	第十八章	选修课 （2课时）	●	珠宝首饰营销策划方案实例
			第一节	珠宝首饰营销战略策划
			第二节	企业品牌策划
			第三节	产品策划
			第四节	促销策划
			第五节	销售渠道策划

注 各院校可根据实际课程情况调整。

目录
CONTENTS

02

03

第一篇

珠宝首饰营销基础

01

第一章　珠宝首饰营销导论

本章提要

　　通过本章学习，学生可掌握市场营销的基本概念、内涵与营销理念的演进过程，掌握珠宝首饰营销概念及其特点，了解珠宝首饰营销趋势和基本环节，以及影响珠宝首饰营销过程的因素。

章前引例　　周大福的一次重要转变

第一节　市场营销的核心概念

一、市场的结构及其时代演进

（一）市场的定义

　　市场是与商品经济紧密联系在一起的概念，随着商品经济的发展，市场的概念也在发展变化，形成了狭义和广义两个视角的不同内涵。

　　从狭义的视角看，市场是指商品交换的场所或地点。这是从其外在形式来描述的市场，这种形式上的市场在历史上早已出现，直到现代社会仍广泛存在，如集贸市场、超级市场、百货商场等。

　　从广义的视角看，市场指以交换过程为纽带的现代经济体系中的经济关系的总和。这是从其内在联系或内在本质来描述的市场，是随着人们对社会经济关系认识的深入而出现的。这种意义上的市场主要侧重于一般经济关系分析，这是经济学研究的重点。

（二）市场的结构

市场结构，又称市场类型，是反映竞争程度不同的市场状态。一个行业属于什么类型的市场结构，主要依据有以下三个方面。

第一，本行业内部的生产者数目或企业数目。如果本行业就一家企业，那就可以划分为完全垄断市场；如果只有少数几家大企业，那就属于寡头垄断市场；如果企业数目很多，则可以划入完全竞争市场或垄断竞争市场。一个行业内企业数目越多，其竞争程度就越激烈；反之，一个行业内企业数目越少，其垄断程度就越高。

第二，本行业内各企业生产者的产品差别程度。这是区分垄断竞争市场和完全竞争市场的主要方式。

第三，进入障碍的大小。进入障碍是指一个新企业要进入某一行业遇到的阻力，也可以说是资源流动的难易程度。一个行业的进入障碍越小，其竞争程度越高；反之，一个行业的进入障碍越大，其垄断程度就越高。

根据这三个方面因素的不同特点，将市场划分为完全竞争市场、垄断竞争市场、寡头垄断市场和完全垄断市场四种市场类型（表1-1）。四种市场结构中，完全竞争市场竞争最为充分，完全垄断市场不存在竞争，垄断竞争和寡头垄断具有竞争但不充分。

表1-1　四种市场结构

市场结构	完全竞争	完全垄断	寡头垄断	垄断竞争
厂商数量	无数	唯一	少数	许多
同质性	同质	无替代	同质、有差别	有差别
进退障碍	自由	封锁	困难	基本自由
信息完全性	完全信息	不完全信息	不完全信息	不完全信息

资料来源： 作者根据公开资料整理。

二、市场营销的概念及理念的演进

（一）营销概念的发展

自营销学诞生以来，对营销概念的理解也经历了一个发展过程。不同的定义从不同侧面（或层面）对"营销"进行了诠释，为我们深入理解营销的内涵提供了不同的视角。本书将重点考察几个有代表性的定义。

美国营销学教授查尔斯·拉伯（Charles W. Lamb）认为："营销概念包含两个方面，首先，它是一种哲学、一种理念，是正确观察事物的能力，或是强调顾客满意度的一种

管理导向；其次，它是指实施这种哲学的一系列活动"。❶

菲利普·科特勒（Philip Kotler）在借鉴美国市场营销协会（American Marketing Associates, AMA）定义的基础上提出了对"营销"的理解，即"市场营销就是为顾客创造价值，并建立牢固的客户关系，进而从顾客那里获取回报的过程"。❷该定义强调了最核心内涵，即营销是通过提供卓越价值吸引新客户并留住老客户，通过传递满意度发展和维护客户关系，最终营销者要获得回报。

实际上，美国市场营销协会平均每几年就对市场营销的定义作出一次修订。距今最近的一个版本是2017年给出的定义，认为："营销是创建、交流、提供和交换对消费者、客户、合作伙伴甚至整个社会有价值的供给物的活动、机构和过程。"

（二）营销的核心概念

1. 需要、欲望与需求

（1）需要。需要（needs）是指有机体内部的某种缺乏或不平衡状态，它表现出有机体的生存和发展对客观条件的依赖性，是有机体活动的积极性源泉。例如，血液中血糖成分的下降会产生饥饿求食的需要；水分的缺乏会产生口渴想喝水的需要等。人的需要并非由营销人员创造，而是人类与生俱来的生理与心理的基本组成部分。当一个人的需要没有被满足时，他有两种选择：寻找可以满足这种需要的东西，或者减少这种需要。在现代社会，人们主要通过各种手段来发展新产品以满足各种需要。

（2）欲望。欲望（wants）是人类为满足某类需要而产生的对特定物品或服务的渴望，是由文化和个性塑造的人类需要的形式。例如，一对准备结婚的情侣想要一对钻戒，另一对想结婚的情侣想要一对金饰品；一个饥饿的人想吃一碗牛肉面，另一个人则想吃精品川菜来果腹。

（3）需求。为了满足需要而产生的欲望，还要有购买力做支撑，才能转化为需求（demands）。它反映消费者或组织对特定物品、服务等的实际购买意愿和购买能力。一个人可能有无限的欲望，但只有有限的财力，他必须在其购买力范围内选择最佳产品来满足自己的欲望。在这种情况下，他的欲望就变成了对特定产品的需求。

2. 产品与服务

（1）产品。产品（product）是指能够满足组织或个人的需要和欲望的任何客体。它不仅包括有形的实物、无形的服务，还包括构思或思想理念；科特勒甚至认为还包括人物（persons）、地点（places）和组织单位（organizations）等。例如，消费者在购买钻

❶ Mcdaniel L H. Marketing [M]. 4th ed. New York: International Thomson Publishing, 1998:4.

❷ 菲利普·科特勒, 凯文·莱恩·凯勒. 营销管理 [M]. 3 版. 北京：清华大学出版社，2007：2-3.

戒时会考虑哪个品牌；看电视时要决定观看哪一个表演者；假期里旅游要决定到哪个景点；在某项活动中要决定支持哪一个单位等。

（2）服务。服务（service）是根据美国市场营销协会的定义，指用于出售或者同产品放在一起进行出售的活动、利益或满足感。该定义表明，服务是无形的活动和过程，其结果一般不会导致所有权的转移。

3. 质量、价值、满意与忠诚

（1）质量。质量（quality）对商品或服务的效能具有直接影响。因此，它与顾客价值和顾客满意度密切相关。从狭义来看，可以将质量界定为"无瑕疵"。但是，绝大多数以顾客为中心的企业对质量的界定都远远不止于此，他们是从顾客满意的视角来界定质量的。美国质量协会把质量定义为与一种商品或服务满足顾客需要的能力有关的各种特色和特征的总和。这些以顾客为中心的质量定义说明，质量始于顾客需要，终结于顾客满意。

（2）顾客价值。顾客价值（customer value）又称为顾客感知价值（customer perceived value），它是一个有特定含义的概念。如图1-1所示，顾客价值是指顾客总价值（效用）与顾客总成本之间的差异。顾客总价值与顾客总成本间差异越大，顾客价值就越大；顾客价值大，就意味着顾客以同样的价钱购买到了最有效用的产品或最佳的服务。

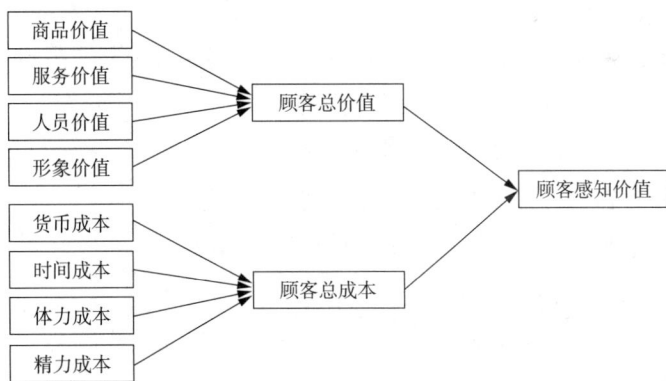

图1-1　顾客感知价值

顾客总价值是指顾客购买某种物品或服务所获得的一系列收益，包括商品价值、服务价值、人员价值和形象价值等。商品价值是指商品的功能、特性、品质、品种及式样等产生的价值；服务价值是指伴随产品的实体出售，企业向顾客提供的各种附加服务；人员价值是指企业员工的经营理念、业务能力、工作次序、应变能力等因素带给顾客的利益；形象价值是指企业及其产品在社会公众中形成的总体形象产生的象征性利益。

顾客总成本是指顾客为获得该物品或服务耗费的货币成本与非货币成本，非货币成本又可划分为时间成本、体力成本与精力成本。货币成本是指顾客购买商品时支付的价格、交通费和保险费等一系列货币支出；时间成本是指顾客从产生购买愿望到购得商品的全过程所耗费的时间；体力成本是指顾客在购买过程中进行选择、判断、购买、运输和安装付出的体力；精力成本是指顾客在购买过程中进行选择、判断、购买、运输和安装付出的心理成本。

（3）顾客满意。营销中所说的顾客满意（customer satisfaction）是指顾客可感知的产品实际性能或功效与其期望水平对比的感觉状态。顾客满意程度一般有三种状态，即不满意（dissatisfied）、满意（satisfied）和非常满意（delighted）。如果产品的实际性能或功效低于顾客的期望水平，那么顾客就会不满意；如果产品的实际性能或功效等于顾客期望的水平，顾客就会满意；如果产品的实际性能或功效高于顾客期望的水平，那么顾客就会非常满意。

顾客的期望值是由以下因素决定的：过去的购买经验、朋友和伙伴的各种评价、厂商的广告及其他承诺宣传等。可见，企业的宣传与承诺对形成顾客期望值起到重要的作用。在企业提供的商品和服务效用既定的情况下，如果广告宣传使顾客的期望值提升太高，结果很可能使他们失望；反之，广告宣传中许诺太低，又不一定能吸引顾客的购买欲望。因此，企业在营销中要掌握好广告宣传与顾客满意之间的关系。

（4）顾客忠诚。顾客忠诚（customer loyalty）是指顾客重复购买的一种长期承诺，它涉及对销售商的一种有利的认知态度和重复惠顾。

如图1-2所示，由态度和行为两个维度构成的顾客忠诚矩阵，可以划分为忠诚、潜在忠诚、虚假忠诚与非忠诚四种类型。其中，忠诚是指同时具有高重复惠顾行为和高关系态度，这显然是营销人员的终极目标。

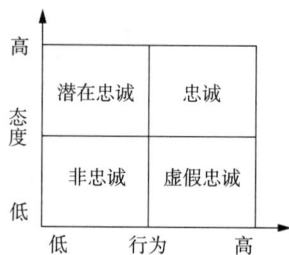

图1-2 顾客忠诚矩阵

潜在忠诚，是指顾客对企业品牌比竞争对手的品牌有更强的偏好或态度倾向，但由于情境或环境变量，他们并未表现出高重复惠顾。例如，消费者对某一品牌的服装具有很强的态度偏好，但也许并不经常购买，因为他们希望自己的着装呈现多样化，抑或其可支配收入不足以支付服装的价格。

虚假忠诚，是指消费者经常购买某一品牌的产品，但并未感觉到不同品牌的同类产品之间存在显著差异。如果在某类产品中没有替代品，或者消费者之所以选择某一品牌是过去的经验与习惯使然，这时就出现了虚假忠诚。

非忠诚，是指顾客在可以相互替代的品牌之间几乎没有看到差异，且很少重复购买。此时，品牌转移是经常性的行为，顾客往往根据一些情境因素做出购买决策。

4. 营销者与潜在顾客

市场营销是一个社会管理过程，在交换双方中，如果一方比另一方更主动、更积极地寻求交换，就将前者称为营销者，将后者称为潜在顾客。换句话说，营销者是指从事市场营销活动的人。尽管我们通常认为营销是由卖方负责的，但实际上买方也在进行营销活动。当消费者寻找所需要并买得起的商品时，他们就在"营销"；而当企业采购人员需要设法找到销售商并争取较好的交易条件时，他们也是在"营销"。营销者既可能是卖方，也可能是买方。

如图1-3所示，以想要购买一个钻戒的消费者为例，钻戒品牌商满足其需要与欲望的过程即完整体现了营销的核心概念。

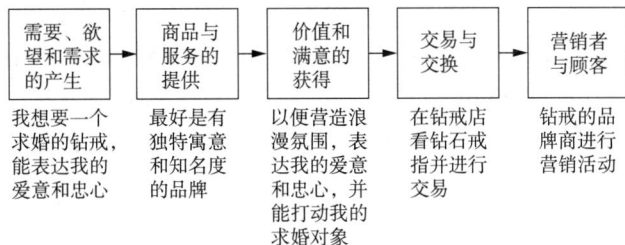

图1-3　营销的核心概念示例

（三）市场营销理念的演进

企业的市场营销理念，是指导企业决策人员进行市场营销实践活动的基本思想，也是企业的经营哲学。从营销理念的历史发展来看，自营销学于20世纪初在美国出现以来，到20世纪90年代，营销理念先后出现过七种形式，即生产理念、产品理念、推销理念、营销理念、社会营销理念、大市场营销理念及全球营销理念。

1. 生产理念

生产理念（the production philosophy）是指企业的一切经营活动以生产为中心，围绕生产来安排一切业务，以产定销。生产理念的假设前提是：消费者可以接受任何买得到和买得起的商品，因而企业的主要任务就是努力提高效率，降低成本，扩大生产规模。例如，20世纪20年代美国汽车大王亨利·福特（Henry Ford）的经营哲学就是千方百计地增加T型车的产量，降低成本和价格，以便更多地占领市场，但不在乎消费者对汽车颜色等方面的爱好。当时福特曾说："不管顾客的需要是什么，我们的汽车就是黑色的"。美国皮尔斯堡面粉公司从1869年成立到20世纪20年代以前，也一直运用生产理念指导企业的营销管理活动。他们的口号是"本公司旨在制造面粉"。

2.产品理念

产品理念（the product philosophy）是在生产理念发展的末期出现的一种营销理念。这种理念认为，企业的主要任务是提高产品质量，只要产品好，就能卖出去；只要有特色商品，自然会顾客盈门。在我国流行的"酒好不怕巷子深"和"一招鲜，吃遍天"等谚语，都是产品理念的反映。这种理念和生产理念一样，无视消费者的需求和欲望。因此其在营销上有两个缺陷：其一，工程师在设计产品时并不知道消费者对其产品的价值衡量标准，结果生产出来的产品很可能低于消费者预期价值，从而造成滞销；其二，企业一味追求高质量往往会导致产品质量和功能过剩。高质量、多功能往往附带着高成本，消费者的购买力是有限的，如果产品质量过高，客户就会拒绝承担为这些额外的高质量增加的成本，从而转向购买其他企业的产品。

3.推销理念

推销理念（the selling philosophy）是20世纪30年代以后出现的营销理念。这种理念可概括为"我们卖什么，就让人们买什么"。例如，到了1930年左右，皮尔斯堡面粉公司发现自己的经销商有的已经开始从其他厂家进货，为了扭转这种局面，公司选派了大量推销员上门推销，同时更改原来的口号为"本公司旨在推销面粉"。推销理念基本属于"高压推销"或"强力推销"范畴。

从生产理念转变为推销理念，使销售工作在企业中的地位大大提高，但没有跳出"生产导向"或"以生产者为中心"的范畴，基本上仍然属于以产定销、先产后销的旧的营销理念。与生产理念的区别在于，推销理念认为消费者一般不会根据自身的需要和愿望主动地选择和购买商品，企业只能通过推销产生的刺激，诱导其产生购买商品的行为。

4.营销理念

营销理念（the marketing philosophy）最早是在美国出现的。这种理念的准则是"市场（顾客）需要什么，就生产和推销什么"，或者是"能卖什么，就生产什么"。这是一种以销定产的顾客导向理念，是营销学发展史上的一次根本性变革。

这次根本性变革的背景是整个资本主义市场的格局由原来的卖方市场转变成了买方市场。在这种情况下，许多大企业提出"哪里有顾客的需要，哪里就有我们的机会"和"一切为了顾客的需要"等口号。皮尔斯堡面粉公司在1950年左右经过调查，了解到战后人们生活方式已经发生了变化，家庭妇女采购食品时，日益要求以多种多样的半成品或成品代替购买面粉回家做饭。针对顾客需求的这一变化，公司主动采取措施，开始生产和推销多种成品和半成品的食品，使销售量迅速增长。1958年，他们又进一步成立了皮尔斯堡销售公司，着眼于长期占领食品市场，研究今后3~30年消费者的消费趋势，不断制造新产品，培训新的销售人员。

5.社会营销理念

进入20世纪70年代后，又出现了社会营销理念（social marketing concept），这是在面对全球性的生态危机、资源短缺、人口爆炸、金融动荡等现象，单靠满足个体消费者需要的营销理念已远远不够的情况下发展起来的新理念。它要求经营者在奉行以消费者为中心的营销理念的同时，必须牢固树立保护生态、节省人力资源和地球资源、限制人口增长，以及实施经济、社会与自然相互协调的可持续发展战略等价值观念。它主张营销活动当以顾客、社会与企业三方的共同利益为核心，强调企业目标与社会发展目标的统一（图1-4）。这是从更广大的全球全社会角度对消费者的长远需要和利益的认识和理解，也是对营销学本质更为全面和深入的认识。

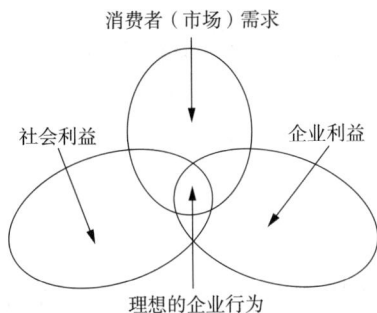

图1-4 社会营销理念示意图

6.大市场营销理念

大市场营销理念（megmarketing concept）是20世纪80年代以来市场营销理念的新发展。它是指导企业在封闭市场上开展市场营销的一种新的营销战略思想，其核心内容是强调企业的市场营销既要有效地适应外部环境，又要能够在某些方面发挥主观能动作用，使外部环境朝着有利于企业的方向发展。

大市场营销理念与一般营销理念相比，具有以下两个特点：第一，大市场营销理念打破了"可控制要素"和"非可控制要素"之间的分界线，强调企业营销活动可以对环境产生重要的影响，使环境朝着有利于实现企业目标的方向发展；第二，大市场营销理念强调必须处理好多方面的关系，才能成功地开展常规的市场营销，从而扩大企业市场营销的范围。

7.全球营销理念

全球营销理念（global marketing concept）是20世纪90年代以后，市场营销理念的最新发展，它是指导企业在全球市场进行营销活动的一种崭新的营销思想。全球营销理念在某种程度上完全抛弃了本国企业与外国企业、本国市场与外国市场的概念，而是把整个世界作为一个经济单位来处理。全球营销理念强调营销效益的国际比较，即按照最优化的原则，把不同国家中的企业组织起来，以最低的成本、最优化的营销方式满足全球市场需要。

第二节　珠宝首饰营销概念及特点

一、珠宝首饰营销概念与类别

（一）珠宝及珠宝首饰市场的概念

珠宝的概念内涵丰富，狭义来说，珠宝单指玉石制品；广义来说，珠宝包括金、银以及其他天然材料（具有美学意义的矿物、岩石、生物等）制成的，具有一定价值的首饰、工艺品或其他珍藏。经营以上物品的行业称为"珠宝首饰行业"[1]。珠宝首饰在市场中进行交易，其中便涉及营销的方方面面，如产品、价格、渠道、促销等。

就中国珠宝市场而言，各地的珠宝交易市场（中心），包括各地举办的定期或不定期的珠宝展销会等均属这种市场概念的范畴，其核心是交换，要素是场所、产品、价格及买卖双方。

（二）珠宝首饰市场的分类及特征

就当前社会经济发展情况而言，主要的市场类型包括消费品市场、生产资料市场、服务市场、技术市场、金融市场。

1. 消费品市场

消费品市场是指为了生存或享受而购买或准备购买消费品或服务的消费者群体。珠宝首饰是消费品，虽然不属于人们每天都离不开的消费品类型，但却是人们为了展示自身的形体和心灵美感的比较高档的消费品，因此，珠宝首饰市场大多属于消费品市场。

2. 生产资料市场

生产资料市场是为了满足生产和再生产的需求而购买或准备购买生产资料的消费者群体。工业生产资料市场就是最常见、最主要的生产资料市场，主要指进行各类工业生产所需的物质要素交换的市场，即经过生产加工能够转化为产品的物质要素的市场，如

---

[1] 韩井源 . "巧爱"珠宝公司营销策略研究 [D]. 石河子：石河子大学，2017.

宝玉石的原材料及半成品、首饰工艺品的原材料及半成品，以及所需的辅助材料和有关的零部件等市场。另外，还有间接工业市场，主要是指用于加工和生产产品的物质要素的交易市场，这主要包括生产加工产品所需的机械设备、仪器仪表和辅助工具，以及交通运输和厂房建筑等市场。

3. 服务市场

服务市场是指为了满足某种特殊需要而购买或准备购买服务商品的消费者群体。服务市场是一种特殊的消费品市场，其产品无法储存，无法转销，也无法运输，购买时常有一定的盲目性等，而且常常是加工、销售和服务三项职能并存。珠宝首饰市场就常常部分兼具加工生产、销售及服务三项职能，那种前店后场的公司、作坊或以维修、检测服务等为主的经营也属此类。

4. 技术市场

技术是一种知识，一种可以物化的知识。它一般表现为信息状态，存在于图纸、资料之中或存在于作为知识载体的人的大脑之中，有时也表现为实物性，如珠宝首饰工艺品的设计构思、图纸、模型、样品、技术咨询、技术服务等，需要说明的是并不是所有技术都能成为商品进入市场。技术产品必须具有先进性、有效的使用价值以及严格的保密特点，还要在经济上具有高效益，并能转移交换。

5. 金融市场

金融市场是市场经济发展必不可少的组成部分。在市场经济环境中，作为一个企业，无论大小，甚至个体经营者，都必须正确有效地运用货币资金等金融工具促进企业经营的运作和发展。货币资金等金融产品是不能直接进入生活消费和生产消费的产品。目前金融市场一般都按交易对象进行分类，分为货币市场、资本市场、外汇市场、黄金市场等。

二、珠宝首饰产品及营销市场的特点

市场的特点是由产品及其与供需双方的关系决定的，特别是产品的不同属性与不同需求的顾客之间的关系对市场的特点有着重要的影响。珠宝市场正是由于其产品——珠宝首饰具有独特的性质与功能，因此，珠宝首饰市场也有自身独有的特点。

（一）珠宝首饰产品的特点

1. 珠宝首饰的原料稀少且不可再生

宝石就是适于琢磨和雕刻成精美首饰和工艺品的矿物和岩石。由于它们受到形成和分布环境、形成的过程和周期以及发展、演化等多方面因素的影响，在地壳的自然环境中达到宝石要求的矿物、岩石很少。经过人类的开发研究，已知矿物近六千种，可作为宝石的矿物不足300种，常见的宝石矿物也就十几种，其中包括钻石、红宝石、蓝宝石、绿宝石（祖母绿）、海蓝宝石、黄玉、碧玺、紫晶、橄榄石、石榴石、青金石、金绿宝石、欧泊等。至于达到宝石级的岩石种类那就更少了，已知的有翡翠、和田玉、独山玉、孔雀石、绿松石、寿山石、青田玉、鸡血石等。

宝石在自然界不仅种类很少，而且每一种宝石的已知储藏量和可供开采加工量也很少。这种自然之美是各种复杂地质作用的长期影响变化形成的，是人类无法再造的。

2. 珠宝首饰的开采和加工复杂，难于统一标准、计划生产

宝石矿床一般多呈分散形式产出，分布不均衡，难于进行规模化的勘察；同时，宝石矿床勘察的程度、储藏量的计算以及开采条件和开发前景的评价等都是初步的，一般多采用边探边采的做法。基于这些原因，宝石原料的产量不稳且多变，再加上各地的政治和经济变化的影响，常常造成珠宝市场的原料供应多变，直接影响珠宝首饰的加工生产及供求变化，市场的价格也会随之上下浮动。

另外，宝石原料产地、加工中心以及消费市场分布不平衡、不一致，也对珠宝市场有着不可估量的影响。宏观来看，宝石矿产多生在南半球或赤道附近地区的发展中国家，而欧洲、北美洲、亚洲的北半部的很多发达国家宝石资源匮乏，但其却是世界珠宝首饰的主要消费市场，而且加工生产的技术经济实力都很强。微观来看，有时一种宝石原料只产在某个国家的某个地区，如缅甸的翡翠就是一例，而斯里兰卡的蓝宝石、澳大利亚的欧泊、塔希提的黑珍珠、俄罗斯的铬透辉石、坦桑尼亚的坦桑石等均属于此类。这种高度集中的分布，不仅在开发生产和加工方面受到限制，而且容易形成垄断，这同样对世界珠宝市场造成影响。

3. 珠宝首饰产品是一种高附加值、零售利润大的产品

以泰国的红宝石为例，不同阶段获取的利润比例如下：假定红宝石矿山开采、分选鉴别的价格为100美元/克拉；矿山附近红宝石原料的倒卖者销售价格为130美元/克拉；经过切磨抛光的红宝石加工后销售价格为845美元/克拉；庄他武里红宝石零售商的销售价格为1040美元/克拉；曼谷红宝石零售商的销售价格为1300美元/克拉；美国宝石零售商销售泰国红宝石价格为1820美元/克拉；美国首饰镶嵌加工厂生产的泰国红宝石首饰价格为2730美元/克拉；美国首饰零售商销售泰国红宝石首饰的价格为5460美元/克拉。

这个案例说明，珠宝首饰产品的附加值变化范围为50%~100%，有的产品更高。就珠宝首饰行业内部分析，珠宝首饰零售商的利润可高达50%~100%，宝石原料的生产加

工利润一般不高于30%。

4. 珠宝首饰产品是一种个性鲜明、内涵丰富的产品

就珠宝首饰的功能和属性而言，它主要是展示消费者形体和心灵的美感，以及内在与外表的气质，而人的审美意识和个性化鲜明的气质正是传统文化和现代时尚观念的体现。这就要求珠宝首饰产品要创意新颖，精心设计，时尚流行。创意和设计是产品差异、个性化的基础，是人们充分发挥其聪明才智和无限创造力及想象力，利用开发文化艺术精华和珠宝玉石天然之美，从而充分展现人们对美的追求，对自身气质表现的创造。因此，珠宝首饰产品中包含极其丰富的文化内涵和艺术创作价值。这与仅具有使用价值的一般产品有着根本性的差异，也是珠宝首饰产品价值恒久、保值增值的重要原因。

（二）珠宝首饰营销市场的特点

珠宝首饰产品本身的特点，以及消费者需求、市场内在规律决定了珠宝首饰市场具有如下特点。

1. 消费需求多元化

我国珠宝首饰产品消费逐渐多元化。20世纪90年代初，黄金首饰占据了市场份额的90%以上；到了1997年，黄金首饰占市场份额下降为31.4%，珠宝镶嵌首饰以39.2%的市场份额反超黄金，铂金首饰21.1%，玉石首饰9.2%；进入21世纪，钻饰和翡翠饰品开始风行，珠宝市场逐渐形成了以钻饰、金饰、镶嵌彩色宝石首饰、翡翠饰品为主的多元化消费现状❶。

> **拓展阅读1-1　珠宝消费年轻化、多元化**

2. 市场发展不平衡

消费者对不同珠宝首饰的偏好是不同地区民族文化特点、民俗习性、审美意识、历史演化，甚至是经济发展水平的体现，因此不同类型的珠宝首饰在不同地区的受欢迎程度不一，导致了珠宝首饰市场发展的不平衡性。就同一种珠宝首饰而言，不同地区的消费对象、消费水平和花色品种及档次高低也是不一样的。

3. 原材料与加工的集中性特征较为明显

珠宝市场的集中性最明显的是钻石原料的分销批发市场。据统计，全世界钻石原料

---

❶ 何彦龙. 中国珠宝首饰营销新理念探讨 [D]. 北京：中国地质大学，2005.

的年总产量约1亿克拉，其中84%由戴比尔斯（De Beers）的中央销售组织（CSO）控制。它通过世界180多家钻石切割加工批发单位将其控制的钻石原料批发销售；而在比利时的安特卫普、美国的纽约、以色列的特拉维夫和印度的孟买等四大钻石加工中心，则将加工后的产品批发给钻石零售商和首饰制造商，再把镶嵌钻石首饰产品销售给各地的消费者。

4. 行业产品同质化严重

大部分珠宝首饰企业由于存在严重的同质化问题，缺少可持续的核心竞争能力，没有能代表自己品牌形象的产品，大量的珠宝首饰产品仍以走量为主，价格竞争也在所难免。造成珠宝产业市场同质化现象的原因很多，首要的问题便是——画地为牢，故步自封❶。由于珠宝行业是比较传统的行业，圈外人难以深入了解，圈内人只能依靠经验自行发展。这种半垄断的传承模式直接造成了行业链里技术分工的片面化。尤其是在制造产业链上，某些企业家为了保护产品的专有性质，将设计师、板师、镶嵌工划分为零散而独立的个体，这种强制性减少与同行、消费者交流的行为，也将创新设计直接扼杀在摇篮里。以深圳水贝珠宝圈为例，珠宝设计师主要顺从企业的安排，将利润最大化，供货商一直操控着珠宝的款式，无视消费者的诉求。

第三节　珠宝首饰营销趋势

一、消费群体更加细分

消费群体向年轻消费者转变，珠宝消费观念趋于日常化。随着"90后""00后"的年轻一代逐渐掌握消费自主权，珠宝首饰的佩戴作为日常所需，体现着个人风格和个人品位，而不再只是传统的财富或重要时刻的佩戴。生活化的珠宝需求逐年旺盛。

消费者特定需求推动行业逐步走向细分。纵观品牌的发展路径，品牌基本从宽泛到不断细分以聚焦核心人群。不同的品牌服务于不同年龄段的人群，企业需要通过研究细分领域核心人群的需求向他们提供更适合的产品和服务。如专注于钻石镶嵌类产品的周大生，近年来主攻年轻用户，全渠道、全地域快速发展，成为中国内地珠宝品牌的后起之秀。

---

❶ 百家号．珠宝行业陷入同质化怪圈，打破僵局已迫在眉睫 [EB/OL]．（2018-02-24）[2024-08-21]. https://baijiahao.baidu.com/s?id=1593248615846132926.

二、销售过程强调体验

消费场所将逐步向购物综合体转变。珠宝产品作为非标准化产品，消费者购买行为具有"高参与度、高体验感"的特点，相比于网上购物，实体门店在珠宝观赏、佩戴体验以及消费愉悦度上有着明显的优势，仍将是消费者购买珠宝产品的首选。随着国民生活水平的提高以及城市化进程的推进，各城市核心商圈购物综合体、百货商场成为消费者消费的主要场所。越来越多的国内珠宝首饰企业开始通过建立核心商圈旗舰店、增加高端商铺专柜及扩大加盟门店规模等手段加强对终端销售的控制和渠道建设（图1-5）。

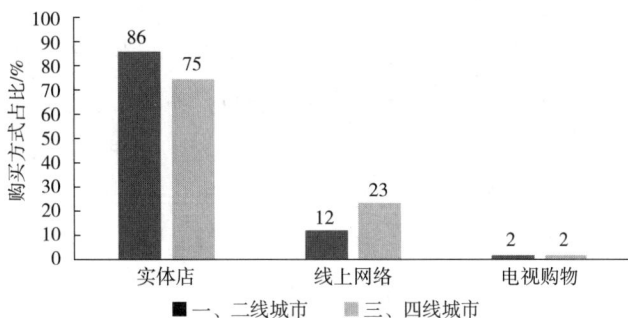

图1-5 2020年中国各线城市黄金饰品购买方式占比
资料来源：世界黄金协会、智研咨询、东莞证券研究所。

三、品牌建设受到重视

近年来，各大主要珠宝公司已逐步加快品牌建设，提升品牌影响力，提高盈利能力和竞争力。如"周大生"品牌连续五年在珠宝品牌价值中排名前三。消费者通过线上了解珠宝品牌和产品，形成线上和线下联动。珠宝品牌企业借助照片墙（Instagram）、小红书、抖音等国内外新媒体平台为客户提供消费攻略，实现消费引导。信息化技术推动了线上和线下的有效结合，便于消费者了解产品信息、分享产品体验，体验轻松、便捷的购物。2023年"双11"期间，淘宝珠宝行业增长迅猛，数据显示，在直播带动下，黄金、珍珠、玉石等珠宝品类增速亮眼，店播迎来大爆发，截至11月11日24点，有4个珠宝品牌店播在该年度首次成交破亿。共享平台和电商平台的发展改变了消费者尤其是年轻一代的消费习惯，消费者通过线上能够更便捷地了解产品特点、分享使用体验，成为产品推广和未来销售的重要趋势。

四、产品设计成为关键

提高产品设计能力成为未来发展趋势。目前市场上，境内珠宝首饰品牌相对于外资奢侈品、港资品牌而言，设计单一、缺乏原创性，产品同质化现象严重，处于劣势地位。珠宝首饰消费者尤其是年轻人，对产品求新求异的要求越来越高，更关注首饰的款式变化及其产品与个人需求的匹配程度。因此，产品原创设计能力和企业综合规划设计能力已成为珠宝首饰企业获得市场份额的重要核心竞争力之一。

本章小结

市场是指商品交换的场所或地点，包括完全竞争、完全垄断、寡头垄断和垄断竞争四种市场结构。市场营销就是为顾客创造价值，并建立牢固的客户关系，进而从顾客那里获取回报的过程。其中，涉及需要、欲望、需求、产品、服务、质量、顾客价值、顾客满意、顾客忠诚、交易、交换、关系以及营销者等核心概念。营销理念在演进过程中出现了生产理念、产品理念、推销理念、营销理念、社会营销理念、大市场营销理念以及全球营销理念七种形式。

珠宝是指金、银以及其他天然材料制成的，具有一定价值的首饰、工艺品或其他珍藏。目前，珠宝首饰的市场类型包括消费品市场、生产资料市场、服务市场、技术市场、金融市场等。

珠宝首饰具有其独特的商品特征：①原料稀少，不可再生性。②开采和加工复杂，难以统一标准、计划生产。③是一种高附加值、零售利润大的产品。④是一种个性鲜明、内涵丰富的产品。

相应的市场特点包括：①消费需求多元化。②市场发展不平衡。③原材料与加工的集中性特征较为明显。④行业产品同质化严重。

珠宝首饰的营销趋势包括消费群体更加细分、销售过程强调体验、品牌建设受到重视以及产品设计成为关键。

重要名词

市场　营销　市场营销理念　珠宝首饰　营销趋势

复习思考题

1. 营销概念涉及的核心概念有哪些，相互之间有何关系？
2. 市场的构成要素包括哪些？
3. 市场的分类有哪些，珠宝首饰业主要属于哪类市场？
4. 珠宝首饰市场具有哪些特征？
5. 珠宝首饰营销趋势是什么？
6. 影响珠宝首饰营销的内外部环境包括哪些？

章后测练

第二章　珠宝首饰营销环境

本章提要

通过本章学习，可帮助营销管理者研究营销环境，预测其发展变化，分析营销机会与威胁，制定营销战略和策略，以捕捉机会，规避威胁。

章前引例　老凤祥的与时俱进

营销环境（marketing environment）是指与企业活动有潜在关系的所有外部力量和相关因素的集合，这些因素和力量是影响企业营销活动及其目标实现的外部条件。企业必须经常调查研究环境现状并预测未来发展趋势，结合自身发展要求趋利避害，以取得最佳营销效果。

第一节　影响首饰营销的宏观环境因素

宏观环境是影响企业营销的重要外部环境，优秀的珠宝企业应该学会从变化的宏观环境中寻得未来发展的机会，同时规避相应的风险。

一、人口环境

人口（population）作为市场消费的主体，其总量和增长速度、地理分布与流动、年龄性别结构、受教育程度、职业结构、家庭构成等，均对企业有着重要的影响。

（一）人口总量和增长速度

中国是人口大国，截止到第七次全国人口普查，如图2-1所示，我国共有14.43亿人，与第六次人口普查相比，增长5.38%，年平均增长率为0.53%。

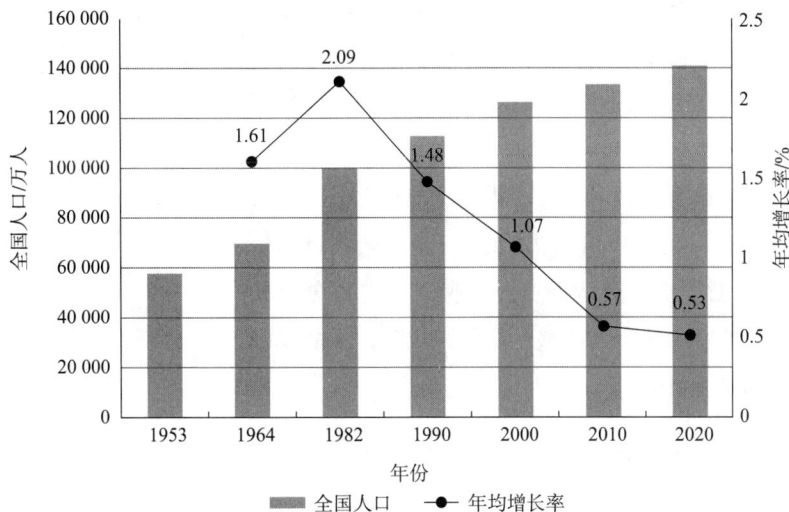

图2-1　历次人口普查全国人口及年均增长率
数据来源：国家统计局。

人口增长速度放缓对于珠宝企业而言是一个挑战，企业需要更深入的挖掘消费者多样化的需求，细分市场。根据《2023年钻石行业洞察报告》数据显示，中国的钻石消费渗透率、人均年钻石消费额和人均钻饰拥有量均不及美国和日本水平的50%；据世界珠宝协会数据，我国钻石饰品相比于其他品类在一线、二线、三线及以下城市渗透率分别约为61%、48%和37%，低于黄金和铂金饰品渗透率，我国钻石消费仍有较大的提升空间（图2-2）。因此，以老凤祥为代表的一批珠宝企业开始下沉渠道，细化市场，进一步提升市场覆盖率和占有率，获得业绩稳定增长。

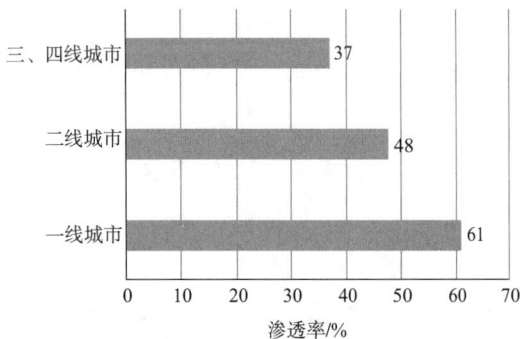

图2-2　2023年我国钻石市场渗透率
数据来源：东方财富网。

（二）人口地理分布与流动

人口由于地区分布不同，地理环境、气候条件、自然资源、风俗习惯等对不同人群的影响存在差异，消费需求的内容和数量显著不同。

目前，我国呈现的人口地理分布特征主要体现为城镇人口比重不断增加。第七次人口普查结果显示，我国城镇人口占63.89%，乡村人口占36.11%，与第六次人口普查相比，城镇人口比重上升14.21个百分点[1]，但其中低线城市人口为主体。截至2021年9月，我国三线及以下城市人口占据全国总人口超3/4，低线城市人口是我国人口的主体（图2-3）。对于珠宝企业而言，把握人口地理分布和变动趋势，找准发展机会，调整企业营销战略，就能更好地赢得未来的发展机会。

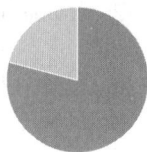

图2-3　中国低线城市人口占比
数据来源：产业信息网。

（三）人口年龄与性别

不同年龄、性别的人口，其消费需求往往是有差异的。因此，针对不同年龄、性别结构的市场，其产品、价格、促销等营销手段的侧重点也应有所不同。

从我国人口年龄分布的特点看，一方面，中国人口呈现老龄化趋势。据第七次全国人口普查数据显示，我国60岁及以上人口占18.70%，其中65岁及以上人口占13.50%。与2010年第六次全国人口普查相比，60岁及以上人口的比重上升5.44个百分点，65岁及以上人口的比重上升4.63个百分点（图2-4）[2]。另一方面，中青年群体是人口主体。第七次人口普查显示，我国15~59岁人口占63.35%，是中国人口的主体，并且，其中20~34岁人口占21.2%，年轻人口占比高（图2-5）[3]。

性别差异带来消费需求、购买习惯、购买行为的差别。例如，女性多操持家务，大多数日用消费品由女性采购，包含家庭用品和婴儿用品等。第七次人口普查显示，我国男性人口占51.24%；女性人口占48.76%。总人口性别比（以女性为100，男性对女性的比例）为105.07（图2-6），与2010年第六次全国人口普查基本持平[4]。

[1] 国家统计局.第七次全国人口普查公报（第七号）[R/OL].（2021-05-11）[2024-08-21].https://www.stats.gov.cn/sj/tjgb/rkpcgb/qgrkpcgb/202302/t20230206_1902007.html.
[2] 国家统计局.第七次全国人口普查公报（第五号）[R/OL].（2021-05-11）[2024-08-21]. https://www.stats.gov.cn/sj/zxfb/202302/t20230203_1901085.html.
[3] 东北证券股份有限公司.夜经济兴起，"酒馆第一股"剑指百城千店[EB/OL].（2021-09-17）[2024-08-21]. https://www.hangyan.co/reports/2668022150467683897.
[4] 国家统计局.第七次全国人口普查公报（第四号）[R/OL].（2021-05-11）[2024-08-21]. https://www.stats.gov.cn/zt_18555/zdtjgz/zgrkpc/dqcrkpc/ggl/202302/t20230215_1904000.html.

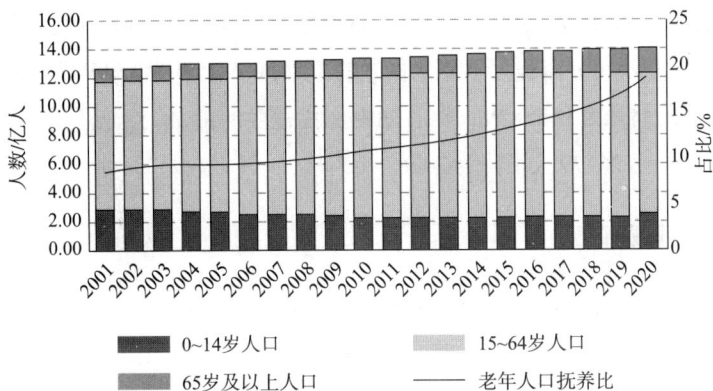

图2-4　2001—2020年中国人口年龄结构变化

数据来源：国家统计局。

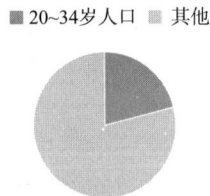

图2-5　2021年中国20~34岁人口占比

数据来源：东北证券，招股说明书。

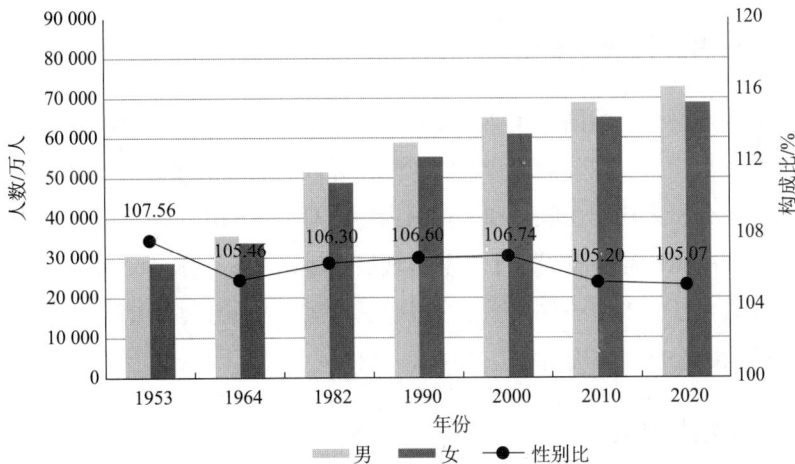

图2-6　历次人口普查人口性别构成

数据来源：国家统计局。

（四）人口受教育程度

人口的受教育程度不同，其生活及工作环境、人生理念和追求就会有差异，他们的

第二章　珠宝首饰营销环境

需求和消费习惯就会有很大的区别。与2010年第六次全国人口普查相比，第七次人口普查结果显示，每10万人中拥有大学文化程度的由8930人上升为15467人；拥有高中文化程度的由14032人上升为15088人；拥有初中文化程度的由38788人下降为34507人；拥有小学文化程度的由26779人下降为24767人❶。

（五）人口家庭情况

家庭情况主要指家庭规模、家庭周期、离婚率、家庭成员就业等方面的情况。这些因素对企业营销的影响显而易见。例如，第七次人口普查结果显示，中国平均每个家庭户的人口为2.62人，比2010年第六次全国人口普查的3.10人减少0.48人，"三口之家"和"两口之家"越来越普遍，珠宝企业也应当顺应这一变化趋势调整商业模式和营销理念。

二、经济环境

消费者的购买力取决于消费者的收入、储蓄、负债、信贷条件和价格水平。珠宝企业身处市场大环境，受到经济环境的影响较大，营销人员需要了解经济环境变化，理解消费者收入行为、储蓄信贷等行为的变化，把握营销方向。

（一）消费者收入水平变化

消费者收入水平是一国国民经济发展状况的综合反映，是消费者购买力的来源，其也影响着消费支出模式。在分析消费者收入时，可以从宏观和微观两个层面剖析。从宏观层面看，主要分析人均国民收入和人均国内生产总值（GDP）两大指标，其反映了消费者收入水平和一国的经济发展水平。从微观层面看，主要应弄清个人收入、个人可支配的收入和个人可任意支配的收入等三个概念。珠宝企业在市场营销中应特别关注个人可任意支配收入的变化，并确定相应的对策。

（二）消费结构变化

收入水平影响消费结构，随之体现出来的也是商品消费类型、价位等因素的变化。德国统计学家恩斯特·恩格尔（Ernst Engel）提出恩格尔系数来描绘食品消费总额占个人消费支出总额的比重。当恩格尔系数越低，这个人食品消费总额占比越高，一般来说

---

❶ 国家统计局.第七次全国人口普查公报（第六号）[R/OL].（2021-05-11）[2024-08-21].

收入也就越低；当恩格尔系数越高，这个人在精神娱乐方面的消费越高，收入越高。

改革开放以来，随着我国经济社会不断发展，居民收入持续较快增长，居民消费水平不断提高，消费质量稳步提升，居民恩格尔系数持续下降。如图2-7所示，全体居民恩格尔系数1978年为63.9%，2013年下降到31.2%，2022年进一步下降到30.5%。分城乡看，城镇居民恩格尔系数从1978年的57.5%下降到2022年的29.5%；农村居民恩格尔系数从1978年的67.7%下降到2022年的33.0%。（恩格尔系数在59%以上是贫困，50%~59%是温饱，40%~50%是小康，30%~40%是富裕，而低于30%则是最为富裕的地区或国家）。居民的消费需求也从曾经的"老三样"——冰箱、彩电、洗衣机，转变成了万元级，甚至是数十万元级的奢侈品（珠宝首饰、名牌包包）、大型耐用品（住房、轿车等）。

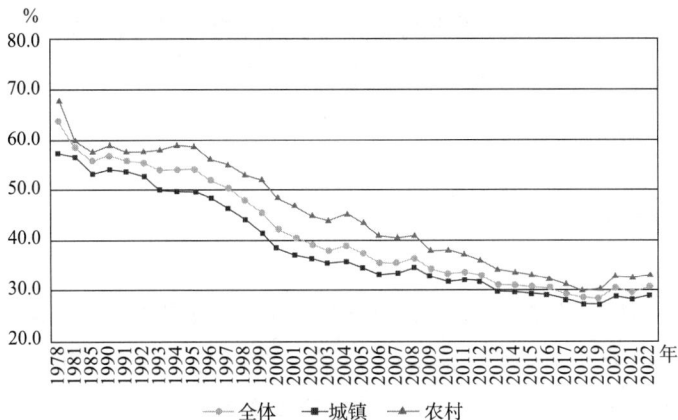

图2-7　中国居民恩格尔系数变化
资料来源：国家统计局。

（三）储蓄和消费信贷

储蓄是指城乡居民将可任意支配收入的一部分储存待用。储蓄的形式可以是银行存款，可以是购买债券，也可以是手持现金。较高储蓄率会推迟现实的消费支出，加大潜在的购买力。

消费信贷指金融或商业机构向有一定支付能力的消费者融通资金的行为。主要形式有短期赊销、分期付款、消费贷款等。消费信贷使消费者可用贷款先取得商品使用权，再按约定期限归还贷款。消费信贷的规模与期限在一定程度上影响着某一时限内现实购买力的大小，也影响着提供信贷的商品的销售量。如购买住宅、汽车及其他昂贵消费品，消费信贷可提前实现这些商品的销售。

（四）通货膨胀

通货膨胀会极大地影响消费者的购买力和企业的竞争能力，尤其是日用消费品、必需消费品价格上涨过快，会严重危及正常需求；同时也会带来企业经营成本提高、银行贷款利率上升等环境威胁。因此，通货膨胀应作为考察经济环境的一个重要指标。

三、自然环境

自然环境主要指营销者所需要或受营销活动影响的自然资源。钻石、玉石、黄金、珍珠等均为大自然的产物，因此，珠宝企业的生产经营活动与其所在的自然环境息息相关。

一方面，围绕着天然珠宝的产地，国内形成了一批又一批产业集群。例如，长三角和环渤海的诸暨、东海、岫岩、昌乐等地，由于拥有相应的宝玉石资源逐渐形成了各具特色的珠宝产业集群。另一方面，珠宝种类丰富，不同类型的天然珠宝产地单一且分散遍布全球。我国宝石储量并不丰富，因此主要依赖进口。

四、科技环境

现代社会科学技术发展突飞猛进。科学技术环境的发展变化极大地促进了生产力的发展，对企业营销活动同样有巨大影响。譬如，它对企业的新产品开发、现有产品成本控制、工艺水平、营销方式等许多方面都可能产生重要的影响。

在科技环境对珠宝企业的所有影响因素中，数字技术发展的影响最为显著。数字技术和网络技术的迅猛发展，正把人类社会引向一种虚拟化或数字化的生存方式。计算机网络的发展带来的另一个影响是它改变了人们的购物方式，网络购买打破了购物的时空界限，消费者不必再为买一两件小东西跑遍全城、反复等车、数次排队，花费大量时间。

拓展阅读2-1　　新媒体时代珠宝直播的营销模式研究

五、政治法律环境

政治环境指企业市场营销的外部政治形势。在国内，安定团结的政治局面，不仅有利于经济发展和人民货币收入的增加，而且影响群众心理状况，推动市场需求的变化。

对国际政治环境的分析，应了解"政治权力"与"政治冲突"对企业营销活动的影响。政治权力影响市场营销，往往表现为由政府机构通过采取某种措施约束外来企业，如进口限制、外汇控制、劳工限制、绿色壁垒等。政治冲突指国际上的重大事件与突发性事件，这类事件在和平与发展为主流的时代从未绝迹，对企业市场营销工作影响或大或小，有时带来机会，有时带来威胁。

法律环境指国家或地方政府颁布的各项法规、法令和条例等。企业研究并熟悉法律环境，既保证自身严格依法管理和经营，也可运用法律手段保障自身的权益。国家已出台与营销相关的法律法规可分为三类：第一类，保护企业利益，以防止不正当竞争，如《中华人民共和国反不正当竞争法》《广告法》等；第二类，保护消费者利益，使其免受不公平商业行为损害，如《消费者权益保护法》《产品质量法》等；第三类，保护社会利益，使其免受失去约束的商业行为损害，如《专利法》《环境保护法》等。

六、文化环境

文化环境（Cultural Environment）主要表现为风俗习惯、社会风尚、宗教信仰、语言文字、文化教育、人生观、价值观以及婚姻观等。文化不仅影响企业营销组合，而且影响消费心理，消费习惯等，这些影响多半是通过间接的、潜移默化的方式来进行的。

通过对国内珠宝消费文化进行考察可以发现，国内一部分消费者关注珠宝首饰本身的材料价值，如主石的大小、品质和市价，配钻的质量和价值，金的纯度和质量等，这部分消费者基本上只关注材料价值，选购的大多是素金类、重金镶嵌的大颗粒传统五大宝（钻石、红宝石、蓝宝石、祖母绿、猫眼）这类原材料成本在购买价款中占据极大比例，而对珠宝、品牌价值、设计师成本等附加值不愿意买单。另一部分消费者关注珠宝首饰的文化价值，包括品牌价值、设计师设计款式、加工工艺和历史，这部分消费者重视个性化，往往认为珠宝首饰也是自我表达的一部分，这也促进了珠宝首饰定制化服务的兴起❶。

---

❶ 沈雁翱，叶鹏 . 中国经济新常态下的珠宝市场和消费 [C]// 国家珠宝玉石质量监督检验中心（National Gemstone Testing Center），中国珠宝玉石首饰行业协会 .

第二节　影响首饰营销的微观环境因素

宏观环境是企业的外部环境，企业难以改变外部环境，却可以通过调整内部微观环境，即改变产品策略、生产关系、竞争赛道等适应外部环境，把握发展机会，赢得市场和获得企业的长久发展。珠宝首饰行业发展时间长，微观环境参与者众多，包含顾客、珠宝企业及竞争者、供应商及生产制造商、营销中介、公众等。

一、顾客

顾客又称用户或消费者，是企业的目标市场和服务对象，也是营销活动的出发点和归宿。顾客对珠宝首饰企业生产营销的影响体现在诸多方面，如顾客的性别、年龄、职业收入、购买动机等，尤其是随着"00后"和"90后"成为珠宝消费主力军，除了在婚恋情况下购买珠宝外，越来越多的顾客把珠宝消费当作自我犒赏和取悦自己的一个途径，以及出席各种社交场合的必备装扮，相应的黄金和钻石对于这些群体来说已不是首选的珠宝产品，他们可能会更倾向于色彩丰富、设计新颖、价格实惠的彩色宝石系列。

二、珠宝企业及其竞争者

企业作为营销微观环境的首要因素，指的是企业自身的状态。在制订营销计划时，营销管理者必然要考虑到企业其他职能部门和各个管理层的协调，这包括最高管理层、财务部门、研究与开发部门（R&D）、采购部门、生产部门和会计部门等，营销经理必须与企业其他部门密切合作才能使营销工作卓有成效。

从国内珠宝行业的竞争格局看，目前国内珠宝市场由国际知名品牌、港资品牌、内地品牌三足鼎立（表2-1）。国内高端市场主要被蒂芙尼（Tiffany）、卡地亚（Cartier）、宝格丽（Bvlgari）、梵克雅宝（VanCleef&Arpels）等国际知名珠宝首饰品牌垄断，而市场主要份额的中高端市场则由港资品牌的周大福、周生生等和内地品牌的老凤祥、周大生、潮宏基、明牌珠宝等占据。

随着市场的扩大，上游供应商和加工制造企业也逐渐加入下游的竞争中。在钻石销售市场中，以前做裸石产品批发的珠宝企业也参与到下游的竞争中，他们把裸石直接开发，做成珠宝首饰成品，也参与到销售中来，使这些企业进一步扩大了利润空间。

表2-1 中国珠宝首饰行业品牌分类

分类	品牌	定位	渠道
国际知名品牌	蒂芙尼（Tiffany）	定位奢华、高端，品牌文化悠久，设计和产品中质量是其核心优势	渠道覆盖有限，仅布局限一、二线城市
	卡地亚（Cartier）		
	宝格丽（Bvlgar）		
	梵克雅宝（VanCleef&Arpels）		
港资品牌	周大福	中高端市场领先品牌，产品设计时尚	中高端市场偏向一、二线城市，产品设计时尚
	周生生		
	六福珠宝		
	谢瑞麟		
内地品牌	老凤祥	品牌定位中高端，以大众化定位为主	中高端市场，一、二线城市展示品牌，并向三、四线城市下沉，产品设计时尚
	周大生		
	明牌珠宝		
	潮宏基		

资料来源： 作者根据公开资料整理。

三、供应商及生产制造商

供应商指的是为企业及其竞争者提供生产上所需资源的企业和个人。供应商的供应资源主要包括原材料、机械设备、技术、信息、劳务等。供应商处在产业链的上游，对下游企业的影响主要体现在三方面：其一，资源供应的可靠性，即资源供应的保证程度；其二，资源供应的价格变动趋势；其三，资源的质量水平。

珠宝首饰产业链中（图2-8），如黄金和钻石的供应商本身就是全球的垄断企业，

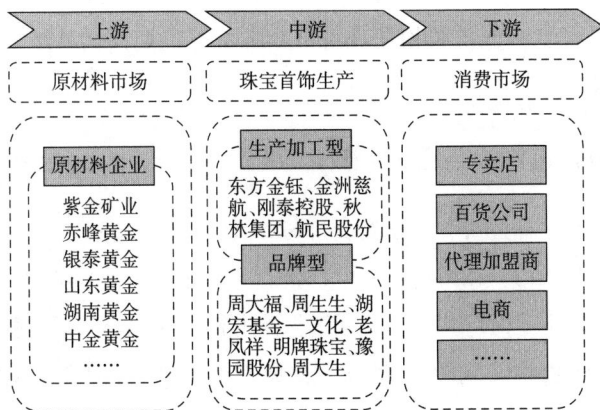

图2-8 珠宝首饰行业全景图谱

资料来源：前瞻产业研究院《2022中国珠宝首饰行业消费需求与市场竞争投资预测分析报告》。

价格跟随国际市场的波动而波动，下游珠宝企业基本上没有任何议价能力，对于彩色宝石和其他种类的原材料来说，由于缺乏国际统一的原材料价格标准，基本上原材料的矿产资源也是由少数几家大公司控制的局面，珠宝企业也基本上没有多少议价能力。其中，国际大品牌的珠宝公司由于具备规模优势，在与供应商谈判时具备一定的议价能力。

四、营销中介

营销中介，或称市场中介，是指在促销、销售以及将产品送达给最终购买者方面，给企业以帮助的所有企业和个人。营销中介主要包括以下几种。

（一）转卖中间商（reseller）

主要指为本企业寻找顾客并转卖本企业产品给顾客的批发商和零售商。

（二）实体分配机构（physical distribution agency）

主要指那些帮助企业储存商品并将其自原产地转运到目的地的企业和个人。实体分配的要素包括包装、运输、仓储、装卸、搬运、库存控制和订单处理七个方面，其基本功能是调节生产与消费之间的矛盾，弥合产销时空上的背离，提供商品的时间效用和空间效用，以利于适时、适地和适量地把商品供给消费者。

（三）营销服务机构（marketing service agency）

主要有营销调研机构、广告代理商、媒体和营销咨询机构等。企业可自设营销服务机构，也可委托外部营销服务机构代理有关业务，并定期评估其绩效，促进提高创造力、质量和服务水平。

（四）金融中介机构（financial intermediaries agency）

主要包括银行、保险公司、信托投资公司和其他从财务上支持交易，帮助企业规避商品买卖风险的所有机构。在市场经济中，企业与金融机构关系密切，企业间的财务往来要通过银行结算，企业财产和货物要通过保险取得风险保障，而贷款利率与保险费率的变动也会直接影响企业成本，信贷来源受到限制更会使企业处于困境中。

第三节　珠宝首饰的市场类型与竞争战略

企业不仅要适应宏观环境的变化，维持微观环境的协调，也要对其作出的竞争环境保持相应的警惕，只有时刻根据所属市场及对竞争态势的判断，对市场作出及时反应，采取正确的竞争战略，企业才能为此长久地经营和发展。

一、珠宝首饰市场类型

我国珠宝首饰市场在不断进化，逐渐细分出许多不同的市场，以适应不同需求。具体市场类型按照横向和纵向进行划分，一方面按照原材料、产地、目标群体等因素，对珠宝产品横向对比后划分，并指向对应市场类型，另一方面按照产业链顺序划分为消费者市场、中间商市场、生产者市场和服务市场。

（一）横向市场分类

横向市场分类以产品及目标群体分类为出发点，按照珠宝产品的原材料、生产地、穿戴部位、目标群体、消费市场特征等进行划分，主要内容如下。

1.按照原材料划分

珠宝首饰种类繁多，按照是否天然原材料，可以划分为天然珠宝类和人造珠宝类❶，天然珠宝具有不可再生性，市场上的数量有限，故而价格偏高，人造珠宝仿照天然珠宝在光泽度、硬度、持久度等方面的特性，同时又通过技术手段克服了天然珠宝的缺点。中国对珠宝的传统理念是天然的、稀有的、珍贵的具有高昂市场价值的矿石。因此，在我国，天然珠宝总是会更受欢迎，但随着年轻消费者逐渐成为市场消费主力，其对珠宝饰品个性化、设计性及情感表达的追求也提升了人造珠宝在市场中的占有比例。

按照原材料的类型，可以划分为黄金珠宝市场、钻石、彩宝珠宝市场、翡翠玉石珠宝市场、珍珠珠宝市场❷。根据行业调研统计，2020年中国珠宝市场总市值超6000亿。根据中宝协对珠宝行业全品类综合统计，按销售额计算，2023年我国珠宝玉石首饰产业市场规模约8200亿元，同比增长了14%。

2.按照珠宝产地划分

世界十大珠宝产地包括巴西、哥伦比亚、坦桑尼亚、阿富汗、泰国、斯里兰卡、俄

❶ 杜炜.中国珠宝产业集群形成影响因素及演化机理研究[D].北京：中国地质大学，2016.
❷ 沙拿利，柳毅，付尧，等.珠宝市场细分品类发展概况[N].中国矿业报，2021-08-12（4）.

罗斯、马达加斯加、缅甸、中国。产地也是珠宝的一张名片，不同产地的宝石往往质量不同，也具有不同的地域特色，如新疆和田玉、湖北十堰绿松石、山东蓝宝石等，因此，珠宝的产地有时也决定了珠宝的价值。

3. 按照穿戴部位划分

为了迎合不同的消费需求，珠宝首饰往往被设计成不同款式供人们佩戴，常见的划分包括耳环类、项链类、戒指类、腕戴类及其他款式。对不同珠宝首饰款式的偏好具有个性化，受到消费者所处环境、消费目的、营销手段等多种因素的影响。

4. 按照目标群体划分

我国珠宝首饰消费群体范围广，包括从儿童到老年，从学生到上班族，从工薪阶层到成功人士。以儿童珠宝市场为例，近年来珠宝行业纷纷把目标消费者转向了儿童，从以前的银镯子长命锁到现在的时尚首饰，越来越多的家长开始重视购买儿童珠宝，各大珠宝品牌也纷纷推出儿童珠宝，包括耳环、项链、手链等系列❶。

5. 按照消费市场特征划分

珠宝首饰市场经过长久发展，消费市场也衍生出了不同的类型，不同类型的消费市场在营销手段、销售方式、产品类型等方面有很大的差异，主要包括农贸市场类、珠宝卖场类、品牌专卖店类、小珠宝店类、珠宝电商类。

农贸市场类的市场顾名思义，其与集市类似，将珠宝首饰摆着卖，这类型珠宝市场主要出现在批发市场和珠宝产地。珠宝卖场类与农贸市场类相似，只不过农贸市场集中的大多是个体卖家，吸引批发商和珠宝猎人，而珠宝卖场更多是品牌卖家，吸引的也多是普通消费者。品牌专卖店类不同于珠宝卖场类和农贸市场类，不具有相当数量的卖家，主要在人群聚集的热闹的商城营业，主要是指品牌商家，如周大福、周生生等。小珠宝店类则不同于专卖店类的品牌卖家，其一般不会开在热闹（租金高）的地方，卖的也是比较低端的珠宝。珠宝电商类则是指主要在线上营销和销售的珠宝品牌。

（二）纵向市场分类

纵向市场分类以产业链为基础，按照产业链中不同的消费目的对珠宝首饰市场进行划分，具体包括珠宝消费者市场、珠宝中间商市场、珠宝生产者市场和珠宝服务市场。

同一产业链中的不同市场由于买卖双方参与者的数量不同，市场形势各不相同。珠宝消费者市场是普通消费者为了购买、穿戴，或者收藏珠宝而形成的市场，也可以称为珠宝零售市场或珠宝终端市场，是以个人消费者为主的市场，是珠宝首饰的最终消费

❶ 马福昌. 市场细分理论在珠宝市场营销中的应用 [J]. 营销界，2019(46):77，88.

者，是分布面积最广泛的珠宝市场类型。珠宝中间商市场是批发商和零售商为了卖珠宝而形成的市场。珠宝生产者是生产者为了生产珠宝而产生的市场。珠宝服务市场则是为了提供周边服务形成的市场，如珠宝首饰鉴定、珠宝首饰回收等。

拓展阅读2-2　　珠宝首饰企业的现状和面临的挑战

二、珠宝首饰企业竞争态势与竞争战略选择

珠宝首饰行业参与者众多，是自由竞争市场，菲利普·科特勒认为可以将市场分为领导者、挑战者、跟随者和利基者，其中，40%的市场份额掌握在市场领导者（market leader）手中；30%由市场挑战者（market challenger）所掌握；20%在市场跟随者（market follower）手中，这部分企业不愿打破现状，只想保持现有的市场份额；而剩下10%的市场份额则掌握在市场利基者（market nicher）手中，他们专注于大公司并不触及的小市场。珠宝首饰企业需要结合自身现状，对所处的竞争身份作出判断，并选择相应的竞争战略。

（一）市场领导者的竞争战略

市场领导者占据最大的市场份额，而且往往领导价格调整、新产品推出、分销渠道覆盖和促销力度，目前公认的市场领导者企业，如周大福、周生生等著名品牌。除非领导者企业具有合法垄断性，否则仍需时刻保持警惕，一次强有力的产品创新，或者营销渠道创新就有可能缩短领导者企业的竞争优势。

要想保持领先地位，公司首先需要找到扩大市场需求的方法。珠宝首饰企业可以通过寻找需要但仍未满足的顾客、从未使用过该产品的顾客（或生活在别处的顾客）来寻找新的顾客来源，也可以通过改变产品包装、品牌联名、以旧换新、订阅会员等营销手段来提高消费频率。

此外，公司需要制定适当的攻守策略保护原有市场份额。企业想要维持市场份额，就要在产品、渠道、营销方式等方面持续创新，同时还要根据自身资源、目标及对竞争者的预期作出先发制人、正面回击、扩张新领域，或是放弃防御的防御战略。

（二）市场挑战者的竞争战略

许多市场挑战者能够逼近甚至赶超市场领导者，因此，其主要的竞争战略解决的就

是如何进攻的问题。

市场挑战者必须先调查了解其竞争对手，具体包括：市场领导者；与自己规模相同，但是不善经营或者资金短缺的公司；小的地方性或者区域性公司等。

然后，市场挑战者需要选择攻击战略。包括正面攻击，即在产品、广告、价格和分销方面进行正面比拼；侧翼攻击，即寻找并快速填补市场空缺；围堵攻击，即在企业掌握上等资源时，发动多方面进攻，获取敌人的大片领土；迂回攻击，即通过多样化发展不相关产品、多样化发展新的地理市场、跃进式发展新技术来绕过所有竞争者；游击攻击，即发动小型的、断断续续的攻击，骚扰对手，使其士气低沉，从而最终赢得持久的立足之地（图2-9）。

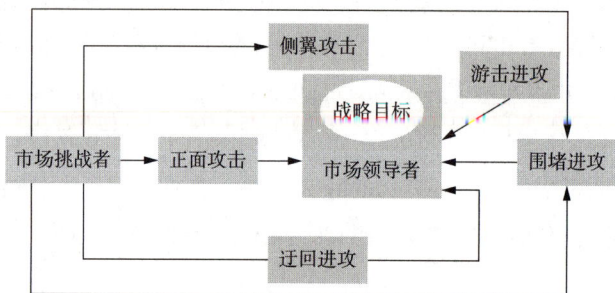

图2-9　市场挑战者通用攻击战略

资料来源：菲利普·科特勒,凯文·莱恩·凯勒.营销管理[M].15版.何佳讯,
于洪彦,牛永革,等译.上海：格致出版社,2016.

（三）市场跟随者的竞争战略

市场跟随者通过复制或者改良产品，虽不能超越领先者，但却有利可图，且没有承担任何创新成本，因此，许多公司宁愿跟随而不愿挑战市场领导者。跟随战略分为三类，其一是克隆者战略，其完全效仿领先者的产品、名字和包装，但会加以少许变动；其二是模仿者战略，其从领先者产品中复制一些东西，但是会在包装、广告、定价和选址等方面保持差异性；其三是改良者战略，其对领先者的产品进行调整或者改良。

（四）市场利基者的竞争战略

在巨大的市场中，除了成为跟随者，另一个选择就是成为小市场中的领先者，即利基者。小公司要想与大公司竞争，通常会选择大公司不感兴趣的小市场作为目标，由于我国人口基数的巨大，小市场也能有大规模。

本章小结

　　企业的营销环境可分为微观营销环境和宏观营销环境。珠宝首饰企业的宏观营销环境包括人口、经济、自然、科技、政治法律和文化。在人口环境方面，营销者必须认识到人口总量与增长速度、人口的地理分布与流动、人口的年龄与性别、人口的受教育程度，以及人口的家庭情况等因素的变化趋势；在经济环境方面，营销者应集中注意消费者收入水平、消费结构、储蓄和消费信贷，以及通货膨胀等因素的变化态势；在自然环境方面，营销者需要了解天然珠宝因产地造就的产业集群和天然珠宝产量储量的变化；在科学技术环境方面，营销者应该重视数字化发展趋势带来的影响；在政治法律环境方面，营销者必须关注国内外政治环境的变化，熟悉并遵守国家及国际法律规定。在文化环境方面，营销者必须了解不同群体关于珠宝首饰的消费文化。

　　珠宝首饰企业的微观营销环境是重要的内部环境，包括顾客、珠宝企业，以及竞争者、供应商、制造商、营销中介（实体分配机构、营销服务机构、金融中介机构）和公众，这些因素构成了企业的价值传递系统。

　　珠宝首饰企业在适应外部环境，协调内部环境的同时，也需要保持竞争的警惕，选择适当的竞争战略，这是基于对市场和对竞争态势的了解。珠宝首饰市场可以进行横向和纵向划分，横向划分包括按照原材料是否天然、原材料种类、珠宝产地、穿戴部位、目标群体及消费市场特征进行划分；纵向划分包括珠宝消费者市场、珠宝中间商市场、珠宝生产者市场和珠宝服务市场。此外，珠宝首饰企业需要根据其竞争定位——市场领导者、市场挑战者、市场跟随者和市场利基者，选择相应的竞争战略。

重要名词

营销环境　微观营销环境　宏观营销环境　市场领导者　市场挑战者
市场跟随者　市场利基者

复习思考题

1. 珠宝首饰企业营销的宏观环境分析主要有哪些内容？

2. 珠宝首饰企业营销的微观环境分析主要有哪些内容？

3. 珠宝首饰企业的市场类别有哪些？

4. 结合我国实际，说明法律环境对整个营销活动的重要影响。

5. 珠宝企业在分析自身态势和竞争者时应当关注哪些方面？

6. 珠宝首饰的竞争态势及其相应的竞争战略有哪些？

章后测练

第三章 珠宝首饰消费者行为

本章提要

> 通过本章学习，让学生学会分析不同群体珠宝首饰消费的根本需要（动机），揭示消费者珠宝首饰购买的理性和非理性决策过程，并分析对中国珠宝首饰经营企业开展科学营销决策、构建持续竞争优势的启示。

章前引例 "穿金戴银"的"90后"

第一节 珠宝首饰的消费需要

一、区分需要与需求

人们经常混用需要和需求，需要（needs）指人心理或生理上缺乏某种东西而产生的内在紧张状态。与需要相对应还有一个概念，叫欲望（wants），指的是满足需要（解除生理或心理内在紧张状态）的具体产品或服务形态。需要是相对抽象的生理或心理状态，欲望是具体的产品或服务形式。需求（demands）则是在一定的价格水平条件下，消费者愿意并且能够购买的商品或服务的数量。

比如，某职员在职场受到冷落，某学生在同学中受到疏远，个体可能会感知到自尊受损，此时，个体有强化自尊的需要。而在强化自尊需要的驱动下，个体可能会对一条价格为6800元的"周大福"铂金项链产生购买欲望，因为公开穿戴珠宝首饰以及其他奢侈品能够强化个体的自尊❶。这里，消除自尊受损的感觉，属于"需要"；在需要驱动下，个体可能形成对一条周大福铂金项链的购买"欲望"；如果个体有购买力且愿意购买这条项链，就会形成一条对周大福铂金项链的"需求"。

对于珠宝首饰的营销管理，理解消费者内在"需要"非常重要。只有理解顾客购买珠宝首饰最本质的需要，企业才能知道什么样的产品设计和价值主张是顾客真正需要的。据此，后续的营销管理活动，才能更加有的放矢。

二、区分近因和本因

当问一名女性，"你为什么要买珠宝首饰？"这个问题时，得到的回答可能是"为了取悦和治愈自己""为了美"等。在"今日头条"搜索"女性为什么要买珠宝首饰"，得到的结果有"珠宝首饰是美丽的加分项""是自信的来源"等。这些答案大多属于"近因"（proximate causes），而不是"本因"（ultimate causes）。近因是驱动行为的相对表层的原因解释，本因则是从人类进化的根本需要和动机出发，来解释行为发生的深层次原因❷。

还以"女性为什么购买珠宝首饰"为例，"为了更美丽、更有魅力"属于"近因"范畴。对于单身女性而言，通过珠宝首饰消费提升自己的吸引力，有助于单身女性吸引优秀男士的关注，最终服务于获取理想配偶的需要。对处于稳定恋爱关系中或已婚的女性而言，消费珠宝首饰，一方面能够强化自己在伴侣心中的吸引力，另一方面还能向外界传递自己的伴侣非常投入于目前的恋爱或婚姻关系的"信号"，从而防范其他女性对当前恋爱或婚姻关系的威胁，最终服务于维系配偶的需要。因此，"获取配偶""维系配偶"是众多女性消费珠宝首饰的"本因"。

珠宝首饰营销管理的实践者，需要深刻理解消费者购买行为背后的"本因"。只有理解了"本因"，企业产品的设计、品牌的塑造、广告方案的设计与实施等营销活动，才可能更触动顾客内心。比如，著名钻石品牌戴比尔斯（De Beers）的知名广告语"钻石恒久远，一颗永流传"，之所以能打动全世界众多消费者的内心，根本上是因为迎合了世人对美好、忠贞爱情的渴望。

❶ Rucker D D, Galinsky A D. Desire to Acquire: Powerlessness and Compensatory Consumption[J]. Journal of Consumer Research, 2008, 35(2): 257–267.

❷ Griskevicius V, Kenrick D T. Fundamental motives: How evolutionary needs influence consumer behavior[J]. Journal of Consumer Psychology, 2013, 23(3):372–386.

三、珠宝首饰消费的根本需要

结合马斯洛需要层次理论❶和进化需要理论框架❷，图3-1梳理了人们珠宝首饰消费的9种根本需要（本因）：获取地位、定义自我、强化自尊、获得归属感、获取配偶、维系配偶、避免疾病、财富保值、祈求平安。

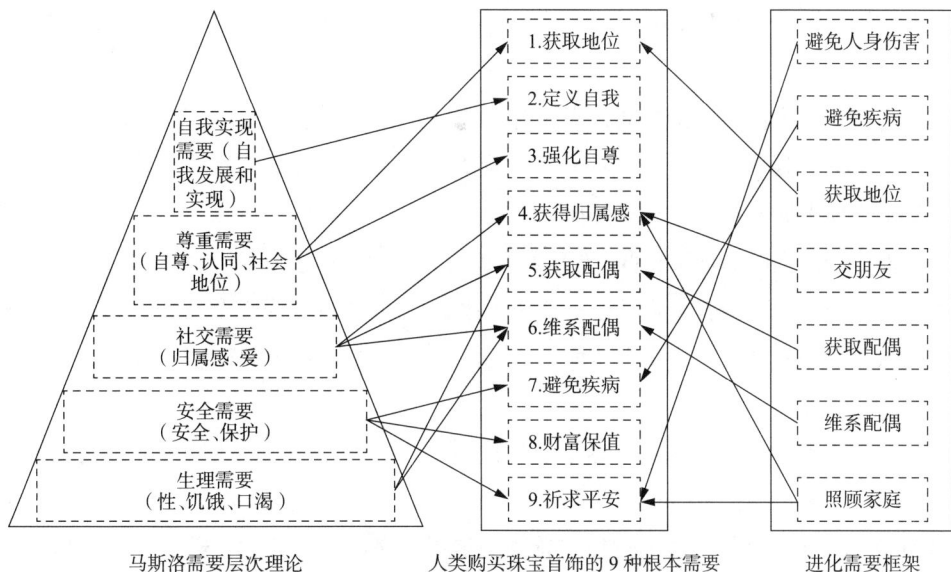

图3-1　消费者珠宝首饰消费的根本需要

（一）获取地位

获得地位是人类非常重要的一种进化需要。因为获得地位，会给个体带来众多益处，比如更优质的配偶、更强的人际影响力、更多的财富、更高的自尊以及更健康❷。这里的地位，指个体在特定社会情境中的职位、等级、级别或位置。西方学者提及"地位"时经常强调的是经济地位，主要由个体的收入水平决定。而在中国情境下，除了收入水平，地位还由个体的职业、职位、权力等决定。

在现代社会，珠宝首饰消费也是人们获取地位的重要方式。消费昂贵的珠宝首饰，会使个体在特定的群体中获得声望和地位。从凡勃伦的《有闲阶级论》，到现代的系列学

---

❶ 加里·阿姆斯特朗，菲利普·科特勒.市场营销学（原书第13版）[M].赵占波，孙鲁平，赵江波，译.北京：机械工业出版社，2019：125.

❷ Griskevicius V, Kenrick D T. Fundamental motives: How evolutionary needs influence consumer behavior[J]. Journal of Consumer Psychology, 2013, 23(3):372−386.

术研究❶❷都支持：获取地位的需要，是现代人公开消费名贵商品（如珠宝首饰）的主要驱力。事实上，在现代社会，人们也常常根据个体的穿戴等外在消费，来推断其身份和地位。

（二）定义自我

自我指个体对自己存在状态的认知，是个体对其社会角色进行自我评价的结果❸。个体对自我的认知与思考，与其消费行为有重要的关系。因为消费者会基于消费行为来认知和定义自我。人们会根据穿戴，来对自我进行界定。比如将"自我"界定为"职场成功女性"的人，通常会佩戴精致的首饰、穿着国际大品牌服饰、拎着大品牌手提包等，这反映了个体根据消费来定义"自我"的需要。

另外，当人们的"现实自我"（真实感知的我）和"理想自我"（想要成为的我）存在差距时，还会通过消费来弥补这一差距。比如，"我想要成为一个有品位的人"，但现实觉得自己不够有品位，那么个体就可能会消费一些高端或时尚珠宝，来让自己"看起来"有品位。

个体对于理想自我的追求，还可能表现在对"想要成为的人"（明星、公众人物等）的模仿上。个体会根据自己喜欢的偶像穿戴什么款式、风格、品牌的首饰，来决定自己的首饰消费行为。个体还会通过珠宝首饰的消费，来彰显自我的"个性"。比如，认为自己是一个时尚、酷、独立、成功的年轻女性，可能会购买具有个性的小众珠宝。

（三）强化自尊

自尊指的是个体对自我价值的一个综合评价、一个整体的感觉❹。高自尊的人认为自己是一个对社会有价值的人，认为自己有诸多优点。反之，低自尊的人认为自己是一个失败者，觉得自己很没用。自尊是与个体自我概念密切相关的一个概念。不过，与个体通过诸如珠宝首饰之类的消费来定义积极的自我不同。强化自尊的需要，指个体在自尊水平较低或自尊受到打击时，通过珠宝首饰等名贵商品的消费，来强化或弥补自尊的需

❶ Han Y. J., Nunes J. C., Dreze X. Signaling Status with Luxury Goods: The Role of Brand Prominence[J]. Journal of Marketing, 2010, 74(4):15–30.
❷ Charles K. K., Hurst E. & Roussanov N. Conspicuous Consumption and Race[J]. The Quarterly Journal of Economics, 2009, 124(2): 425–467.
❸ 乔纳森·布朗. 自我 [M]. 陈浩莺，译. 北京：人民邮电出版社，2004.
❹ Rosenberg M., Schooler C., Schoenbach C., Rosenberg F. Global self-esteem and specific self-esteem: Different concepts, different outcomes[J]. American Sociological Review, 1995, 60(1):141–156.

要。这就是近些年广受学界关注的"消费的自我补偿论点"❶。

（四）获得归属感

人们在日常生活中，会花费大量的时间进行社交，会不断发展、维系朋友关系，本质上都反映了人们的归属需要。归属感来自家庭、群体或社区的接受。而基于发展并维系与他人亲密关系、获得归属感的需要，使人类形成了礼物馈赠行为和相应的习俗。事实上，比较亲密的个体之间相互馈赠礼物，是满足归属需要的重要手段。珠宝首饰经常被作为贵重的"礼物"予以赠送。在中国的珠宝首饰市场中，礼物消费市场是一个重要的市场。

（五）获取配偶

获取心仪的配偶，传递个体基因，是男性基于进化形成的根本需要。珠宝首饰在帮助男性获取理想配偶上，可以发挥重要的作用。内在的原理好比"孔雀开屏"，雄性孔雀通过开屏，将尾巴的质量，如大小、颜色、光亮度、对称性等信号，传递给潜在的配偶，据此希望获得理想的配偶。男性穿戴珠宝首饰等名贵商品，能够向异性展示自己作为潜在配偶的积极特质，如地位、财富、获取经济资源的能力。这些特质是女性在选择配偶时非常看重的。因此通过穿戴珠宝首饰，能够服务于男性展示自我积极特质、吸引潜在优秀配偶的目的，最终服务于男性获取理想配偶的需要❷。

珠宝首饰的消费，也可以服务于女性获取理想配偶的需要，只是内在的心理机制与男性不同。对于女性，希望通过珠宝首饰的消费，来提升自己的魅力和吸引力，据此吸引优质的单身男性❸。

（六）维系配偶

维系配偶也是人类基于进化形成的重要根本需要，这对于女性尤为突出。女性一方面通过珠宝首饰等产品的消费，提升自己的魅力与对自己伴侣的吸引力，达到维系配偶的目的；另一方面，通过公开的消费珠宝首饰等名贵产品，女性个体还能向影响自己伴

❶ Sivanathan N., Pettit N. C. Protecting the self through consumption: Status goods as affirmational commodities[J]. Journal of Experimental Social Psychology, 2010, 46(3):564–570; Gao L., Wheeler S. C., Shiv B. The "shaken self": Product choices as a means of restoring self–view confidence[J]. Journal of Consumer Research, 2009, 36, 29–38.

❷ Griskevicius V, Tybur J M, Sundie J M, Cialdini R B, Miller G F, Kenrick D T.Blatant benevolence and conspicuous consumption: When romantic motives elicit strategic costly signals[J]. Journal of Personality and Social Psychology, 2007, 93 (1): 85–102.

❸ 袁少锋，郑毓煌，李宝库. 我能买来爱吗——配偶吸引目标对女性炫耀性消费倾向的影响 [J]. 营销科学学报，2013，9（2）：39–55.

侣关系的潜在威胁者发出信号：我的丈夫对我很忠诚、很投入，从而抵御第三者的潜在威胁，服务于维系配偶的目的❶。女性每年都会在珠宝首饰等商品上进行巨额花费，研究发现，满足维系配偶的需要，是非常重要的根本驱动力❷。当然，一些男性也会在诸如婚礼、结婚纪念日、妻子生日等时间里，为伴侣购买珠宝首饰，表面上是讨伴侣的欢心，本质上也是服务于维系配偶的需要。

（七）避免疾病

珠宝首饰消费与人类避免疾病的进化需要的关系，主要体现在"玉石"相关产品的消费上。因为在很多中国人的观念里，人们相信"人养玉三年，玉养人一生"的观念。因此，众多女性相信佩戴玉手镯等玉石产品，能够避免疾病、促进身体健康。另外，受一些地方（如云南）生活习俗和传统文化的影响，很多中国消费者相信"银器"能够杀菌、解毒。因此，银质的筷子、碗、水杯、茶壶、梳子等，受到很多消费者的喜欢，同样反映了消费者希望通过消费这些产品，满足避免疾病、促进健康的根本需要。

（八）财富保值

这涉及了消费者财富保值的安全需要。人们都希望自己辛苦工作挣得的财富，能够得到保值。众多消费者，尤其是年龄偏大的女性偏好购买黄金饰品，就反映了这种需要。在这些消费者的观念里，黄金及相关饰品属于"硬通货"，能够保值。

（九）祈求平安

一些消费者给自己购买玉石饰品，比如玉髓吊坠，是寄希望让这些产品保佑自己平安。还有一些家长给晚辈买翡翠"平安扣"等产品，也是寄希望于这些器物能够让孩子远离灾害、一生平安。本质上受到"避免人身伤害"（为自己购买）和"照顾家庭"（给后代购买）需要的驱动。

拓展阅读3-1　　珠宝消费的"面子需要"

❶❷ Wang Y, Griskevicius V. Conspicuous consumption, relationships, and rivals: Women's luxury products as signals to other women[J]. Journal of Consumer Research, 2014, 40(5): 834–854.

第二节　不同需要驱动下的购买行为

本节进一步分析每种需要对应的主要人群、购买场景和行为，概括总结于表3-1。

表3-1　珠宝首饰不同消费需要驱动下的行为

根本需要	主要人群	典型购买场景	购买的主要产品	购买关键影响因素
获取地位	职场奋斗白领	初入职场、加薪、职位升迁等场景	符合职业特征的项链、耳环、手镯等	品牌关于地位的价值主张、设计、材质
定义自我	年轻消费者	想展示"我是什么样的人"、追求理想自我、展示个性等	各类珠宝首饰	品牌价值主张、设计、材质
强化自尊	缺乏自尊的人	遭遇挫折、打击、失败、自卑等场景	项链、耳环、手镯、戒指等	品牌、设计、材质
获得归属感	孤独的人、想要融入某群体的人	孤独时、缺乏关爱时、想要融入某个群体时	各类珠宝首饰	品牌围绕"联结"的价值主张、产品拟人化设计
获取配偶	单身的人	吸引异性关注、表白、求婚时	钻戒、项链、手镯等	材质、品牌关于爱的主张
维系配偶	已婚人群	特殊纪念日	各类首饰	材质、品牌"爱"的主张、设计
避免疾病	相信玉石、银器等有益健康的人	面临或者担心亚健康问题时	玉石、翡翠相关首饰、银质产品	材质、品牌价值主张、设计
财富保值	年长女性	手里有余钱时、通货膨胀时	黄金相关产品	材质、品牌
祈求平安	对玉石等有信念的人	小孩出生时想为自己或他人祈福时	玉石相关饰品	材质、品牌主张

（1）获取地位，主要对应职场奋斗中的白领等人群。他（她）们在初入职场、加薪、获得职位升迁等情境下，可能会购买能够彰显身份和地位的珠宝首饰（如项链）。一方面是对自我的内在激励，另一方面是通过外显的消费，希望赢得特定群体内的声望，借此提升地位。品牌关于"成功""地位"等包含的价值主张、产品的设计、材质等，是吸引他们购买的关键。

（2）定义自我，主要对应年轻消费者群体。他们通过项链、戒指、耳环、耳钉等产品，向外界表达"我是一个什么样的人"，或者想要成为一个什么样的人，再或者展示自己是一个具有什么样个性（如时尚、很酷、独立、特立独行）的人。据此，品牌关于自我或个性的价值主张、产品的设计、材质等，成为满足这一需要的重要决定因素。

（3）强化自尊，主要对应缺乏自尊的人。现实中，经常有人感觉遭受挫折、打击、嘲讽等，如果长期处于这种状态还会让人感觉自卑甚至抑郁。根据消费的自我补偿理论，珠宝首饰的消费能够有助于这些人强化自尊。品牌围绕自尊的价值主张、珠宝首饰的设计、材质等，是满足这一需要的决定因素。

（4）获得归属感，主要对应感觉孤独的或想要融入某群体的消费者。比如年轻的小王发现身边的朋友都佩戴某品牌的项链，为了显得"合群"，小王也可能购买这一品牌的项链。还有，当消费者感知孤独时，会购买一些珠宝首饰，让其"陪伴"自己。品牌围绕人际"联结"的价值主张、产品的拟人化设计等，成为满足这一需要的决定因素。

（5）获取配偶，主要对应单身人群。根据进化心理学：一方面，在配偶吸引阶段，他们想要通过珠宝首饰的消费，来彰显自己作为潜在配偶的优秀特质（如财富、地位、资源）；另一方面，在配偶获取阶段，他们会在表白、求婚等场合，向潜在伴侣赠送钻戒、项链、戒指等产品，来赢得潜在伴侣的"芳心"。

针对配偶吸引，珠宝产品和品牌的"炫示"功能（如品牌Logo、材质、设计）非常重要；针对配偶获取，向潜在伴侣表白或求婚，珠宝的材质（是否钻石）、品牌关于爱的价值主张、设计款式等至关重要。

（6）维系配偶，主要对应已婚人群。男性或女性向伴侣赠送项链、手镯等产品表达爱意，品牌价值主张、设计、材质在这一情境下至关重要。

（7）避免疾病，主要对应那些相信佩戴或使用玉石、银器等产品有益健康的人群。当他们面临或者担心自己的亚健康问题（如睡眠不好、掉头发）时，就可能产生购买欲望和行为。产品的材质，比如玉石的品种、产地、是否纯正，成为消费者购买的决定因素。另外，玉石产品或品牌围绕健康问题的价值主张、产品设计等也是消费者购买决策的重要影响因素。

（8）财富保值，主要对应一些年长女性。在手里有闲钱时、明显感知到通货膨胀时，她们会购买黄金饰品或直接购买金条产品。此时，产品的材质成为购买决策的第一决定因素，当然品牌也非常重要，因为品牌意味着质量和回购承诺。

（9）祈求平安，主要对应那些相信佩戴玉石首饰等产品为人带来平安、好运的人。这一需要在本质上对应进化需要理论的"避免人身伤害"需要。持玉石信念的人，相信佩戴相关玉石产品，会给人带来平安。对此，产品材质（玉石的纯度、产地等）、品牌关于平安的价值主张，成为决定消费者购买的关键。

以上逐条分析了每种"根本需要"对应的不同人群、典型购买场景、产品以及主要决定因素。需要指出的是，现实中，消费者的一种购买行为，可能同时受到多种根本需要的驱动。比如，佩戴翡翠项链，既是为了定义自我，又是为了祈求平安。

第三节　珠宝首饰的购买决策

主流的经济学假定人是"理性人"，但实际的人类行为决策，被理性和非理性共同左右，消费者的珠宝首饰购买行为也是如此。

一、理性购买决策过程

理性决策过程如图3-2所示。根据经典的消费者行为决策模型，珠宝首饰的购买属于高卷入度（需要投入较多的时间、精力、金钱和心理资源）的购买，因而消费者珠宝首饰的购买决策，一般遵循图3-2所示的全过程。[1][2]

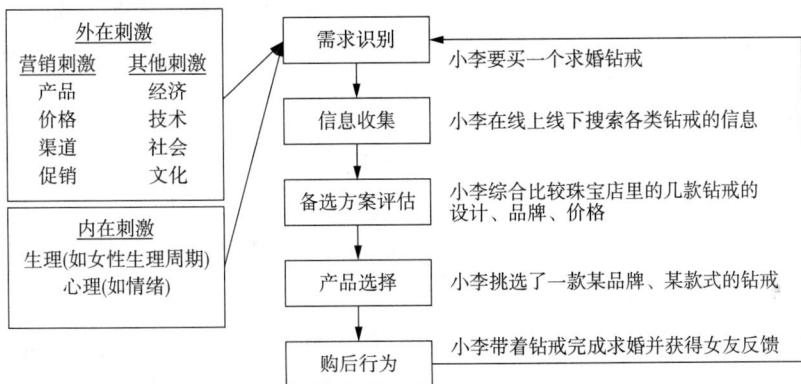

图3-2　珠宝首饰购买的理性决策过程

第一步，珠宝首饰的购买开始于需求的识别。在外在刺激（如企业能控制的营销刺激和不能控制的宏观环境刺激）或内在刺激（如女性生理周期）的驱动下，图3-1所示9种根本需要中的一种或几种会被激发。比如小李和女友经过一段时间的交往之后，想要跟女友求婚，这一情境会激发小李的"配偶获取"根本需要，再加上社会文化的影响——"钻戒是爱情的象征，钻石意味着忠贞不渝"等，最终驱动小李形成"购买一枚钻戒"的需求。

第二步，需求确认之后，理性决策模型认为，消费者会进入信息收集阶段。比如小

---

❶ 迈克尔·所罗门，卢泰宏，杨晓燕.消费者行为学 [M]. 10 版.杨晓燕，郝佳，胡晓红，等译.北京：中国人民大学出版社，2014.

❷ 加里·阿姆斯特朗，菲利普·科特勒.市场营销学 [M]. 13 版.赵占波，孙鲁平，赵江波，译.北京：机械工业出版社，2019.

李在明确购买一枚钻戒的需求之后，他可能通过线上和线下渠道收集钻戒相关的各类信息。比如钻戒的品牌、设计、款式、价格，以及不同品牌钻戒包含钻石的 4C（重量、色级、净度、切工）特征。

这一阶段是珠宝首饰经营企业营销沟通的关键阶段。企业需要通过能够有效接触目标顾客的线上或线下渠道，让本企业产品和品牌进入目标顾客的"考虑集"，即本企业产品和品牌在目标顾客的"信息收集"阶段，能被他们轻易收集到，并被有效考虑。

第三步，在前一步信息搜集的基础上，消费者会进行备选方案的评估。消费者围绕产品的一些属性，如品牌的影响力、款式、设计、价格、质地等，就不同的备选项进行权衡比较，然后选出自己最偏好的那个选项。继续以上述小李购买钻戒为例，他可能就钻戒的品牌影响力、款式、设计、钻石 4C 特征，以及价格等方面权衡分析不同品牌的优劣。

这一阶段中，企业产品和品牌在某一个或几个方面的"独特性"格外重要。针对目标顾客最看重的一个或几个产品、品牌属性，本企业产品和品牌要能"战胜"竞争者，从而在顾客"备选方案评估"中脱颖而出。而为了"脱颖而出"，企业需要做好产品和品牌"定位"。

第四步，在信息收集的基础上，消费者基于对每个选项的比较分析，形成最偏好的产品和品牌选项，并将对最偏好的选项付诸购买行动。比如，小李综合比价主要钻戒品牌后，会基于自己最偏好的产品特征以及自己的购买能力，选出自己认为"最优"的购买选项，然后通过线下或其他渠道购买自己认为"最优"的钻石。

这一阶段，站在企业的角度属于"临门一脚"阶段。对于线下销售场景，销售人员的形象和亲和力格外重要；对于线上销售场景，在线客服人员回答客户疑问的及时性、有效性格外重要。

最后一步是购后行为，就是购买产品之后的使用、处置等行为。比如小李购买了钻戒之后，拿来向女友求婚，并获得女友积极（如女友非常喜欢和感动，求婚成功）或其他反馈。

二、非理性购买决策

虽然珠宝首饰的购买属于高卷入度的购买，然而在实践中，众多消费者的珠宝首饰购买决策属于非理性决策，即不完全遵循图 3-2 所示的决策逻辑。学界一般冠之以"冲动性消费"的称号❶，指即兴、自发、无意识的非计划性购买行为。在诸多产品的消费决

---

❶ 熊素红，景奉杰. 冲动性购买影响因素新探与模型构建 [J]. 外国经济与管理，2010, 32(5):56-64.

策中，主要由冲动型（非理性）决策占主导。事实上，新产品的购买，主要通过消费者的冲动性购买实现。

冲动性购买具体可以分为：一是纯冲动型购买。购买前完全没有计划，完全是受到突然的情绪或情感驱动，"一时兴起""心血来潮"而临时决定购买；二是环境刺激型冲动。企业的营销刺激，比如广告宣传、商业促销、旅游时导游的游说等，这些激发了某种未被满足的需要，从而引起购买行为。

纯冲动型购买，比如某游客来到上海城隍庙附近游玩，偶然走进了"老庙金店"里闲逛，心里想着好长时间没给妻子买过礼物了，于是临时决定给妻子买了条项链。环境刺激型冲动购买，比如某游客去云南旅游，在游玩过程中，精明的导游在介绍云南主要风俗、文化时，时不时通过具象化的故事，穿插讲解玉石、翡翠、银器等对人"健康、平安"的种种益处。在接收到这些"信息刺激"后，众多游客在"自由活动期间"，便自发地在当地购买了翡翠吊坠、手镯、银杯等产品。还有在特殊节日里，比如情人节及"双十一""618"等购物节，一些珠宝首饰经营企业会推出各种"优惠活动"，使很多消费者"经受不住诱惑"而进行购买产品，也属于环境刺激型冲动购买。

第四节　对珠宝首饰营销管理的实践启示

一、清晰界定目标顾客及其根本需要

珠宝首饰经营企业应该清晰地界定哪些顾客群体是企业或产品的主要目标顾客。不同顾客群体购买珠宝首饰所满足的根本需要（动机）存在明显差异，即使是针对同一种产品，不同群体（细分市场）购买的根本需要也不同。因此，珠宝首饰经营企业，必须清晰地界定：

·谁是我的目标顾客？

·他（她）们的根本需要是什么？

只有清晰地回答这两个问题，企业吸引目标顾客的营销战略与策略才更具有针对性，才会更加有效。

二、根据目标顾客的需要进行产品设计

清晰理解目标顾客的需要之后，企业需要思考：现有的产品价值主张和设计，是否非常精准地契合目标顾客的根本需要？只有非常精准契合目标顾客根本需要的产品价值主张和设计，才更可能打动、吸引顾客，并赢得顾客的支持与拥护。

三、根据目标顾客需要开展品牌定位

企业为了长期地获取和维系顾客，构建长期的竞争优势，还需要在深刻理解目标顾客根本需要的基础上，开展有效的品牌定位。品牌定位指"你的品牌怎样和其他品牌有所区别、有何区别，以及证明自己优于其他品牌"[1]。品牌定位的结果，是形成清晰的"品牌识别"。品牌识别是品牌对目标顾客的核心承诺，具体而言，指品牌在功能、情感或意义上，能为顾客带来怎样的独特利益。

基于目标顾客的需要开展品牌定位、制定清晰的品牌识别，对中国珠宝经营企业尤为重要。因为市场竞争已经从"产品时代"（卖点取胜）、"形象时代"（外在吸引取胜）、走向现代的"定位时代"（顾客心智取胜）[2]。制定有效的产品和品牌定位，还有助于企业跳出同质化的"红海竞争模式"，走上差异化的"蓝海发展模式"。

四、根据目标顾客需要开展整合营销沟通

珠宝首饰经营企业在营销沟通策略上，无论是广告、人员销售、公共关系活动、促销，还是依托当前线上社交媒体的社群营销，这些针对目标顾客的营销沟通活动，都要在品牌定位与识别的统一框架下，面向目标顾客的根本需要开展设计和传播。保障各类营销沟通内容有效击中"顾客根本需要"的靶心，这样营销沟通才会有效，顾客才会对企业产品和品牌保持"心动"。

[1] 戴维·阿克，王宁子. 品牌大师 [M]. 陈倩，译. 北京：中信出版集团，2019.
[2] 卢泰宏. 品牌思想简史 [M]. 北京：机械工业出版社. 2020: 70.

本章小结

需要是指人心理或生理上缺乏某种东西而产生的内在紧张状态，是驱动人们对某种商品或服务产生购买欲望的根本动力。需求则是在一定的价格水平条件下，消费者愿意并且能够购买某种商品或服务的数量。

驱动消费者购买珠宝首饰的根本需要包括：获取地位、定义自我、强化自尊、获得归属感、获取配偶、维系配偶、避免疾病、财富保值、祈求平安。

不同的人群购买珠宝首饰所希望满足的根本需要是不同的。不同的场景激发不同的根本需要，在不同需要的驱动下，人们会对不同类型的珠宝首饰产生购买欲望和行为。另外，现实中，消费者的一种珠宝首饰购买行为，可能同时受到多种根本需要的驱动。

消费者的珠宝首饰购买决策过程分为理性和非理性两类，理性的购买决策过程一般遵循"需求识别——信息收集——备选方案评估——产品选择——购后行为"的过程。现实中，大部分消费者珠宝首饰购买决策，并不完全遵循这一理性决策过程。大部分消费者珠宝首饰购买决策呈现非理性的特征，即受外界环境刺激或内在心理情绪的激发，没有计划地购买珠宝首饰，学界一般称之为冲动性购买。

深刻理解消费者珠宝首饰购买的根本需要和决策过程，对珠宝首饰经营企业的营销管理实践具有重要启示。企业需要清楚地知道：目标顾客群体的根本需要是什么，然后据此开展产品设计、品牌定位以及整合营销沟通。这样才更可能与目标顾客产生共鸣，持续吸引并拥有顾客。

重要名词

需要　欲望　需求　根本需要　近因与本因　理性购买决策过程　非理性购买决策

复习思考题

1. 需要和需求的根本区别是什么？

2. 为什么要深刻理解消费者珠宝首饰购买的根本需要？

第三章　珠宝首饰消费者行为

3.消费者购买珠宝首饰的9种根本需要是什么?

4.不同根本需要如何驱动不同的珠宝首饰购买行为?

5.分析珠宝首饰理性的购买决策过程。

6.消费者珠宝首饰购买的非理性购买决策主要受什么因素驱动?

7.深刻理解消费者珠宝首饰的根本需要对珠宝首饰经营企业有何管理启示?

章后测练

第四章　珠宝首饰市场调查与需求预测

本章提要

　　企业应该如何理解市场和顾客？当企业掌握的二手数据不能帮助解决具体问题时，就需要企业自己或委托第三方机构进行市场调查，来获得一手数据，从而帮助解决具体决策问题。本章介绍珠宝首饰企业开展市场调查的战略意义与主要内容，阐述了市场调查程序和主要方法。另外，在珠宝首饰企业经营过程中，经常还需要就特定饰品的市场规模、增长潜力、销售额等指标进行预测。本章进一步介绍了市场预测的程序和主要方法。

章前引例　　30+精致女性：高知高消的中坚力量

第一节　市场调查的战略意义和主要内容

一、战略意义

　　理论上，珠宝首饰科学营销管理的第一步，也是要深刻地理解市场，理解目标市场消费者的需要和欲望。实践中，无论是制定新战略，还是推出新产品、设计新广告、制定代言决策、进行价格调整等，都需要站在"目标顾客"的角度想一想：她（他）们会怎么看？她（他）们会喜欢吗？当企业所掌握的二手数据不能解决问题的时候，就需要企业针对特定的问题，展开一手调查研究。一般简称为市场调查（或市场调研、市场研究）。

　　科学有效的市场调查，对珠宝首饰经营企业的营销决策以及其他管理决策都至关重要。现代珠宝首饰经营企业的管理者、战略决策者，在制定重要的市场决策之前，一定要有调研思维，要做一些市场调查，哪怕是做一些小样本的消费者深度访谈。如果没有调研思维、不做市场调查，可能就会做出错误决策，由此造成巨大代价。

拓展阅读4-1 "牛"年与"牛"转乾坤的美好愿望

二、市场调查的主要内容

市场调查，就是针对珠宝首饰经营企业面临的具体营销问题，系统地设计、收集、分析和报告有关数据❶。根据要调查的对象区分，珠宝首饰市场调查的主要内容包括：

（1）市场需求调查。指在了解一定时期企业的目标市场范围内，人口变化、居民生活水平提升、购买力投向、购买者偏好与需求构成变化，对珠宝首饰在数量、质量、品种、规格、式样、价格等方面的要求及发展趋势等。

（2）市场供给状况调查。指调查珠宝首饰产品供给及其构成情况，包括各类首饰产品的供给规模、生产结构、技术水平、新产品设计、生产加工能力布局、成本、自然资源等条件的现状和未来规划，并据此测算珠宝首饰产品数量和结构及其发展变化趋势。

（3）市场环境调查。包括政治环境：国家政策、法律法规、重大活动、事件等；经济环境：人口、国民收入、消费结构水平、物价水平；社会文化环境等：教育程度、职业构成、家庭类型、风俗习惯等。

（4）消费者调查。指调查购买本企业首饰产品的消费者性别、年龄、职业、居住区域、收入水平、消费结构等，明确哪些人是主要购买者、谁是使用者、谁是购买决策者、消费者的需要和动机、影响消费者购买决策的关键因素等。

（5）市场竞争状况调查。如某种珠宝首饰的供需平衡状态；某种首饰在市场上的占有率、覆盖率、市场潜在需求量；竞争者的地位、作用、优势和劣势；特定的细分市场对某种饰品的需求情况；国内外市场的变化动态和趋势等。

（6）产品研究。比如特定首饰产品的生命周期、老款产品如何改进、如何设计新产品、对竞争产品进行比较和分析等。

此外，关于适合珠宝首饰的广告媒介、广告内容与方式、价格策略、社交媒体推广策略等，都可以开展针对性的市场调查研究。

---

❶ 加里·阿姆斯特朗，菲利普·科特勒.市场营销学[M].13版.赵占波，孙鲁平，赵江波，译.北京：机械工业出版社，2019.

第二节　珠宝首饰市场调查程序与方法

一、市场调查程序

图4-1展示了市场调查的一般程序。[1]

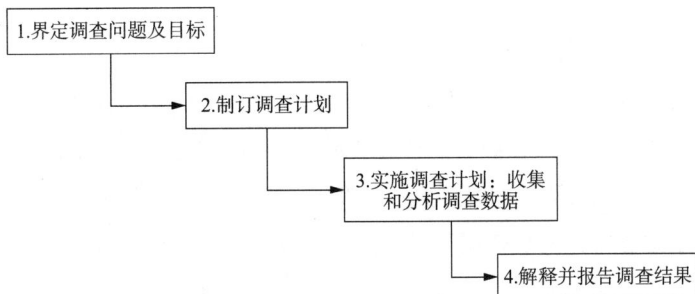

图4-1　市场调查程序

第一步：界定市场调查问题及目标。调研之前，企业先要明确，通过调研想要解决什么问题、达到什么目标。为此，一般需要思考三个问题：

（1）为什么要做这个市场调查？即认清背景。

（2）通过调研具体想知道些什么？即确认目的。

（3）获得结果后有什么作用？向谁汇报或说明？即衡量调查的价值。

实践中，确定问题、明晰研究目标是最难也是最重要的一环。为了准确确定问题和目标，需要调研组织者与相关问题的决策者，比如总经理、部门负责人等，进行充分沟通。

拓展阅读4-2　珠宝首饰零售时，是先说价格、再呈现产品，还是反过来？

第二步：制订调查计划。就是制定关于调查的详细、具体安排。实践操作中，遵循"5W-2H-1E"框架，可以帮助珠宝首饰企业制定有效的市场调查计划，即明确如下几点：

（1）具体需要调查什么（What）？

（2）谁（Who）去做调查？

---

[1] 加里·阿姆斯特朗，菲利普·科特勒.市场营销学[M].13版.赵占波，孙鲁平，赵江波，译.北京：机械工业出版社，2019.

（3）上哪（Where）去调查？

（4）什么时间（When）去？

（5）具体怎样操作（How）？

（6）为什么（Why）要这样做？

（7）要花多少钱（How Much）？

（8）预期会有什么样的结果（Evaluation）？

以上问题交代清楚后，一份详细、具体的市场调查计划就形成了。根据这个框架制定调查计划，关键的调查元素都不会被遗漏。

第三步：实施调查计划。这一步的主要工作内容，是根据调查计划，抽取样本、收集资料。在数据收集阶段，主要涉及抽取样本、随机抽样与非随机抽样、收集资料。关于抽样、获取数据或收集资料的具体方法，在下一节结合问卷调查方法详细阐述。

获取调查数据之后，就是整理资料、校对和录入。这一环节就是要将一些无效的调查资料进行剔除，然后准确地在统计分析软件，比如EXCEL或SPSS等中录入资料。以问卷调查为例，实践中我们一般会收集回来很多无效问卷。这可能是因为问卷设计的问题，或者是被试者本身的问题（比如心情不好），导致很多被试者填写不认真，由此产生很多无效问卷。此时就要将无效问卷剔除。

通过尽可能地随机抽样获取样本，精准整理与录入数据之后。现实中，需要通过一些统计软件，对所获取的数据进行统计分析，来寻找第一步提到的"研究问题"的答案。关于具体的统计分析方法，有很多专门的书籍予以介绍。

第四步：解释并报告研究结果。就是对上一步数据分析的结果进行解释，直接指出结果对营销或管理决策的参考价值。具体在撰写调查报告时，建议最好先写1~2页简单的摘要，开门见山地告诉决策者关键的信息，然后再进入研究报告本身。

以上就是市场调查的基本流程，把每一个流程做好，特别是第三步中的"抽样"做好，就能得到比较高质量的调查结果。

二、珠宝首饰市场调查的问卷方法

通过问卷调查获取一手数据，是当前使用最多的市场调查方法。因此，本节单独讨论珠宝首饰市场调查的问卷方法。问卷是市场调查中使用的、以问题的形式系统地记载所需要调查的具体内容，让访问员向受访者发问并记录受访者答案，以收集第一手资料的一种书面文件。通过问卷调查获取一手资料的方法，是根据市场调查程序的第一步"调查问题和目标"以及第二步"制定调查计划"确定具体调查问题、拟定调查问卷之后，根据尽可能随机的抽样原则，实施调查计划、获取数据。

关于问卷调查方法，这里重点说明"抽样"与"随机抽样"及其重要性。实践中，企业经常通过问卷调查的方式，获取调查数据。那么，问卷发放给谁填写？就涉及"抽样"和"随机抽样"的问题。

先解释一下什么是"抽样"。比如某珠宝首饰企业想知道沈阳市831.6万居民对于该公司品牌的知晓度。显然，企业不能全部调查这831.6万人，因为成本极高。事实上，也没有必要。这时候，就需要抽样，就是从调查的"总体"——沈阳市831.6万居民中，抽出来一部分人进行调查，比如抽出1000人进行调查，这1000人就是"样本"。从831.6万人中抽出来1000人，就叫"抽样"。

再说"随机抽样"。接着上面的例子，那应该如何从这831.6万人中，抽出来1000人？通过"微信"找人填写问卷，不是"随机抽样"。所谓随机抽样，就是沈阳市这831.6万人，每个人被"抽中"的概率完全一样。每个人都有可能被抽到，才叫随机。现实中，一般难以做到完全随机。但应该追求尽可能地随机，比如"聚类抽样"。

什么是聚类抽样，还举上面的例子。可以先根据地域，将831.6万人总体划分为不同区域的人。比如沈阳市有10个区，可以分别去这10个区的主要商场、超市、写字楼等，人流量比较大的地方，找人填写调查问卷。具体每个区找多少人填写问卷，可以根据每个区的居民人数占沈阳市总人口的比例来确定，比如皇姑区有94万人，就在皇姑区的主要商场、超市、写字楼等地方，找113人（（94万/831.6万人）×1000）左右填写。建议最好在抽样时间上分散，比如在一个星期内、从周一到周日，每天找10多个人填写，最终总共收集113份左右有效调查问卷。这样，就尽可能地接近随机抽样。"随机"非常重要，如果不是按照尽可能"随机"的方式获取调查样本，最后收集的数据就不能准确反映总体的情况。

问卷调查涉及的总体和样本的关系如图4-2所示。从数量庞大的"总体"中抽取数量相对小的"样本"，然后根据对样本的分析，来估计总体的情况。抽取的样本，在多大程度上能够准确地估计总体的情况，取决于抽样随机的程度。随机的程度越高，估计准确性会越高，随机的程度越低，估计的准确性就越差。

在拓展阅读中，单独分析中国企业的问卷调查实践中调查者们常犯的错误，希望让读者在以后实施问卷调查时，避免再犯类似的错误。

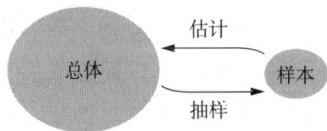

图4-2　总体与样本的关系

拓展阅读4-3　　问卷设计与实施

三、市场调查的其他方法

获取一手数据资料的方法还有：焦点小组访谈法、深度访谈法、观察法、实验法、网络调查法等。

（一）焦点小组访谈法

就是采用小型座谈会的形式，挑选一组具有代表性的消费者，在一个不受干扰的房间里，在主持人的组织下，就某个专题进行讨论，从而获得对有关问题的深入了解。

首先，准备工作。①确定访谈进行的场所和时间。场所最好是有单面镜和监测设备的测试室；时间建议控制在1.5~3小时。②选择小组成员。每组建议控制在8~12人。③选择合适的主持人。主持人需要具备良好倾听、观察能力，应保持客观性，具有关于调查、营销等方面的基础知识，善于调动参加者积极性，鼓励成员积极发言，能控制大局，把握访谈方向和进程。④编写访谈提纲。⑤确定访谈次数。次数取决于问题性质、细分市场数量、访谈产生新想法的数量、时间与经费等；对于包含单一被访类型的情况，一般四个小组即可。

其次，焦点小组访谈的实施。在实施过程中，一是要把握好访谈主题；二是做好小组成员间的协调工作，避免出现冷场、跑题等情况；三是做好访谈记录。

最后，访谈结束后的工作。及时整理、分析访谈记录；检查记录是否准确、完整，有没有差错和遗漏；回顾和研究访谈情况；做必要的补充调查；编写焦点小组访谈报告。

（二）深度访谈法

该方法类似于记者采访，是一种无结构的、直接的、一次只有一名受访者参加的特殊访谈。在访问过程中，通过掌握高级访问技巧的调查员对被访者深入地访谈，尽可能让受访者自由发挥，以揭示被访者对某一问题的潜在动机、信念、态度和情感。

随着访谈的逐渐展开，调查员深入地探究每一个问题。例如，一次深度访谈，可能从探讨某款项链开始，然后转向讨论对不同材质项链，比如纯黄金、白金、玫瑰金、银质项链的看法，以及其他首饰的看法，然后再讨论项链的社会属性和私人属性，慢慢像剥洋葱似的，把目标对象对项链的深层次认识、对项链的核心需要、购买根本动机等揭示出来。深度访谈是一对一的访问，所以受访者有很多表达机会，能够把自己的观点详尽表达出来。

深度访谈法的关键难点，是需要调查员从被访者的生活化语言表达中，去识别某种行为或态度背后深层次的动机与内涵。因此要求调查员具有深厚的理论功底。

（三）实验法

比如，想检验相比其他类型背景音乐，在珠宝首饰零售店播放浪漫爱情型背景音乐能否促进顾客购买意愿和行为，就可以采用实验法予以验证。具体地，可以在珠宝首饰连锁店中随机抽取几个店，在其中播放某种浪漫爱情型背景音乐（一般称之为实验组），另外抽取几个店播放其他类型的背景音乐（一般称之为对照组），然后在一个礼拜或者是一个月之后，看实验组门店的经营业绩是否明显好于控制组门店。如果经过统计分析（一般用方差分析）发现，实验组门店的业绩明显好于控制组门店，那么就可以据此判断播放浪漫爱情背景音乐有助于促进顾客的珠宝首饰购买，从而帮助珠宝首饰连锁店决定播放背景音乐的类型。

当然，还可以在一个门店进行前后对比实验。比如以一个星期为周期，在第一个星期播放浪漫爱情型背景音乐，第二个星期播放其他音乐。然后，在接下来第三个星期再播放浪漫爱情型音乐，如此交替循环几个星期，然后再比较播放浪漫爱情型音乐时期的销售业绩和播放其他音乐时期的销售业绩。如果通过方差分析，显示播放浪漫爱情型音乐时期的销售业绩明显好于播放其他音乐，则同样可以支持"播放浪漫爱情音乐有助于促进顾客珠宝首饰购买意愿"。

（四）观察法

通过观看、跟踪和记录调查对象的言行，来收集资料的调查方法。可以依靠调查人员在现场直接观看、跟踪和记录，也可以利用视频监控等手段间接地从后台观看、跟踪和记录。具体地，顾客观察法就是在珠宝首饰门店内秘密注意、跟踪和记录顾客的行踪和举动，以总结出企业经营所需的信息。

（五）网络调查法

网络调查法是借助问卷网络平台、现代社交媒体等展开调查。一般通过在线问卷平台设计好调查问卷，然后将问卷的链接通过社交媒体进行发布，邀请合适的被试对象填写。随着移动互联网和社交媒体快速发展，网络调查方法日益重要，应用范围不断扩大。该调查方法有如下特点：调查对象有局限性（一般年轻人参与意愿较高、年长者参与性差）；回答率难以控制；整个调查难以控制；成本较低，传播迅速。

第三节　珠宝首饰市场预测程序与方法

珠宝首饰的市场预测，是指在相关市场调查的基础上，运用预测理论和方法，对企业决策者关心的变量变化趋势和未来可能的水平做出估计和测算，为决策者提供依据的过程。

一、市场预测程序

第一步：明确预测目的和要求。就是确认预测对象，对象要具体准确。另外要确定预测目标是短期还是长期，是需求预测还是销售预测等。

第二步：收集整理资料。市场预测是在市场调查的基础上展开的，因此必须重视市场调查工作，重视资料的收集和研究。资料主要包括两类：一是历史资料，比如企业过去的销售数据、客户数据等；二是现实资料，指预测时或预测期内市场及各种影响因素的相关资料。

第三步：选择预测的方法，即建立模型。应该根据预测内容和目标、市场供需状况、竞争状况，来确定具体预测方法。大致可以采用两类方法：一种是定性预测，即靠专业人士的主观判断来预测；另一种是靠定量模型去预测。

第四步：进行评价分析，即计算并修正预测模型。结合选定的方法和数学模型进行计算和预测的过程中，如果预测结果和预期值差异较大，应该分析差异产生的原因，及时加以修正、重新测算和预测。

第五步：预测工作总结、制定决策方案。就是对预测工作进行全面的总结，更好地服务于管理决策。一是制定不同的决策方案，并说明各种方案的根据和利弊得失，供决策者比较和选择；二是总结预测工作的经验和不足，为今后的预测提供依据❶。

二、市场预测方法

具有可以参考的预测方法总结如表4-1所示。下面简要介绍每一种方法。

❶ 马连福，张慧敏.现代市场调查与预测[M].4版.北京：首都经济贸易大学出版社，2012.

表4-1　市场预测的主要方法

大类	具体方法
基于主观判断的方法	销售人员综合预测法
	德尔菲法
基于顾客的方法	市场测试
	市场调查
观测值外推法（时间序列法）	平均预测法
	指数平滑法
基于模型的方法（关联法或因果法）	回归分析

（一）基于主观判断的方法

1.销售人员综合预测法

指珠宝首饰经营企业直接将销售经验丰富的人员组织起来，先由组织者向他们介绍预测目标、内容和预测期的市场经济形势等情况，要求销售人员利用平时掌握的信息，再结合提供的情况，对预测期的特定珠宝首饰商品销售前景，提出自己的预测结果和意见，最后提交给预测组织者进行综合分析，以得出最终的预测结论的方法[1]。

2.德尔菲法

指通过函询的方式，征求每个珠宝首饰行业专家的意见，经过客观分析和多次征询反复，逐步形成统一的调查结论。德尔菲法也是一种专家预测方法，它用背对背的判断代替面对面的会议，在一定程度上克服了服从权威和不愿当众发表不同意见的弊病，使被调查的专家能够充分地发表自己的意见，最后取得较为客观实际的预测结果。

（二）基于顾客的方法

1.市场测试

市场测试是将某种产品（尤其是新产品）投放到一个具有一定代表性的小范围消费者环境中，对该产品的市场销售效果进行测试的方法。目的是了解消费者使用意愿，有多少人会购买，购买的量有多大等。据此预测该产品在未来一定时期的销售状况、市场规模等。

---

[1] 吴丹.管理决策方法——理论、模型与应用[M].南京：河海大学出版社，2014.

2.市场调查

通过上一节提及的市场调查方法，了解在一个特定的地理范围内，某种首饰产品的目标消费者规模、购买意愿高低、价格支付水平等，据此判定该产品在特定区域市场中，在未来一段时期的市场规模、增长潜力等。

（三）时间序列预测法

时间序列预测法，是将珠宝首饰经营企业的历史销售数据或其他指标数据，按照时间顺序排列成一系列，根据时间序列所反映的销售发展过程、方向和趋势，将时间序列外推或延伸，以预测销售或其他指标未来可能达到的水平。时间序列又称动态序列，它是将某个变量（比如销售额）的观测值，按时间先后顺序排列所形成的数列。时间可以是周、月、季度、年等，比如珠宝首饰企业的销售额按月排列数据。

需要注意的是，在时间序列数据中，数据的大小受到各种因素的影响，数据的变化趋势表现出各种态势，通常根据这些影响因素将数据的变化趋势分为四大类：长期趋势、季节变动、循环变动和不规则变动。面对前三种数据趋势预测，由于数据均呈现某种规律性，因此能够将数据进行简化，从而使预测成为可能。然而，不规则变动是指由某种偶然因素引起的突然变动，比如战争的发生、传染病暴发等，不规则变动没有周期性。总体而言，只有相对平稳的时间序列数据，才可以被预测。

1.平均预测法

具体包括算术平均法、加权算术平均法以及增长量平均法等，下面分别举例说明。

比如：某珠宝首饰公司的某一门店2020年下半年各月的销售额分别为180、170、190、200、170、190万元，试预测2021年1月份该门店的销售额。

用简单算术平均法计算的平均数为：

$$\hat{Y} = \frac{\sum_{t=1}^{n} Y_t}{2} = \frac{180+170+190+200+170+190}{6} = 183.3 \text{（万元）}$$

即预测值为183.3万元。

接下来，采用加权算术平均法进行计算。还以上面的资料为基础，将2020年7-12月的参考权重分别设定为0.5、1.0、2.5、3.5、5.0，据此进行计算。因为越往后，对预测未来越具有参考价值，因此权重越大。据此计算：

$$\hat{Y} = \frac{\sum_{t=1}^{n} W_t Y_t}{\sum_{t=1}^{n} W_t} = \frac{180 \times 0.5 + 170 \times 1 + 190 \times 1.5 + 200 \times 2.5 + 170 \times 3.5 + 190 \times 5}{0.5+1+1.5+2.5+3.5+5} = 185 \text{（万元）}$$

即加权平均值为185万元。

时间序列数据中，各期的近期增长量如果大体相等，则说明该市场对应指标呈直线趋势上升或下降，即为线性增长趋势。采用算术平均法预测此类指标，预测结果会出现滞后性。趋势上升时，预测结果偏低；趋势下降时，预测结果偏高。如果采用增长量平均法，则可以纠正滞后偏误。

如表4-2第2列所示，用增长量平均法预测2021年的销售利润。

表4-2　某珠宝首饰门店2014~2020年销售利润（单位：万元）

年份	年销售利润	逐期增长量	趋势值
2014	4100	—	—
2015	4700	600	4758.3
2016	5350	650	5416.7
2017	6000	650	6075.0
2018	6700	700	6733.3
2019	7350	650	7391.7
2020	8050	700	8050.0

首先计算各期逐期增长量 $\hat{Y}_{t+1}$，计算各期逐期增长量如表4-2第3列所示。从表4-2可见各期增长量接近。然后，计算各期增长量平均值：

$$\overline{\Delta Y t} = \frac{\sum_{t}^{n} = 2\Delta Y}{n-1} = \frac{600+650+650+700+650+700}{7-1} = 658.3 （万元）$$

再用预测模型计算各期趋势值（理论值），如表4-2的第4列所示。预测该门店2021年的销售利润为：

$$\hat{Y}_{2021} = Y_{2020} + \overline{\Delta Y t} = 8050 + 658.3 + 8708.3 （万元）$$

2.指数平滑法

指数平滑法是企业经营预测中常用的一种方法。所有预测方法中，指数平滑法被用得最多。

简单的全期平均法是对时间序列的过去数据全部加以同等利用。移动平均法则不考虑较远期的数据，并在加权移动平均法中给予近期数据更大的权重。指数平滑法则兼顾了全期平均和移动平均的各自优点，不舍弃过去的数据，但是仅给予逐渐减弱的影响权重，即距离预测期越远的数据，赋予逐渐收敛为零的权重。指数平滑法是在移动平均法基础上发展而来的一种时间序列分析预测法，它是通过计算指数平滑值，配合一定的时间序列预测模型对现象的未来进行预测。其原理是任一期的指数平滑值都是本期实际观察值与前一期指数平滑值的加权平均。

指数平滑法所采用的模型为：

$$F_{t+1}=aY_t+（1-a）F_t$$

其中，F_{t+1}为t+1期时间序列的预测值；Y_t是t期时间序列的实际值；F_t是t期时间序列的预测值；a表示平滑常数（$0 \leq a \leq 1$）。

据此，第2期的预测值为：

$$F_2= aY_1+（1-a）F_1=aY_1 +（1-a）Y_1=Y_1$$

第3期的预测值为：

$$F_3= aY_2+（1-a）F_2=aY_2 +（1-a）Y_1$$

第4期的预测值为：

$$F_4= aY_3+（1-a）F_3=aY_3 +（1-a）[aY_3+（1-a）Y_1]$$
$$- aY_3+a（1-a）Y_2 +（1-a）2Y_1$$

F_4是前三个时间序列数值的加权平均数。Y_1、Y_2和Y_3的系数或权数之和等于1。实际上，任何预测值F_{t+1}是以前所有时间序列数值的加权平均数。

（四）基于模型的方法（关联法或因果法）

这里主要介绍回归预测法。回归分析预测法是在分析市场现象自变量和因变量之间相关关系的基础上，建立变量之间的回归方程，并将回归方程作为预测模型，根据自变量在预测期的数量变化来预测因变量的取值。回归分析预测法是一种重要的市场预测方法，当企业对市场现象未来发展状况和水平进行预测时，如果能将影响预测变量的关键因素找到，并且能够获得对应的数据，就可以采用回归分析预测法进行预测。

运用回归预测法进行预测，需要满足三个条件：

一是预测对象与影响因素之间存在因果关系，并且数据值越多越好（最好在20个以上）；二是过去和现在的数据规律能够反映未来；三是数据的分布如果呈线性趋势，就采用线性解；如果不是线性趋势，需要采用非线性解。

具体的回归分析预测法又包括：一元线性回归预测法、多元线性回归预测法、非线性回归预测法，下面分别予以介绍。

一元线性回归预测法。适合的场景是，影响预测变量的众多因素中，有一个起决定性作用的因素，且自变量与因变量的分布呈线性趋势。

比如，根据经验，某珠宝首饰门店的销售额同其广告投入之间具有相关关系。该企业2011年至2020年的销售额和广告投入相关数据如表4-3所示。预测该门店2021年的广告费支出为30万元，要求在95%的概率下预测该年的销售收入。

表4-3　某珠宝首饰门店销售额与广告投入数据

年份	广告投入/万元	销售收入/万元
2011	2	70
2012	5	120
2013	7	170
2014	10	200
2015	12	230
2016	15	260
2017	18	290
2018	19	320
2019	21	350
2020	25	400

注　数据为虚构，仅用于介绍方法使用。

　　首先，进行相关分析。在坐标系上画出广告投入和销售收入的散点图（借助诸如SPSS之类的统计分析软件可直接出图），如图4-3所示，发现呈直线趋势，据此判定二者关系呈一元线性趋势，适合一元线性回归预测法。

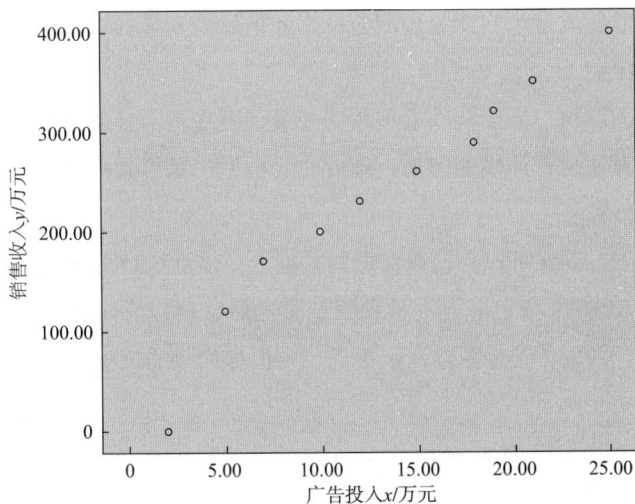

图4-3　广告投入与销售收入的散点图

　　其次，借助SPSS等软件得到回归分析结果，如表4-4所示。模型的判定系数R^2=0.953，该系数越大，说明x与y之间的关系越密切，线性回归模型代表性越好，该指标取值介于0~1之间。另外，x对应的回归系数为15.414，显著性水平$p<0.001$。

第四章　珠宝首饰市场调查与需求预测

表4-4 预测销售收入的一元回归分析结果

模型B		非标准化系数		标准系数	t	Sig.
		标准误差	试用版			
1	（常量）	27.452	18.326		1.498	0.173
	x	15.414	1.209	0.976	12.750	0.000

a. 因变量：y

根据表4-4第2列得到回归模型：

$$y=27.452+15.414x$$

根据上述指标（尤其是判定系数 R^2=0.953），可以利用该模型来预测门店销售收入。当 x 取值为30时，得到 y=489.872（万元）。即当该门店广告投入为30万元时，销售收入的点预测值为489.872万元。

多元线性回归预测法。一元线性回归模型是将影响因变量的原因归结在一个主要因素上。当影响因变量变化的因素有多个时，一元线性回归模型就无法准确地判断多个变量之间的关系。因此，影响因变量的因素有两个或两个以上，且自变量与因变量的分布呈线性趋势的回归时，应使用多元线性回归预测。

具体预测方法，同样可以在已有数据的基础上，借助SPSS等统计软件得到多元线性回归模型，然后代入多个自变量预测值，据此估计因变量的取值。具体操作流程同上述一元线性回归预测。

非线性回归预测法。当影响因素和预测变量（因变量）呈非线性关系时，就要用到非线性回归预测方法。具体模型包括：指数曲线模型、幂函数模型、双曲线模型、对数模型、多项式模型等。

具体操作方法，同样可以在已有数据的基础上，借助统计分析软件（如SPSS）来实现。具体地，在SPSS中指定好自变量和因变量之后，可以尝试各种非线性模型，然后看哪个模型的拟合指数（判定系数 R^2）更优，再根据相应的模型进行预测。

本章小结

市场调查，指针对珠宝首饰企业面临的具体营销问题，例如系统设计、收集、分析和报告有关数据等。

珠宝首饰企业市场调查的程序一般包括：界定市场调查问题及目标、制订调查计划、实施调查计划、解释并报告研究结果。

市场调查经常涉及抽样，就是从数量庞大的"总体"中抽取数量相对小的"样本"，然后根据对样本的分析，来估计总体的情况。抽取的样本能够在多大程度上真实反映总体的情况，取决于抽样随机的程度。

市场调查最常用的方法是问卷调查法，除此之外，其他方法还包括：焦点小组访谈法、深度访谈法、实验法、观察法、网络调查法等。

市场预测的程序一般包括：明确预测目的和要求、收集整理资料、选择预测的方法（即建立模型）、进行评价分析（即计算并修正预测模型）、预测工作总结与制定决策方案。

重要名词

市场调查　总体样本　抽样　问卷　随机　市场预测

复习思考题

1.市场调查的内涵是什么？

2.市场调查对珠宝首饰经营企业的战略意义是什么？

3.珠宝首饰经营企业市场调查的主要程序是什么？

4.举例说明"总体"和"样本"的关系？

5.市场调查的常用方法包括哪些？

6.市场预测的程序是什么？

7.市场预测的主要方法包括哪些？

📖 章后测练

第四章　珠宝首饰市场调查与需求预测

第二篇

珠宝首饰营销战略

02

第五章　珠宝首饰企业通用竞争战略

通过本章学习，学生要掌握波特教授提出的三种通用竞争战略，理解其内涵、适用范围和执行中容易出现的误区，同时思考各种战略在珠宝行业中的应用。

章前引例　　莱绅通灵该如何实现差异化

第一节　通用竞争战略概述

竞争战略是企业在环境分析的基础上以创造、获取和维持某种竞争优势为目的而制定的战略。竞争战略一旦制定一般会实施相对较长的时间，不会轻易改变。

一、三种通用竞争战略

通用竞争战略一般指迈克尔·波特（Michael E. Porter）教授在《竞争战略》一书中归纳的三种竞争战略：总成本领先战略、差异化战略和集中化战略。

（一）总成本领先战略

采用这种战略的企业致力于建立成本优势，以更低的成本提供产品或服务。运作思路有两种，一种是以较低的价格抢夺市场，形成规模效应，另一种是在价格与竞争对手相同时，获得比竞争对手更高的利润。

（二）差异化战略

采用这种战略的企业致力于形成差异化的价值，为顾客提供具有独特价值的产品或服务。运作思路是通过差异化价值来吸引顾客，建立顾客忠诚度。

（三）集中化战略

采用这种战略的企业一般其产品或服务只满足规模较小的顾客群或细分市场。运作思路是企业集中资源占领一个小市场的大部分市场份额，在这个市场上做到成本领先或差异化。

迈克尔·波特教授提出，企业一般是以一种战略类型为指导开展经营，如果同时选择多种战略就会造成企业经营的混乱。当然在企业发展的不同阶段随着内外部环境的变化，企业也会进行战略调整，但是这种调整必须慎重，同时一旦调整又会持续较长的时间。

二、制定竞争战略的关键是确定企业竞争优势的来源

（一）竞争优势与持续竞争优势的定义

竞争优势体现的是一种企业的能力，企业需要综合配置各种资源来获得这种能力，并且企业可以凭借此能力在市场中获得一定的市场份额。

理解竞争优势有三个关键点：第一，竞争优势意味着企业在某方面的能力优于竞争对手，不一定是优于所有的竞争对手，但是肯定比一部分竞争对手要有优势；第二，企业依靠这种竞争优势来获得市场份额；第三，竞争优势在企业发展的过程中可能会消失，因为竞争对手也可以通过综合配置各种资源来获得这种能力。

持续竞争优势主要来源于两个方面：第一是竞争对手不想发展某种能力，第二是竞争对手不能发展某种能力。企业更希望培养的是竞争对手不能发展起来的能力，这也是一般意义上的持续竞争优势。

（二）持续竞争优势的特征

针对到底什么样的竞争优势是对手很难发展起来的这一问题，很多学者都进行了研究。学者任浩和张巍提出当企业所拥有的能力满足——有价值、稀缺、难于模仿和可替代性低四个特征时，就拥有了持续竞争优势[1]。

有价值，是指该能力能够为企业创造某种价值，例如低成本或差异化。稀缺，是指

---

[1] 任浩，张巍. 合作战略：构筑持续竞争优势 [J]. 清华管理评论，2015，000（3）：31-38.

某种能力不能够被轻易获得，至少竞争对手无法轻易获得。如果某能力既是有价值的，同时又是稀缺的，那么它就可以给企业带来竞争优势。但如果想让这种优势持续下去，这样的能力不能被模仿，也不能有合适的替代品。只有这样，才能保证市场在相当大的程度上是垄断的，企业建立起的竞争优势才能持续下去。

三、制定竞争战略的起点是环境分析

无论是竞争优势还是持续竞争优势都是针对特定市场的，迈克尔·波特教授认为制定竞争战略的本质就是将企业放在环境中分析。

（一）掌握环境的发展趋势

企业环境的概念非常宽泛，可以说任何对企业的经营造成影响的要素都是构成企业环境的要素。在所有的环境要素中，迈克尔·波特教授强调了行业结构对企业潜在的、可选择的竞争战略的影响，并提出了行业环境分析的五力模型来帮助企业更好的分析行业环境。在分析环境的过程中，企业不仅要关注目前的环境现状，更要关注将来的发展趋势，可以说竞争优势尤其是持续竞争优势的建立是基于企业对环境发展趋势的掌握。

（二）关注内部环境特点

只分析外部环境却不重视分析自身特点很难形成有效的竞争战略。例如开篇案例中莱绅通灵希望建立"王室珠宝"的差异化形象，这一差异化的竞争战略从外部环境来看虽然没有问题，但是内部资源并不支持，而且寻找的外部资源也不能弥补自身能力的不足，无法让消费者相信他的"王室"珠宝代言人的形象，从短期看战略的执行肯定是举步维艰。所以，竞争战略的选择一定要关注内外两部分环境。

（三）持续监测环境

随着环境的变化，原来可以帮助企业获得市场认可的某种能力，将不能继续赢得市场，那么企业必须建立新的能力或者寻找新的市场。但是这种市场环境的变化很难直接观察到，或者是等能够直接观察到时，已经失去了先机，企业需要持续的检测环境，并对环境的变化进行评估，如果发现确实有必要，就要及时地调整竞争战略来获得持续的发展。

拓展阅读5-1   行业环境中会造成竞争优势改变的典型因素

第二节　总成本领先战略

总成本领先战略是指企业主要通过低成本建立竞争优势。一般要求企业积极扩展规模，并且最大限度地降低运营中的所有成本费用，包括研究开发、服务、推销、广告等各方面。

一、总成本领先战略的实施路径

执行总成本领先战略的公司有两种思路来获得竞争优势。第一种方式是利用低成本优势，制定低于竞争对手的价格，并吸引大量对价格敏感的购买者，扩大规模、增加总利润，同时因为规模的扩大进一步降低成本而获得良性循环。第二种方式是保持目前的价格不变，维持现有的市场份额，但是每销售一单位产品，公司应利用低成本优势获得更高的边际利润，从而增加公司的总利润和投资总回报[1]，然后在积累资金后谋求进一步的发展。

很多公司倾向于使用第一种方式，即降低价格向竞争对手发起进攻来获得竞争优势。但是如果在企业发起降价的同时，竞争对手采用报复性的降价回应，这一战略的结果可能是两败俱伤。除非企业能够快速增加市场份额，用促进规模的增加的方式带来成本的大幅度降低，或者短时间内有把握拖垮竞争对手，否则企业一定要慎重发起攻击。第二种方法虽然短期看效果不明显，但是能够为企业积蓄力量，也为其之后的持续发展提供了基础。

二、总成本领先战略的适用条件

首先一定要注意，总成本领先战略并不是低价策略，低价是执行总成本领先战略后可能出现的一个现象。总成本领先战略的根本是降低成本，保证企业总成本比其他竞争对手要低，从而获得竞争优势。所以应用总成本领先战略的要点是看企业有没有机会能

---

[1] 小阿瑟·A.汤普森，玛格丽特·A.彼得拉夫，约翰·E.甘布尔，等.战略管理：概念与案例[M].21版.于晓宇，王家宝，译.北京：机械工业出版社，2019.

够有效降低成本。以下情况比较适合应用总成本领先战略。

（一）行业特点

首先是行业整体成本具有较大的下降空间。当行业整体成本比较高，企业通过改善技术或者变革管理措施，就能有效降低成本，从而获得先发优势。而一旦获得先发优势后，企业就比较容易通过马太效应获得更长远的发展。

其次是实现产品差异化的成本过高。如果实现产品差异化所需要的成本过高，价格的增加超过消费者能够接受的范围，总成本领先战略就是企业不得不接受的战略选择。

最后是市场处于快速成长阶段。总成本领先战略的实现一般与规模的增加有密切联系，如果企业所处行业市场处于快速成长期，通过价格利器，企业能够更快速地获得更大的市场规模，这是发挥规模效应的前提。

（二）消费者的特点

首先是消费者价格敏感度高。此时价格竞争就成为必要，企业执行总成本领先战略将获得更大的竞争优势。例如，黄金饰品在农村地区的婚庆市场上，消费者对价格关注度就很高，企业竞争的利器就是低成本。

其次是消费者需求具有相似性。当消费者的需求具有相似性，标准化的产品就可以满足这些购买者的需求，比如送给儿童的银饰礼品，消费者需求比较相似，对款式要求不高。这种情况下消费者选择某一卖家产品的主要因素是低价，企业就没有必要差异化。

最后是消费者的转换成本比较低。较低的转换成本使得购买者可以灵活地转而购买具有同等质量的低价产品或有吸引力的替代产品。这种情况下总成本领先者在用低价吸引潜在顾客选购其产品时占据有利地位。电子商务的发展使得消费者的转换成本大幅度下降，很多着力发展电子商务的珠宝企业，普遍执行总成本领先战略。

三、珠宝企业该如何执行总成本领先战略

迈克尔·波特教授在《竞争优势》一书中提出，要降低成本，企业首先要进行价值链分析，找到成本驱动要素。迈克尔·波特教授在《竞争优势》一书中提出了十大类成本驱动要素（图5-1）。❶

---

❶ 迈克尔·波特. 竞争优势 [M]. 陈小悦，译. 北京：华夏出版社，2013.

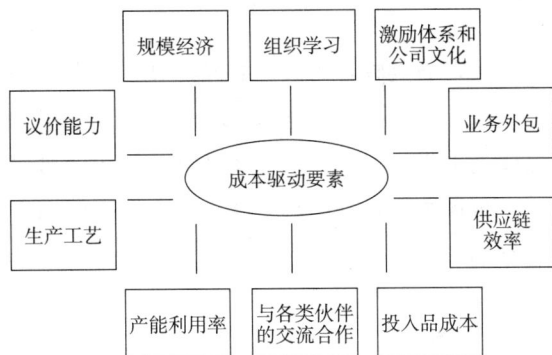

图5-1　成本驱动要素

（一）影响成本降低的要素

1.投入品成本

珠宝行业本身属于重资产行业，在激烈的竞争下，很多企业的利润大概在10%以内，一旦投入品成本上涨，企业利润就会受到很大影响。如果采用总成本领先战略，首先企业必须有效地控制投入品成本，原材料成本占到珠宝企业综合成本的85%以上●。在轻微牺牲或不牺牲产品质量和性能的情况下，珠宝企业可以争取更低的成本投入。如果某些原材料或设计成本"过高"，公司可以转而使用更低成本的原材料或设计方案，甚至在产品设计时可以完全不使用这些高成本的原材料。

拓展阅读5-2　　　豫园珠宝推出国内首个培育钻石品牌

2.规模经济

珠宝企业要寻找所有可实现规模经济的环节，规模经济是通过增加整体规模来降低单位成本，价值链上的不同环节都可产生规模经济。在渠道建设方面，如果珠宝企业能够寻找更多销售渠道，则可以产生规模经济；在产品设计方面，如果珠宝企业能够销售大体上标准化的产品往往也能降低单位产品成本；另外企业所设计产品要易于大规模生产；在目标群体设定上，企业要服务于主要的消费群体，只有这样市场才足够大，规模效应才更容易产生；在营销沟通方面，如果采用比较统一的促销方案，对于降低促销成本也具有重要意义；另外还有一种快速发展规模经济的方法就是为其他企业代工，先做大再做强。

● 罗春洪.珠宝行业成本管控问题分析及完善建议 [J]. 全国流通经济，2017（33）：5-6.

3.议价能力

包括增加企业对供应商和各类顾客的议价能力。增加对供应商的议价能力，可以采用选择多个供应商，建立与供应商的长期合作，增加对供应商的影响力，或者纵向一体化发展等方式。珠宝企业要增加对顾客的议价能力比较困难，最好的办法是品牌建设，还可以采用在降低成本的同时保证自己可以为顾客提供更低的价格，或者在保证价格相同时可以提供更多的价值的办法。

（二）影响运营效率的要素

1.产能利用率

产能浪费会导致企业成本的巨大增加，目前主要有三种方法实现企业产能利用最大化：第一，扩大市场规模；第二，利用企业自己消化不掉的产能，为其他企业代工；第三，找其他企业为本企业代工，从而减少产能投入。

2.与各类伙伴的交流合作

在到处都是"互联网+"的今天，企业必须学会利用各种创新技术来提升效率。例如，与供应商一起共享数据和生产计划，以及一起使用企业资源计划（ERP）和制造执行系统（MES）软件，可以减少零部件库存，缩短产品生产时间，减少劳动力需求；与渠道商一起共享数据，可以更加精准地了解市场，甚至按单生产，可以大大节约由于产品滞销带来的成本。

3.业务外包

很多时候外包业务比在内部完成更加高效，因为很多外部公司凭借其专业知识和业务量优势，可以用较低的成本，高效地开展活动。所以企业要仔细分析自己的业务内容，选择合适的业务进行外包。

4.生产工艺

生产工艺改进是企业大幅度降低成本的重要途径，比如从人工生产到机器生产，以及各种新型原材料的开发都对珠宝企业生产成本的降低起到了巨大的作用。

5.供应链效率

要提升供应链的效率，珠宝企业需要供应商的配合。可以选择合适的供应商，与供应商展开深度合作，建立长期合作关系，是提升供应链效率的基础。另外企业还可以从各个环节减少成本，例如简化整个订购和采购流程，尝试打通双方数据来保证及时供应，从而减少库存持有成本，降低运输成本和材料处理成本，并寻找其他节约成本的机会。

（三）影响管理效率改善的要素

1.组织学习

几乎每一项活动的成本都会随着员工的成熟而有所下降。比如更有经验的店员会带来更高的销售量，或者更熟练的工人会使生产效率提升。有效的组织学习会让员工快速成熟。当然，要从这方面降低成本，维持人员稳定是前提。

2.激励体系和企业文化

有效的激励体系能够保证员工的工作效率，同时满意度高的员工，也会积极提出节约成本的新建议，在工作中自觉减少浪费。有效的企业文化能够引导员工的行为，让其在工作中能够有效执行各种有关成本控制的规定，并积极主动地做到控制成本。这些对于企业发现新的节约成本的途径和执行已经制定的节约成本的措施都具有重要意义。

四、执行总成本领先战略容易出现的误区

总成本领先战略失败的原因有很多，下面这三条是大部分执行总成本领先战略的企业容易存在的误区❶。

（一）采取过度激进的降价措施

企业的目的是利润，降价只是实现目的的手段，但是很多执行总成本领先战略的企业容易为了扩大市场份额而过度降低价格，这可能带来销售量的少量增加，但是单位产品的利润却损失很大，最后的结果是整体利润下降严重。执行总成本领先战略的核心是降低成本，而不是降低价格，最好是在降低成本的基础上降低价格，除非必要单位产品利润尽量维持不变。

（二）没能建立系统的降低成本的能力

要使得本企业的低成本优势保持下去，最好是建立系统的降低成本的能力，而不是采用简单的措施，比如降低原材料品质或者减少人员工资。越是系统的降低成本的能力，越是具有不可模仿性，也越有可持续性。

（三）过度关注降低成本

降低成本的目的之一是为了支持低价格来吸引消费者，但是企业要注意，消费者选

---

❶ 迈克尔·波特.竞争战略 [M].陈丽芳，译.北京：中信出版集团，2013.

择产品除了关注价格还要关注性能等其他方面，如果企业为了降低成本影响了消费者的使用体验，也会被消费者拒绝。

第三节　差异化战略

差异化竞争战略是指企业通过提供差异化的产品或服务来形成独特的竞争优势。企业可以通过很多方面实现差异化——品牌形象、技术特点、客户服务以及经销网络等。

一、差异化战略的实施路径

执行差异化战略的公司获得竞争优势的思路是通过提供有价值的差异化获得顾客认可，进而扩展市场。首先企业需要分析环境确定能够提供的有价值的差异化是什么，其次企业需要集中资源建立差异化，最后企业要保证这种差异化对顾客有持续的影响力。

通过提供差异化，企业能够实现两种目的，第一种更关注顾客忠诚度，通过差异化建立起较高的顾客忠诚度，这种忠诚度会帮助企业形成进入壁垒，有效应对其他企业竞争。第二种更关注利润，产品差异化让顾客价格敏感度下降，企业可以制定较高的价格，这种较高的价格就会带来较高的收益，较高的收益使得企业可以拥有更多的资源来更有效地应对市场风险，更好地实现差异化。

二、差异化战略的适用条件

差异化战略的要点是寻找到消费者承认的，而且愿意为之掏钱的差异化的属性。然后基于这个属性建立起品牌形象。比较适合以下的情况。

（一）行业特点

实现差异化的成本不能太高，企业要时刻谨记，差异化不是目的，利润才是目的。不要为了差异化而差异化，只有消费者能够接受的差异化才是有意义的。

（二）消费者特点

除了思考消费者需求是不是具有差异化，还要关注消费者是否愿意为了这种差异化付出成本。目前珠宝市场很多轻奢品牌正在崛起，一个重要的原因就是消费者需求差异化明显且愿意为了这种差异化付费。

三、珠宝企业该如何执行差异化战略

迈克尔·波特教授在《竞争优势》一书中研究了会影响企业差异化战略执行效果的一系列要素，之后小阿瑟·A.汤普森又在《战略管理：概念与案例》一书中总结了八种价值驱动要素（图5-2）。❶

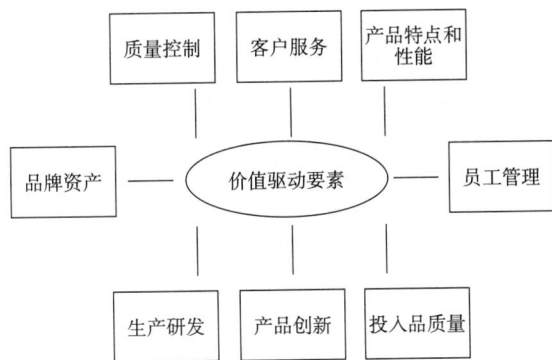

图5-2 价值驱动要素

（一）关于生产方面的要素

1.产品特点和性能

珠宝产品的物理特性和功能特性对差异化有很大的影响，产品材质和外观设计是珠宝企业的主要差异化因素。对珠宝企业来说，增加装饰之外的其他功能，比如收藏作用、增加实用价值等也是很重要的差异化因素。大多数采用差异化战略的公司，都特别注意在其产品或服务中融入新颖的特性，特别是那些能提升性能和功能的特性。

拓展阅读5-3 非遗技艺花丝镶嵌

2.生产研发

生产工艺的改进是形成产品差异化的基础，另外目前的大趋势是大规模的个性化定

---

❶ 小阿瑟·A.汤普森, 玛格丽特·A.彼得拉夫, 约翰·E.甘布尔, 等.战略管理: 概念与案例 [M].21 版.于晓宇, 王家宝, 译.北京: 机械工业出版社 ,2019.

制，有很多其他行业的企业，例如家电行业的海尔、制衣行业的红领集团都提供大规模的定制，而且大幅度地降低了定制的成本。在流水线上为顾客提供低成本的个性化定制的产品，是实现产品差异化的一个优秀的思路。

3.产品创新

现在的珠宝消费者消费频率很高，一件首饰传几代的时代已经过去，珠宝消费也呈现出与快时尚产品相似的特征。这就要求企业产品更新要快，要有新的与差异化相关的产品来吸引消费者的注意力。其中技术改进带来的创新更具有吸引力，比如现在的3D打印技术，能够生产出人工和传统的机器生产都无法实现的珠宝首饰。

4.质量控制

那些质量管理体系符合认证标准的公司，能够提升它们在购买者心中的质量声誉。而且执行差异化战略的公司一般都定价比较高，面对的消费者也相对比较挑剔，只有有效的质量控制才能保证产品质量符合消费者的预期。

5.投入品质量

珠宝首饰产品对投入品的加工远不如其他行业那么深入，很多消费者更看重投入品的质量，比如和田玉就比其他的玉显得更贵重，由和田玉做成的产品价值就会更高。珠宝行业中投入品质量会产生明显的溢出效应，影响顾客感知到的公司最终产品的性能或质量。

（二）关于营销方面的要素

1.品牌资产

珠宝首饰产品属于体验型产品，体验型产品提供的顾客价值一方面来自物理体验，更多地来自情感体验。营销和品牌建设活动会对购买者感知的情感体验产生巨大影响，进而影响到他们是否愿意为公司的产品支付更高的价格。同样是钻石，施华洛世奇的钻石带给消费者的感知价值和其他不知名品牌带来的价值差距甚远。而且这种感知到的情感体验能够创造顾客忠诚度，增加顾客转向另一种产品的感知"成本"。

2.客户服务

在交付、退货、维修等环节中，更好的客户服务在创造差异化和优质的产品特性方面同样重要。例如，很多珠宝企业会为购买者提供更高质量的维修服务；为客户提供产品的鉴定证书；为终端用户提供终身免费清洗服务、更好的信用条款、更快速的订单处理以及更多的便利性。

（三）员工管理

要强调提高公司员工的技能、专长和知识的人力资源管理活动。差异化成功的基础多数都来源于不断地创新，源源不断地创新又与员工的创新能力密切相关。只有员工有能力产生各种想法以推动产品创新、技术进步以及改善产品设计和产品性能、改进生产技术和实现更高的产品质量，企业才可能有能力保持差异化的形象。另外，精心设计的薪酬激励体系往往也能激发员工的创新潜力。

四、执行差异化战略容易出现的误区

差异化战略失败的原因有很多，下面这三条是大部分执行差异化战略的企业容易存在的误区❶。

（一）企业的差异化特征不具备竞争力

企业选择的差异化特征没有不可复制性，竞争对手可以快速模仿，所以一定要寻找到企业独有的、别的竞争对手不容易模仿的差异化特征。比如悠久的公司历史带来的品牌资产，或者独特的品牌文化带来的顾客忠诚。

（二）消费者不认可企业的差异化特征

第一种是当消费者认为公司产品的独特属性没有什么价值，即使公司成功地使自己的产品和竞争对手区别开来，差异化也无法为企业带来利润，一切努力也都是徒劳了。第二种是消费者认可了，但是消费者认为这种差异化太小了，微不足道，不足以成为消费者选择本企业的原因。第三种是消费者不认为本企业有能力具有这种特征。例如开篇案例中"莱绅通灵"想建立王室珠宝的形象，但是消费者并不认可他的形象。

（三）企业过度差异化导致成本增加

企业的最终目标还是利润，而公司为取得差异化所做的努力几乎都会增加成本，而且通常是大幅度的增加。如果企业为了差异化付出了太多的成本，可能会导致不可接受的低利润甚至亏损。

---

❶ 迈克尔·波特. 竞争战略 [M]. 陈丽芳，译. 北京：中信出版集团,2013.

第四节　集中化战略

集中化战略是指企业把自己的经营范围限定在一个比较窄的领域，这个领域被称为利基市场，是企业集中于特定的买方群体、产品类别或地域市场的战略。当企业资源比较有限时，很多企业选择将资源投入某一个利基市场，重点开发该利基市场，这样能够保证资源利用率的最大化。

一、集中化战略的实施路径

集中化战略要求企业把经营聚焦于特定的细分市场，力求在特定的细分市场上更好地服务于特定的目标群体。在实际经营中，企业可以通过差异化来获得竞争优势，也可以通过降低成本来增加产品价值。

采用集中化战略的公司目标是在一个细分市场上占据领导地位。当企业在特定市场上占据较大的市场份额，并且能够长久保持下来时，企业有可能获得比行业平均水平更高的回报率[1]。

二、集中化战略的适用条件

采用集中化战略的企业一般都是在特定的市场上资源有限，为了更有效地利用资源，所以集中于一个特定的利基市场，比较适合以下的情况。

（一）内部环境方面

当企业资源比较有限时，要取得最好的经营效果，企业最好的选择是将公司所有竞争资源集中在单一利基市场，特别是对中小型企业来说，它们缺乏资源去满足需求更为复杂且更为广泛的客户群。

（二）外部环境方面

1.行业中存在利基市场

选择利基市场的前提是产业中存在利基市场，因此允许采用集中化战略的公司选择

---

[1] 迈克尔·波特.竞争战略[M].陈丽芳，译.北京：中信出版集团，2013.

最适合自己资源和能力的利基市场。在这个利基市场中，最好是没有特别强大的竞争对手，这样可以给企业留下足够的发展空间。

2.目标利基市场足够大

执行集中化战略的企业面对的是一个较小的利基市场，几乎所有的利润都只来自这个市场，所以只有当目标利基市场足够大的时候，企业才能在该市场上获得盈利，并拥有很好的增长潜力。

3.利基市场比较稳定

集中化战略的一大风险是由于企业市场比较小，所以一旦该市场缩小，企业后续发展就会缺乏动力。利基市场比较稳定主要体现在消费者需求比较稳定，不会忽然之间发生巨大的变化，这样长远地看企业才能够在该细分市场持续获得盈利。

4.行业领先者暂时没有关注该利基市场

如前所述很多企业选择利基市场的根本原因是资源不足，不能够在主流市场上与现有的竞争对手抗衡。执行集中化战略，企业可以避免与行业中最大、最强的竞争对手正面交锋。但是如果行业领先者注意到该利基市场且参与竞争，而新进入者又没能够建立起不可复制的竞争优势，就会有巨大的风险。所以，只有当行业领先者暂时不会进入市场，企业才有足够的空间发展壮大。

三、珠宝企业该如何执行集中化战略

采用集中化战略的公司，首先要细分市场，随后要选定本企业有竞争优势、有发展潜力的利基市场，最后集中所有资源攻克该市场，并全力保持领先的市场份额。

（一）选择有前景的利基市场

企业在利基市场的发展潜力是执行集中化战略成功的基本保障，有限的资源容不得失败，所以必须谨慎选择利基市场。企业在利基市场的发展潜力受三方面因素的影响：第一是利基市场本身的大小和发展的潜力；第二是本企业在该利基市场中的竞争力；第三是利基市场的进入门槛的大小。

（二）尽快在利基市场建立竞争优势

无论是建立差异化的形象还是实现总成本领先，执行集中化战略的珠宝企业要尽快在利基市场上建立自己的竞争优势。而且这种竞争优势应该具备一定的不可复制性，比如拥有特别的专利技术，或者拥有有实力的品牌等，否则很难应对强大的竞争对手进入这个市场造成的冲击。

（三）高层要密切关注利基市场环境的发展变化

执行集中化战略的公司对利基市场依赖度很高，其环境变化直接决定企业的生死，所以高层一定要亲自了解环境的变化，及时为变化做好准备。利基市场的变化可能来自消费者需求的转变，也可能来自其他公司的激烈的竞争，还可能来自科技进步带来的行业的发展变化。

（四）争取成为市场标准的制定者

成为市场标准的制定者，企业就要从玩游戏的选手转化成裁判，从玩别人的游戏成为游戏的掌控者，这对企业参与市场竞争极为有利。尤其是在利基市场上，很多时候企业是这个领域的先驱，企业进入该市场的时候，很多市场标准并不明确，即使已经有了标准，凭借企业在该市场占绝对优势的市场份额，企业也可以推动某些市场标准进行调整。

（五）为扩展更广泛的市场做好准备

集中于较小的细分市场有其天然的风险，就是利润来源单一。无论在这个细分市场经营的如何成功，这个风险都无法避免。所以企业要长远发展，为开拓更广泛的市场做好准备。

执行集中化战略的企业也容易陷入一些建立竞争优势的误区，但是因为此类企业也是通过降低总成本或建立差异化形象来建立竞争优势，其存在的误区和前面的总成本领先战略以及差异化战略类似。

本章小结

竞争战略是企业在环境分析的基础上以创造、获取和维持某种竞争优势为目的而制定的战略。竞争战略一旦制定，一般会实施相对较长的时间，不会轻易改变。一般情况下，企业应该选择一种竞争战略，如果同时执行多种竞争战略很容易造成混乱。虽然竞争战略不会轻易改变，但是制定竞争战略的基础是环境分析，如果企业的环境发生剧烈的变化，企业也必须调整竞争战略来适应环境的变化。要获得持久的竞争优势，企业建立竞争优势的资源要具备四个特性，分别是有价值、稀缺、不可复制和不可替代。

迈克尔·波特教授提出了三种卓有成效的通用竞争战略：总成本领先战略、差异化战略和集中化战略。本章内容详细介绍了三种战略的内涵，随后针对每一种战略的实施路径、适用的条件和执行中可能存在的误区进行了分析。通用战略是针对所有企业的，但是不同行业在竞争战略的执行中都会有属于本行业的特点，本章内容重点对珠宝首饰企业应该如何有效实施相应的战略提出了一些建议。

重要名词

竞争战略　竞争优势　总成本领先战略　差异化战略　集中化战略
价值驱动要素　成本驱动要素

复习思考题

1.执行差异化战略可能存在的误区有哪些？

2.执行总成本领先战略可能存在的误区有哪些？

3.执行集中化战略要关注哪些要点？

4.什么条件下选择总成本领先战略比较合适？

5.什么条件下选择集中化战略比较适合？

6.什么条件下选择差异化战略比较适合？

7.珠宝企业的价值驱动要素有哪些？

8.珠宝企业的成本驱动要素有哪些？

章后测练

第六章　珠宝首饰的目标市场营销战略

本章提要

> 通过本章学习，可让学生掌握目标市场营销战略的构成及实施步骤、市场细分规则、评估和选择细分市场的方法、目标市场选择战略、市场定位的内涵以及重要作用、实施市场定位战略的步骤等内容。

章前引例　　解密潘多拉的魅力

现今的市场竞争愈加激烈，科技发展带来产品不断推陈出新，市场进入供远大于求的阶段。以中国的黄金珠宝市场为例，自2011年以来一直是全球最大的珠宝消费市场，2022年零售额为7190亿元，近十年来均维持在7000亿元左右，告别了高速成长后，市场竞争异常激烈：蒂凡尼等国际奢侈品牌、周大福等成熟的港资品牌、老凤祥等国内本土规模化品牌、爱迪尔等区域型知名品牌，还有大量新兴珠宝品牌不断崛起。同时，现代珠宝市场是一个多层次、多元化的消费需求集合体，消费者追求需求满足的品质化和个性化，珠宝企业不可能吸引，也没有足够的资源和能力满足所有消费者。因此，企业应先细分市场，锁定适合的目标市场，为不同类型消费者提供不同品牌形象及设计的珠宝产品，实施差异化营销。

目标市场营销战略是指企业根据消费者的需求和购买行为差异进行市场细分，从中选择一个或几个细分市场作为目标市场，在目标消费者心中建立独特的形象，从而为目标消费者制定有针对性的市场营销策略，创造卓越的顾客价值。它既是市场营销的核心，也是实施各项具体营销策略的前提。

目标市场营销战略，简称STP战略，包含以下三个主要步骤：S——segmentation（市场细分）：把整体市场划分为多个细分市场；T——targeting（目标市场选择）：选择要进入的细分市场；P——positioning（定位）：明确与竞争对手相区别的差异化依据，占据目标顾客心中独特位置。

第一节　珠宝首饰市场细分

市场细分的概念最早由美国营销学家温德尔·史密斯（Wendell R. Smith）于1956年提出，并由营销学奠基人之一菲利普·科特勒（Philip Kotler）进一步发展完善，最终形成STP理论。

市场细分是目标市场营销战略的基石，准确的细分是营销成功的一半。

通过市场细分后，企业可以结合竞争态势和自身资源优势，从中选定适合的目标市场，有效分配企业资源，制定有针对性的营销策略，实施差异化竞争，通过为目标顾客创造和传递卓越价值，从而在激烈竞争中更好地生存发展。

市场细分是一个洞悉和识别消费者需求的过程，能够帮助企业发现潜在的、有商业价值的市场空白点，赢得市场先机。同时，市场细分帮助营销者持续跟踪消费者，及时改变营销策略，以适应不断变化的消费者需求，提高应变能力和竞争力。

一、市场细分的概念

市场细分是指企业通过市场调研，根据消费者的需求欲望、购买习惯、购买行为等方面的差异性和相似性，把整体市场划分为若干个细分市场（子市场）。每个子市场的消费群体具有相似的需求和行为，而不同子市场之间具有较大的差异性。

正确理解市场细分的概念应注意以下三点：

第一，各个子市场之间的相似性或差异性是相对于采用的细分变量而言的。同一消费者按照不同细分变量可能分属于不同的子市场，例如一位女大学生，按年龄划分，属于年轻人市场，按性别划分，属于女性市场。决定企业如何选择细分变量的基本条件是当时的市场营销环境。

第二，市场细分不是针对产品细分，而是对消费者的需求和行为细分。产品的设计和生产源自消费者的需求；产品的市场寿命取决于消费者需求的变化以及技术的进步；产品种类的多少取决于消费者对于该产品需求的多元性。因此，消费者的需求才是市场细分的根源。

第三，社会、经济、科技的飞速发展带动消费者的需求不断变化，企业应根据营销环境的变化，不定期重新进行市场细分。例如，20世纪80年代，我国的珠宝首饰市场基本是足金一统天下，进入21世纪后，K金、钻饰、铂金等饰品快速发展，消费心理从实用和炫富转向品位和奖励自己等个性化消费。

二、有效市场细分的衡量标准

细分同一个市场可以采用不同的变量和方法，但不是所有的细分都有效。如果珠宝首饰按照身高、体重细分，意义相对不大；另外，细分的目的是通过满足顾客需求差异来取得较大的经济效益，但产品的差异化必然会导致企业成本的相应增长，细分需要权衡两者之间的关系。因此，不同的企业所适合的细分市场必然不同。

有效的细分市场必须具备以下特征：

（1）可衡量性。各个细分市场的消费者特征必须能够识别，细分市场的购买力、规模、潜力等必须能够衡量。只有清晰地界定和描述各个细分市场，企业才能准确决定哪个市场值得进入以及如何进入。

（2）可营利性。细分后的子市场应具有适当的规模以及一定的增长潜力，规模需要足够大，过度细分无法保证企业实现规模经济；规模也应适当，不充分细分不能很好地满足消费者需求；在保证企业当前获利的同时，该市场还应具备一定潜力，防止市场过快萎缩，确保合理的盈利周期。

（3）可进入性。企业必须能够进入所选定的细分市场，并为该市场上的消费者服务。细分市场应与企业自身状况相匹配，还要考虑现有竞争者设置的竞争壁垒，以及当地政府的法律法规限制等，确保企业能有一定优势占领这一市场。

（4）差异性。各个子市场之间应有较大的差异性，不同市场对于同一营销策略有不同的反应，否则就不应该细分。例如，身高、体重对珠宝购买的影响不大，将其作为细分标准基本无意义。

（5）可行动性。企业能够制定有效的市场营销策略满足目标市场需求，同时该策略能够在该市场执行。例如，中国传统珠宝企业偏重珠宝材质，产品设计和品牌文化塑造是弱项，缺乏中国文化内涵的珠宝很难走入国际市场。

三、市场细分变量的选择

市场细分变量是市场细分的基本依据，细分变量的正确选择直接决定市场细分的有效性。不同营销环境下，企业可以使用一种或多种变量相组合进行细分。单因素划分简单容易，多因素划分法需要取得更多的数据，增加调研难度，但多因素细分更加精确，珠宝首饰市场高度差异化，更适合多因素细分。

市场细分变量的类型主要有两种，一是识别变量，用于识别和反映顾客特征，主要包括地理因素、人口统计因素、心理因素；二是行为变量，主要影响顾客购买行为，包括顾客购买商品所关注的利益、购买行为（如购买频率、购买时机、使用率、忠诚度等）。

（一）地理细分

地理细分是按消费者所处的地理位置、自然环境来细分市场，主要的变量包括：国家、地区、省、市、镇及居民区等；城市或农村；气候条件；地形地貌；人口密度等。

处于相同地理位置的顾客往往具有相似的风俗习惯、价值观等，因此地理因素是大多数市场细分的基本因素之一。越来越多的企业针对某一国家或地区制定本土化营销策略。

仅就国内而言，我国不同等级的城市在生活条件、人口密度、经济主要来源等方面具有极大差异。对于一、二线城市的珠宝市场，城市发展水平，居民教育水平较高、购买能力较强，对于珠宝首饰的选择更加多元化，钻饰、K金、玉石等均有较高消费，对黄金饰品的需求更多由投资属性驱动。另外，消费者对珠宝品牌的认知度较高，对品牌有一定的偏好和忠诚度。

对于三、四线城市的珠宝市场，消费者有一定的购买能力，消费观念相对较落后，消费者虽对珠宝的产品和品牌有一定了解，但较缺乏品牌忠诚度，黄金是主要消费品类，更强调黄金珠宝的保值性。

（二）人口统计细分

人口统计变量是消费者市场细分时最常用的变量，主要包括年龄、性别、民族、家庭类型、收入水平等。

1.年龄和生命周期

不同年龄阶段的消费者需求的产品不同，对同一产品的利益需求或偏好也不同。珠宝市场按年龄可划分为儿童、青年、中年和老年市场，不同年龄消费者的珠宝首饰需求不同。例如，年轻人喜欢时尚新颖的首饰，中年人对款式和工艺有较高要求，老年人喜欢黄金等保值性首饰。

拓展阅读6-1　　儿童珠宝崛起了！

生理年龄不能简单用来判断消费者的生命周期阶段、心理年龄等，现代人的生活状态更加复杂、分化。例如，一个50岁的农村中年人可能已经成为爷爷，而一个50岁的城市人可能孩子刚上小学；另外，生理年龄与心理年龄可能差距很大。例如，潘多拉主要针对年轻人，但年龄跨度定为18~49岁，因为40多岁的女性可能并不认为自己不再年轻。

2.性别

由于生理和心理的天然区别，男性和女性在许多产品的需求和偏好上有很大不同。性别是珠宝首饰、化妆品、服装、杂志等行业的主要细分依据。在传统意义上，珠宝首饰基本属于女性的专利，但自20世纪90年代末以来，男性珠宝开始快速发展，特别是近年来，其增长速度远高于女性市场，宝格丽、路易威登、卡地亚等大牌纷纷抢占男士珠宝市场。

3.收入

收入水平直接影响消费者的购买能力，按照收入水平高低，可分为高、中、低三类，不同收入水平的消费者在生活方式、消费理念等方面存在极大差异。

收入是许多行业常用的细分变量。珠宝作为高端消费品，会受到经济发展以及消费者收入水平的极大影响。珠宝的主要消费群体是中高收入人群。不同收入水平的消费者对珠宝需求有很大区别：富有的消费者倾向购买高价、具备收藏价值的奢侈珠宝产品；大众消费者则偏向于价格便宜、材质普通但款式多样的快时尚饰品，并购买、投资金条或黄金饰品作为保值手段。

（三）心理细分

地理和人口统计因素提供了分析消费者的基本框架，心理因素则提供了消费者细分的主要内容。心理细分变量主要包括社会阶层、个性等。

1.社会阶层

社会阶层是在一个社会中具有相对的同质性、持久性的群体，它们是按等级排列的，每一层级的成员具有类似的价值观、兴趣爱好和行为方式。阶层的形成受到社会文化、政治、经济等多方面影响，我国的社会阶层分类比较复杂，社会学界从分层角度提出了四种理论："十阶层""社会断裂""倒丁字形的社会结构""四个利益集团"。

同一阶层往往具有相似的需求和购买行为，更高阶层的消费对低阶层有示范作用。例如中国富豪年轻化，特别是"富二代"炫富性消费，带动了中国奢侈品消费的大潮，奢侈品演化成"爬升到一个社会阶层的符号"，形成了较"畸形"的消费文化。

2.个性

个性是一个人心理特征的集中反映，通常以性格特征的形式表现出来，不同个性的消费者具有不同的兴趣偏好。消费者一般会倾向于选择与其个性相吻合的品牌。随着中国消费者消费能力的增强，其越来越关注产品和品牌的个性化。

（四）行为细分

行为变量主要包括追求利益、购买时机、产品使用率、顾客忠诚程度等。识别变量与行为变量应同时使用，以便准确识别目标消费者的需求和购买行为。由于行为变量能更精确反映消费群体的异质特征，被大部分营销者认为是有效细分的更好选择。

1.追求利益

消费者从产品中寻求不同利益，利益细分是很有效的细分方法。根据珠宝首饰消费动机不同，消费者追求的利益主要有：日常佩戴，珠宝首饰作为服饰搭配的一部分，消费者要求样式丰富、新颖时尚并有一定个性化，符合自身搭配理念，对价格较敏感；收藏投资，此类消费者的收入水平一般较高，有一定鉴赏能力，注重珠宝稀有性、设计独特性和工艺精巧性，对价格不敏感，关注珠宝的后期升值；保值增值，保值投资更多是为了对抗货币贬值，与股票等金融投资的属性更为相近。中国消费者最重视的珠宝投资品种是黄金，对钻石等的投资热度不高。2013年，"中国大妈买黄金"引起了轰动，推动当年中国黄金总消费增长32%；特殊纪念，珠宝首饰能够被赋予特别的含义或者情感内涵，消费者为纪念某个特殊事件或纪念日子，在结婚、生日、情人节等特别日子购买，消费者更关注珠宝的设计、款式，以及一定的独特性；送礼，可分为个人礼品和商务礼品。个人送礼看重珠宝的款式和独特性，希望能有一定的情感内涵。商务礼品更看重珠宝价值，希望有一定的收藏或投资价值。

> **拓展阅读6-2**　　她消费、DIY、年轻化……珠宝行业正在剧变

2.产品使用率

是指根据消费者购买或消费的产品数量进行细分，可分为少量、中度、大量使用者。20%的顾客消费量占企业80%的销量，使用率细分可以让企业集中精力于大量使用

者，关注有价值的顾客。

女性，尤其是收入水平较高的女性是大量使用者，我国女性消费者的首饰拥有量相对发达国家而言仍有很大差距，随着消费升级，女性珠宝市场仍有一定上升空间。近年来，随着男性对时尚和品位的重视，男性珠宝首饰市场的增速远高于女性。另外，由于赠送礼品的需求，男性是不可忽视的珠宝购买者。

3.购买时机

根据消费者购买和使用产品的时机进行细分，可以帮助企业利用特殊时机促进销售。例如，特殊消费节是珠宝首饰企业推出大幅度优惠、冲击年底销量的好时机。另外，根据特殊日子设计不同主题的珠宝，如情人节特别版珠宝，能够满足消费者的个性化需求。

除特殊消费节等促销季外，特殊纪念日的消费比例也非常高。婚庆珠宝市场的需求仅次于投资，位居第二，占比约为25%，每年婚庆集中的5月和10月是珠宝销售的旺季；节庆珠宝需求占比也高达15%，特别是七夕和情人节，成为珠宝企业必争的销售时机。

第二节　珠宝首饰目标市场选择

目标市场选择是指企业在市场细分的基础上，根据各个细分市场的吸引力以及自身的经营条件，选定一个或几个细分市场，从而明确企业服务的目标顾客，并致力于满足这些现实或潜在顾客的需求。

目标市场选择策略是企业的一项重要营销决策。不是所有的子市场对企业都有同等的吸引力，企业也没有能力进入每个市场，因此企业应精心选择能够发挥自身优势并带来足够利润的目标市场。

一、评估细分市场

在选择目标市场之前，企业必须严谨、科学地评估各个细分市场，主要包括以下三个因素。

（一）市场的规模和增长潜力

对目标市场的首要要求是为企业带来盈利的可能性，企业应评估各个细分市场的销量、成长性、预期盈利率等。

首先，适当的市场规模。为了保证企业盈利，市场应有足够的顾客数量和购买力，但市场规模应与企业实力相适配：对于大企业，小市场分散了企业资源，不利于发挥大企业的规模优势；而对于小企业，大市场很可能遭受大企业的攻击，而选择利基市场，通过满足目标顾客的特殊需求，更可能获得高盈利。

其次，未来的市场发展潜力。过快萎缩的细分市场可能导致企业连基本的投资都无法收回，更毋论盈利；而市场不断增长，企业能够持续扩大规模，从而增加盈利。

（二）市场结构的吸引力

有盈利可能性的市场未必能保证企业长期获利，迈克尔·波特认为，决定市场长期吸引力的主要结构因素是行业中的五种力量——同行业竞争对手、潜在竞争对手、替代产品、购买者和供应商。

如果上述五种力量存在以下情况，那么该市场的吸引力不足，企业必须谨慎决定是否选择，并做好应对措施：细分市场上已存在较多实力雄厚的竞争对手；新的竞争对手不断加入；市场上存在更优质的替代品或潜在替代品；消费者议价能力强，可以要求企业提供更低价格和更高质量服务；供应商议价能力强，能够控制原材料等价格，并降低服务质量。

（三）企业的目标和资源

选择目标市场还必须结合企业的战略目标和资源优势。战略目标是企业发展的长期方向，即使某个细分市场营利性很好，但如果偏离了企业发展，也必须果断放弃；赢得一个市场要求的企业拥有比竞争对手更多的资源和优势，企业应考虑是否具备在该细分市场获胜所需的各种资源。

二、目标市场选择战略

评估完细分市场后，企业根据各个市场的特征、公司的目标及资源优势，选择要进入的目标市场，三种目标市场战略见表6-1。

表6-1　三种目标市场战略的对比

目标市场选择战略	优点	缺点	适用条件
无差异营销	节省研发、生产、营销成本； 集中企业资源	不能满足消费者差异化需求，缺乏市场竞争力	同质化市场； 供小于求的市场
集中性营销	聚焦市场，可能获得更高的投资回报率； 避免激烈竞争	过高的经营风险	能够提供差异化顾客价值的中小企业
差异性营销	更高的市场份额、更大的销量、发挥规模优势； 分散经营风险	增大研发生产、营销、物流等成本； 公司自有品牌间竞争	异质化市场； 实力雄厚的大企业

（一）无差异营销

无差异营销战略是指忽略细分市场之间的区别，为整个大市场提供同一产品或实施同一营销组合策略。采用无差异营销的公司认为每个消费者的需求是相似的，忽略需求的个性化，最大限度实现规模经济。

无差异营销的最大优点是成本低。大规模生产单一产品，能够极大降低生产成本；单一的营销策略能够降低营销费用。另外，该策略还有利于集中企业资源，提升企业的研发和生产能力、保证产品质量、塑造"超级品牌"。

但是，越来越多的营销者质疑无差异营销的有效性。在消费者日益追求个性化的时代，当竞争对手能够更好地满足消费者差异需求时，企业必将失去顾客。

采用无差异营销必须注意其适用条件：①同质化市场：产品差异不大，如水泥、钢铁等工业品市场，牙签、垃圾袋等消费品市场。②供小于求的市场。要注意的是，市场总在不断变化中，如果市场未来不再满足以上条件，企业必须适时调整策略。

无差异营销总体上不适合珠宝首饰企业。珠宝首饰市场复杂多样，属于异质化市场，珠宝产品因材质、品牌形象、创意设计等呈现出极大的差异化，而珠宝消费者因年龄、性别、收入、宗教信仰、个性等的不同，需求差别很大。即使是同一消费者，因购买时机、购买利益等不同，也会购买不同类型的珠宝。例如，一个"90后"女性，日常购买首饰以满足个性化服饰搭配；新婚时购买钻戒等婚庆珠宝；金融危机期间购进投资型黄金。

（二）差异性营销

差异性营销战略是指在市场细分的基础上，企业选择两个或两个以上的子市场，分别为这些市场设计不同的产品，制定和实施不同的营销组合策略，满足不同子市场的差异化需求。例如，市场占有率第一的周大福以庞大的产品组合覆盖了各类消费人群，如端庄传统的大众首饰，前卫时尚的潮流饰品，雍容华贵的高端饰品，卡通可爱的宝宝系列等。

差异性营销能够很好地满足多个子市场的不同需求，其优点显而易见：极大提升顾客满意度，有效占据每个子市场；选择多个子市场能够扩大企业销量，发挥规模优势；分散企业经营风险，不会因为某个子市场的需求萎缩或经营失败而影响企业全局。

差异性营销的最大缺点是成本过高，包括市场调查、研发、生产、促销、渠道等多种成本；另外，本公司不同产品之间可能发生竞争，但大部分公司认为让顾客在本公司产品之间游离，要远胜过被竞争对手抢走。

大多数市场属于异质化市场，差异性营销适用范围很广，珠宝首饰企业大都采用该策略。但是，同时操控多个市场，要求企业必须具备较雄厚财力、较高研发和营销能力等，小型珠宝企业应谨慎。

（三）集中性营销

集中性营销战略是指在细分后的市场上，选择一个适当的市场（通常较小）作为目标市场，集中所有的资源，针对该市场设计产品以及营销组合策略，满足该市场特定的消费者需求。

集中性营销也称为密集型营销，缝隙营销或补缺营销，它的主要优势有两点。

首先，聚焦于一个小市场，企业能够集中优势资源进行专业化设计、生产和营销活动，通过创造更高的顾客价值，有机会获得高投资收益率。一些中国珠宝品牌精耕某一利基市场，获得了成功，如专门做求婚钻戒市场的戴瑞珠宝（Darry Ring）。

其次，由于缝隙市场相对较小，不容易吸引大竞争对手，小型或初创企业能够获得更好的发展机会。例如，网购起家的钻石小鸟经过二十年的发展，已经成为重要的钻石品牌。

集中性营销的最大问题是过高的经营风险。如果企业集中于单一市场，当该市场上的消费群体兴趣转移导致市场萎缩，或者强大的竞争对手进入该市场时，企业可能会受到严重影响，因此大多数企业会选择多个缝隙市场，通过多元化经营分散风险。

集中性营销策略比较适合中小企业，要求该企业具备专业化的研发生产或营销能力，能够给消费者提供极具差异化的顾客价值。

三种目标市场战略各有利弊。企业选择目标市场必须建立在综合考虑多个相关因素的基础上，包括：企业的规模实力、资源和核心竞争能力等；产品的具体情况（多样性、产品所处市场生命周期阶段等）；竞争者的营销战略和比较竞争优势等。

三、微观营销

集中性营销和差异性营销都是满足某个或某几个消费群体的共同需求，与无差异营销一样，应当称为大众化营销。现今的市场细分趋势是市场划分越来越细，消费者希望被看作独立个体，企业应尽力为每个消费者定制产品和营销方案，满足其个性化需求，这就是微观营销。

微观营销的发展受到世界经济快速发展、社会多元化、先进的信息技术等多个因素影响，分为本地化营销和定制营销。

（一）本地化营销

本地化营销是企业为了适应所在国家或地区的文化与生活习惯等，从本地消费者的需求和行为差异出发，提供差异化的产品、制订差异化的营销方案。"本地"可以是国家、地区、城市、县、镇，甚至是社区。

本地化营销伴随经济全球化而产生，要求企业在全球化营销中将企业整体营销战略与本地营销环境相结合，满足本地消费者的需求。例如，在2024年农历新年来临之际，卡地亚特别推出全新时计作品——卡地亚大师工艺系列Ronde Louis Cartier龙装饰高级珠宝腕表，及卡地亚Tank Chinoise腕表中国限定版，以中国灵感引发的创意及精湛工艺开启中国新年。

拓展阅读6-3　SoLoMo营销模式

（二）定制营销

定制营销是市场细分的极致，企业根据每一位顾客的特定要求，单独为其设计、生产产品，并提供针对性的营销方案。与传统营销方式相比，定制营销有着独特的竞争优势，它能最大化满足顾客的个性化需求，确保与每一位顾客建立良好关系，从而赢得顾客忠诚。

定制营销的核心要素应包括：①最大限度满足顾客个性化需求。②准时、快捷为顾客提供产品、服务。③控制定制成本，保证价格能够被顾客接受，并确保企业能够获得一定利润。

定制的最大限制是定制成本可能过高。基于网络的信息技术快速发展，20世纪90年代提出的敏捷制造技术，促成了"大规模定制"（也称大众定制）的形成，这将让定制逐步成为市场的主流。

由于珠宝首饰的审美和高价值属性，消费者对于珠宝定制有天然的青睐。过去，珠宝定制只是王公贵族或社会富裕阶层独享的奢侈服务，是他们身份地位的标识。但在现代社会，随着经济发展、互联网的普及以及珠宝工艺的提升，珠宝定制有了崭新的实现方式，成为普通消费者都可以享受的个性服务，珠宝私人定制市场潜力巨大。

第三节　差异化与市场定位

通过精心选择目标市场，企业可以在一定程度上减少竞争，但现今的竞争异常激烈，即使小的缝隙市场也无法避免竞争，那么企业应如何从竞争品牌中脱颖而出，赢得消费者的青睐呢？

现代消费者每天面对大量产品可供选择，每时每刻收到各种促销信息，消费者的应对方式是简化信息、简化购买过程，因此企业必须学会用最简单的方式直达消费者心智，这就是定位。定位论是艾尔·里斯（AL Ries）、杰克·特劳特（Jack Trout）于1972年提出的，被评为"有史以来对美国营销影响最大的观念"。

市场定位是指企业根据目标消费者所关注的某些重要属性，对产品在消费者心目中的形象进行设计，从而在消费者心智中占领独特价值的位置。

定位将帮助企业在同质化的市场上树立更具竞争优势的独特形象，通过创造差异化价值让顾客对企业产生偏好，甚至是忠诚；另外，定位是企业制定市场营销组合策略的根本基础。

菲利普·科特勒提出差异化和定位应包含以下三个步骤。

一、辨识所有可能的顾客差异点

今天的顾客追求个性化需求，但激烈的市场竞争导致产品日趋同质化，差异化策略至关重要。企业必须寻找对顾客有价值的，有独特竞争优势的差异点，其主要来源见表6-2。

表6-2　价值差异点来源

产品	服务	人员	渠道	形象
功能：主要功能和附属功能	订货、送货、安装	技能：专业技能和社交技能	覆盖面	标志、文字等
质量：耐用性、可靠性、可维修性、使用便利性等	顾客咨询、顾客培训	形象	专业化	理念、价值观
外形设计、材料、工艺等	维修保养	态度	便利性	公共关系
特色、风格	升级	责任感	保证等服务	个性、风格

资料来源： 作者根据公开资料整理。

（一）产品差异化

产品差异化是常见的、较容易实现的差异化方式，不同的产品可差异化的程度从"基本无差异"到"可高度差异化"。

珠宝首饰属于可高度差异化的产品，珠宝的材质、品质、款式、创意、工艺等的不同，都会形成产品差异，吸引消费者眼球。例如，古法黄金从国风创意、制作工艺等方面都与传统黄金饰品存在极大差异，从而获得了高溢价。

拓展阅读6-4　古法黄金

（二）服务差异化

通过给目标顾客提供优于或不同于竞争对手的服务，可以实现服务差异化。现代消费者对服务的重视程度不断提高，尤其是产品同质化严重时，有效竞争常取决于服务的品质。

企业可以从售前、售中、售后多个环节中提供差异化的服务，包括：方便的订货；快捷准确的送货；专业化安装；系统的培训；高质量的维修保养；有些产品还提供持续的升级。

珠宝首饰具备收藏和保值增值功能，因此珠宝的回收或再加工、修护等尤其重要。例如，华洛芙珠宝以其无与伦比的珠宝质量，成为珠宝界唯一一个提供终身免费维修的企业。

（三）人员差异化

相对于产品和服务的差异化，人员差异具有更好的不可模仿性，更可能带来可持续性的差异。一些优秀的企业因其优秀的员工而出名，如维珍航空热辣、美丽的空姐。

珠宝首饰对设计创意、制造工艺等有着很高要求，特别是高端珠宝，顶级的设计师和制造工匠是保持其产品独特性的重要因素，如珠宝的独立设计师品牌。

（四）渠道差异化

差异化的渠道能够回避与竞争对手正面竞争，也能形成渠道服务的差异化；另外，渠道的建立和变革需要较长时间，因此渠道差异化具有较持久的竞争优势。

珠宝的品类与设计一直占据着重要地位，但渠道差异的重要性日益提高。珠宝品牌纷纷走向线上渠道，开设线上旗舰店、直播带货等。例如，最早进行网络钻石销售的钻石小鸟，以低价提供裸钻成功吸引顾客，2007年又引入"鼠标+水泥"销售模式。

（五）形象差异化

现今已经是"品牌的战争"，品牌是企业赢得消费者忠诚、获得高溢价的保障。同类产品可能在功能、质量等方面差异不大，但差异化品牌能够带给消费者不同的价值体验，并有效区别于竞争对手。

形象差异化包括与品牌相关的名称、符号、术语以及形象代言人、事件等，知名企业的品牌符号价值连城。例如，夏利豪（Charriol）品牌的经典形象是钢索纹，源自古代欧洲彻尔斯族人的金颈环，由八条金索互相缠绕镶嵌而成，能够表现出彻尔斯艺术粗犷豪迈的特色。

二、选择合适的差异点

不是所有能挖掘出的差异点都对企业有价值，企业必须选择适合品牌定位的差异点。

（一）确定所选差异点的数量

企业必须明确要宣传多少个差异点，是宣传品牌是"第一"或"唯一"呢？还是要宣传品牌有诸多优于竞争对手的优点呢？差异点的数量选择可以有两种策略。

1.单一差异

定位论指出，在宣传过度的今天，消费者倾向于简化记忆，成为"第一"或"唯一"是进入消费者心智的好办法。例如，一提菜百，人们立刻会联想到黄金。它是北京第一家为黄金做电视广告的品牌，"买黄金到菜百"，一句简单的广告语让菜百家喻户晓，荣获"中国黄金第一家"的美誉。

2.多个差异

当企业在某个属性上遭遇多个竞争对手时，企业会使用多个差异来突出产品的高价值。推出多个差异能彰显给消费者更多的利益点，也有利于同时吸引多个细分市场。但是选择过多的差异点不仅增加宣传成本，也可能造成消费者的混淆，偏离了定位的初衷。

（二）差异点的选择标准

有价值的差异点必须综合考虑消费者的需求、企业的资源能力以及竞争对手的状况，主要包括以下标准：差异性，差异点必须是消费者看重的，能够提供给消费者更高的价值；可沟通性，差异点必须能够让消费者正确理解和接收，不会产生歧义；信任性，企业应该有充足的证据让消费者信任该差异点；区别性，差异点能够有效与竞争对手区别开；领先性，竞争对手很难模仿或超越该差异点；营利性，企业能够通过该差异点发挥自己的资源和能力，获得较丰厚回报。

三、选择定位并传播

选择好企业的差异点后，企业必须确定定位依据，以合适的方式占据消费者心目中的独特位置。一旦明确定位，企业应持续传播该定位，保证定位形象持续一致。

（一）定位依据

企业经营的产品不同，面对的目标顾客不同，所处的营销环境不同，可以选择的市场定位依据也不同。一般有以下几种：

（1）产品利益。依据产品能够提供给顾客的利益或价值来定位。例如，潘多拉的主要目标群体是年轻女性，品牌定位于轻奢、快时尚，主打个性化定制，鼓励消费者制作独一无二的手链。

（2）产品属性。珠宝首饰的属性包括材质、造型创意、工艺、产地、历史文化内涵等，这些构成产品内在特色的因素均可作为定位依据。例如，Hearts on Fire钻石以追求完美车工而享负盛名，切割大师在100倍放大镜（业界标准的10倍）下仔细切割每一个刻面，使每一颗钻石均拥有完美的八心八箭图腾。

（3）特定的使用场合及用途。精心打造产品以适应特定使用场合，或者为产品找到新用途，这是为产品进行新定位的有效手段。例如，DR钻戒以"男士一生仅能定制一枚"的概念吸引了很多婚戒消费者。

（4）使用者类型。针对某一市场的消费者量身定做产品，或者根据其个性态度等为其塑造恰当的品牌形象，从而更好获得消费者的认同。例如，隐（YIN）能够迅速成功的秘诀是清晰的用户画像。YIN的主要目标群体是25~35岁、对日常珠宝饰品有一定材质和审美追求的职场女性，设计理念是极简、低调、抽象，改变了金饰繁重扎眼的传统刻板印象，更符合年轻职场女性的价值观。

（5）价格—质量。价格和质量相结合直接体现了顾客的感知价值，可以用于强调物超所值、物美价廉或者高质高价带来的尊崇感等。例如，路易威登、香奈儿等以其卓越品质和极高价格成为顶级奢侈品的象征；而我国本土珠宝品牌起步时大多强调物美价廉。

菲利普·科特勒提出产品定位的5种优胜价值主张，包括高质量高价格、高质量中价格、中档质量低价格、低质量低价格、高质量低价格。每种价值主张会吸引不同类型的消费者，成为差异化的依据。

（二）制定定位战略

市场定位战略在一定意义上是一种竞争战略，它是基于消费者认知以及企业竞争优势的基础上，分析市场竞争的态势以及竞争对手定位情况，为实现企业竞争战略目标而选择合适的定位。

以图6-1为例，图中的A、B、C、D分别为主要竞争对手的定位，企业可以根据自身的实力以及竞争战略的需要进行定位：

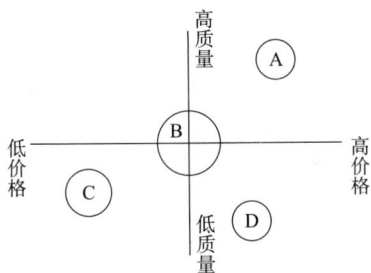

图6-1　市场定位地图

（1）避强定位。是指回避与其他强大企业的直接竞争。如果企业实力弱于主要对手，但市场上仍有一定的空白点，企业可以选择A，填补空白市场，有利于企业迅速在市场中立足，风险较小。

（2）迎头定位。企业根据自身实力，为取得较大或较优质的市场，选择与实力强的竞争对手直接竞争。可定位在与竞争对手相同的市场位置，例如B。例如，老铺黄金自2009年创立伊始就主打古法黄金。但古法黄金大火后，周大福等各大黄金珠宝品牌纷纷借势推出古法黄金系列。

（3）创新定位。如果现有市场属于竞争激烈的"红海"，竞争对手强大，企业很难进入该市场，企业则可以跳出现有的行业局限，寻找新的未被占领，但有潜在需求的位置，推出市场上没有的或者具有某种全新特色的产品。例如，2015年，不少新创企业进军智能珠宝，由王洁明和意大利"珠宝诗人"马尔科·达尔马索（Marco Dal Maso）创立的心有灵犀科技（TOWOO），问世不久获得了"意中创新产品大奖"、芭莎"年度创新荣耀奖"等多个大奖。

（4）重新定位。是指企业改变目标消费者对产品的原有印象，并塑造新印象的过程。重新定位一般基于以下原因：第一，企业的初次定位不适合市场需求；第二，强大的竞争对手选择相近的定位，使得企业的市场占有率下降；第三，目标消费者的需求偏好发生转移，或者技术发展带来新的替代品。总之，市场总是处在不断变化的营销环境中，企业应定期重新审视品牌定位。

拓展阅读6-5 施华洛世奇定位尴尬业绩难增长 试新零售能博回市场？

（三）传播既定的定位

选择有效明确的定位是市场定位战略的基础，持续传播定位则是定位战略成功的关键，传播策略的框架见图6-2。

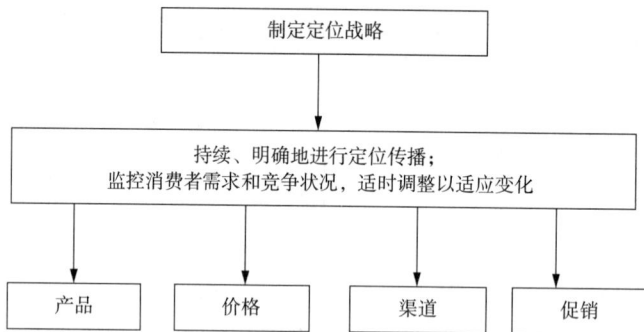

图6-2 市场定位的传播
资料来源：根据公开资料整理。

一旦明确企业的定位，企业应当持续、坚定地向目标市场传播选定的定位，以塑造强大、独特的品牌形象。定位决定了企业的市场营销组合策略；反之，营销组合策略也必须给予该定位有力的支持。二维码链接介绍了中国高端珠宝品牌Qeelin是如何通过市场营销组合策略来传播品牌定位的。

寻找一个适合的市场定位并不容易，长期坚持执行该战略可能更难，企业出于各种各样的原因，如市场占有率下滑，经济不景气、新市场的诱惑等，可能逐步偏离原有定位，给目标消费者的认知造成混淆。建立一个定位需要持久的努力，毁掉一个定位却是短时间内就能做到。当然，市场营销环境总在不断变化，为适应消费者需求和竞争对手战略的改变，企业需要主动监控，巩固或者调整定位。

本章小结

目标市场营销策略是市场营销的核心，也是实施营销组合策略的前提。简称为STP战略：

S——市场细分：把整个市场划分为多个细分市场；

T——目标市场选择：选择要进入的细分市场；

P——定位：明确与竞争对手相区别的差异化依据，占据目标顾客心中独特位置。

市场细分是把整体市场划分为若干个细分市场（子市场）的过程，它是目标市场营销战略的基石，准确的市场细分直接决定了企业能否为目标顾客创造和传递卓越价值、能否实施有效的差异化竞争。珠宝市场复杂多样，珠宝首饰的细分变量很多，可以采用多因素法进行细分。

目标市场选择是在科学评估各个细分市场的基础上，选定一个或几个细分市场。目标市场选择战略分为无差异营销、差异营销、集中性营销。由于珠宝市场复杂多样，大多数珠宝首饰企业采用差异营销，部分企业采用集中性营销。

市场定位的实质是要在顾客心目中占有特殊的位置，让企业及产品从竞争品牌中脱颖而出，让顾客对企业产生偏好，甚至是忠诚。有效的定位从差异化开始，包含三个步骤：①辨识所有可能的差异点。②选择适合企业的差异点。③选择定位战略并宣传。

重要名词

STP战略　市场细分　目标市场选择　市场定位　差异化　无差异营销
差异性营销　集中性营销　微观营销　定位依据　定位战略

第六章　珠宝首饰的目标市场营销战略

复习思考题

1. 简述STP战略的概念及其过程。

2. 市场细分的标准有哪些?

3. 目标市场选择的战略有哪些? 你认为珠宝首饰企业更适合哪些战略?

4. 请举例分析市场定位对于现代珠宝首饰企业的重要作用。

5. 请简述市场定位的过程。

章后测练

第七章　珠宝首饰品牌化战略

本章提要

　　通过本章学习，可让学生对珠宝首饰品牌战略实施中的核心概念进行系统理解，掌握品牌定位与品牌化决策作为珠宝首饰品牌战略规划的两个着力点的内容，最后结合珠宝首饰的特殊性解释品牌价值维护的具体举措。

章前引例　　周大福的品牌年轻化新玩法

第一节　珠宝首饰品牌概述

一、品牌的内涵

（一）什么是品牌

　　品牌（Brand）来源于古挪威文"Brandr"，表示"燃烧"或"烙印"。纵观历史，人类早在原始社会就开始有了品牌活动的迹象。最初，农夫通过在奶牛身上烙下印记的方法，对奶牛这种私有财产加以区分，以利于在市场中进行物物交换。到中世纪时期，欧洲的工匠在自己的手工艺品上做标记，以便顾客识别产品的产地和生产者。在中国古代，商人也会使用"招牌"来区别各家"店铺"。这些经营活动说明品牌原始的功能是作为"识别""区分"的工具。

　　现在的品牌依然保留着最初的功能。根据美国市场营销协会（AMA）的定义，品牌表示"名称、专有名词、标记、符号、设计，或是以上所有元素的组合，用来识别销售商以及区别于其他竞争者的商品与服务"。在消费产品同质化加剧、消费者需求逐渐多元化的背景下，如果企业仅是简单创建一个标记或符号，或注册一个商标，没有将顾客因素纳入品牌发展中，则品牌对企业而言并无太多实质性意义。这表明如今的品牌已经远远超出企业有形化、可视化要素的表达，因此为厘清品牌的内涵，本章节从狭义和广义两个视角进行理解。

国际品牌权威学者凯文·凯勒（Kevin Keller）认为狭义品牌是"微观层面"概念，是品牌名、商标、标识、符号、包装等的组合，或其他可识别出企业产品或服务并区别于竞争者产品或服务的品牌要素组合。这种通过有形载体外显化品牌的方式，对企业而言是最基本且必不可少的，但是仅仅创建出顾客易于辨识的品牌有形要素，而没有赋予这些要素有价值的内涵的品牌依然无法在顾客心里留下深刻印象，也就难以在消费市场产生积极正面的影响。

基于上述观点，凯文·凯勒认为广义的品牌内涵应充分考虑顾客认知这一关键要素。所谓"宏观层面"的品牌概念，表示顾客通过品牌有形要素对产品的正面感受和积极评价的集合。相比于狭义品牌，广义品牌的关键在于顾客形成的品牌意识和品牌联想，是企业对顾客能获得期望体验的承诺。

（二）品牌与产品的区别

企业的产品并不等同于品牌，产品的价值由顾客来衡量，是以使用为目的的物品与服务综合体；而品牌的价值由企业来赋予，是集识别标识、精神象征和价值理念于一体的无形资产。根据品牌与产品的性质，两者之间的区别主要体现在"作用属性""形成过程""生命周期"三个方面。

在"作用属性"方面，产品强调具体的功能，而品牌体现抽象的意义。根据已有定义，"产品"表示市场中可获取、使用并满足某种消费需求和欲望的载体，包括有形物品、无形服务、组织、人、地区、观念等，其本质是通过"具体功能"来满足顾客需求的商品。与产品不同的是，"品牌"强调产品的内涵和价值观，代表顾客对企业产品形成认知、态度及行为的综合感知。因此，在营销管理领域，产品表现为满足顾客使用的一种具体存在，而品牌则是与消费者建立沟通的桥梁，存在于顾客认知里面。品牌比产品的范围更大、含义更丰富。

在"形成过程"方面，产品由特定部门生产制造，品牌则贯穿于整个经营环节。按照企业一般流程，产品是通过运用生产资料，将投入的生产要素转化为具体产品，以满足特定需求的活动过程。除了有形物品以外，服务提供商产出的无形服务、服务型组织的建立等，都可以看作产品的形成过程。相比于产品，品牌渗透于企业经营管理和发展的所有环节与过程，不论是企业的管理层面还是资源与能力层面，都不能脱离品牌这一核心要素，且将品牌置于战略顶层设计的高度，引导企业所有的业务活动与品牌所表达的特性、文化和价值观保持一致。

在"生命周期"方面，产品生命周期必然有限，但品牌生命周期可能无限。换言之，产品容易过时落伍，但是强势品牌可以持续保持经久不衰状态。根据产品生命周期理论，由于顾客需求变化、技术发展等影响市场的其他因素，产品从准备进入市场到最终退出市场会经历导入期、成长期、成熟期、衰退期四个阶段。该理论揭示了产品存在有限的市场生命周期，需要不断进行更新迭代，这是技术赋能下市场竞争的必然结果。正是产品这种不断推陈出新的方式，奠定了品牌得以存在的基础，使得品牌永久延续下去成为可能。

（三）品牌的角色

品牌作为企业重要的无形资产，是企业整合营销传播中的关键要素，贯穿于企业整个生产经营全过程。根据关注焦点的不同，可以从顾客、企业、竞争者三个视角出发，分析品牌承担的具体角色内容。

1.顾客视角品牌角色

不论顾客是个人消费者还是一家企业，品牌都承担着功能性和情感性两方面的角色。在功能性角色方面，品牌通过传递有关产品的信息，不仅帮助顾客降低由信息不对称产生的产品搜索成本，还可以提高顾客消费产品的安全感，减少顾客的购买风险。随着消费不断升级，品牌所具有的这种简化顾客决策并降低风险的能力变得非常有价值。在情感性角色方面，企业通过品牌给予顾客承诺，顾客在此基础上构建对产品质量、服务和价值主张的期望，对哪些品牌能更好满足情感偏好而哪些品牌不能做出判断，推动顾客形成特定的品牌偏好，增强企业与顾客之间的情感共鸣。

2.企业视角品牌角色

品牌对企业而言，是企业文化的体现、重要的营销手段和无形资产。品牌核心价值主张与企业文化的使命、愿景和价值观相吻合，是企业文化面向市场和社会公众的具象表达。当企业开展营销活动时，品牌构成产品销售和渠道建设的保障，可以有效降低营销成本、提升营销效率与效能。同时，品牌也是企业的合法资产，品牌名、标识、包装都可以通过注册商标和版权专有设计获得法律保护，这些品牌有形要素均属于知识产权，帮助企业安全放心地对品牌进行投资，并从具有持久影响力的无形资产中获益。

3.竞争者视角品牌角色

尽管产品的生产流程和产品设计等要素较容易被竞争对手复制和模仿，但是经由企业持续地营销传播，在顾客心中形成更加紧密与独特的品牌形象，使其难以被竞争者复制。这种不可模仿性创造了避免同质化竞争的壁垒，使得市场中其他企业很难在顾客心智中占据同样的位置。因此，品牌是企业产品或服务实现差异化并保持竞争优势的强有力武器。

二、品牌化与品牌资产

（一）品牌化的含义

品牌化（Branding）表示对产品或服务进行品牌名、标识、符号、包装等有形要素的设计，并赋予听觉、触觉、嗅觉等感官刺激，最终推动营销实体具备市场商业价值的过程。简而言之，就是将没有品牌的普通产品转化为品牌产品的过程。因此，品牌化不仅是创建和培育差异化品牌的起点，也是品牌管理者的常规性工作。具体而言，初创企业的品牌管理者需要设计品牌名、标识、符号、包装等，并在投放市场后对品牌要素进行适时调整，以更好地向顾客传达该产品的名称、功能属性和价值观。当然，拥有成熟品牌的大企业也需要更新现有品牌的某些要素，或者推出全新的子品牌。这些品牌化的努力对企业品牌经营具有重要意义：从企业的角度，品牌化的结果能形成产品的附加价值效应；从消费者的角度，品牌化的结果是在顾客思维中建立品牌与产品相关联的心智联想，增加顾客对产品的感知价值，帮助顾客快速完成决策过程。

（二）品牌资产的定义

品牌资产（Brand equity）被定义为"与品牌名和标识有关的资产或负债，可以增加或减少产品（或服务）带来的企业价值和顾客价值"，以测量维度为依据，品牌资产又划分为顾客品牌资产和企业品牌资产两种类型。顾客品牌资产表示顾客拥有的品牌知识导致顾客对品牌营销活动反应的差异化影响，体现在顾客对品牌的思考、感受和行动中，该定义表明顾客品牌资产包含"差异化反应""品牌知识""顾客思想"三个关键要素。其中，品牌资产来源于顾客的差异化反应，而差异化反应由顾客拥有与品牌相关的想法、感受、联想和信念等造成，这些品牌知识又决定了品牌未来正确的、符合顾客想法的发展方向。企业品牌资产与顾客品牌资产是直接相关关系，顾客品牌资产越多，说明品牌知名度、品牌忠诚度、产品感知质量、市场份额和利润越高，那么企业品牌资产也会相应增加。

品牌资产模型为企业进行品牌化活动提供了可衡量的依据与指导，通过对品牌资产相关因素进行评估，可以了解哪些品牌资产要素推动了品牌与顾客的关系，哪些偏离了整体品牌战略，从而准确识别出驱动品牌价值提升的关键因素。从整合营销传播的角度，品牌资产评估方法主要有品牌资产评估模型、BrandZ 和品牌动态金字塔模型以及品牌共鸣模型。

三、珠宝首饰品牌资产的利益

通过对品牌资产的概念进行阐述，可以看出品牌资产能够同时为企业和顾客提供超越产品之外的价值。在珠宝首饰品牌创建过程中，重视品牌资产的积累将能够为珠宝首饰品牌带来感知质量、品牌联想和品牌忠诚三个方面的利益。

（一）感知质量

感知质量是指顾客根据特定需求，通过正式或非正式渠道获得并综合分析相关信息，对产品或服务总体质量、优越程度的感知状况，是一种具象和客观的评价。项链、手镯、戒指、吊坠等产品的外观、设计和材质，以及高响应速度、卓越移情能力和专业能力的个性化服务，都会直接影响珠宝首饰品牌资产传递的感知质量。从顾客视角看，感知质量作为一种启发式捷径，帮助消费者在面对众多珠宝首饰品牌时优先选择高感知质量的品牌，有助于顾客做出购买决策和自我评价。从企业角度看，首先，感知质量是产品定价的前提，高感知质量会为珠宝首饰品牌获取溢价机会；其次，珠宝首饰的市场定位也依赖于该品牌所传递的感知质量；最后，高感知质量的珠宝首饰品牌可以提升企业与代理商、分销商、零售商等渠道成员的合作谈判力，有助于珠宝首饰企业的利润增加、市场的精准定位以及利益相关者的合作关系强化。

（二）品牌联想

品牌联想表示存在顾客记忆中与品牌相关联的一切信息节点，可以是一个符号、一种产品、一个企业或一个个体，也可以是顾客对该品牌的总体态度与主观评价，主要具有属性联想、利益联想、态度联想三种递进式表现形式。

在属性联想方面，与珠宝首饰有关的产品规格、材料、价格、外观、用户特征和使用情境构成珠宝首饰品牌的基本属性联想。例如，提起顶级珠宝首饰品牌梵克雅宝（Van Cleef & Arpels），了解它的消费者都会自然联想到该品牌的核心制造技术——隐秘式镶嵌（Mystery Set），采用隐秘式镶嵌工艺制造珠宝，成品珠宝首饰在表面看不到任何金属镶爪，使得产品看起来浑然一体，保持外表流光溢彩的美，而梵克雅宝也早在 1993 年就为该技术申请了专利。

在利益联想方面，不同于产品属性主要构成品牌利益的外显要素，品牌利益才是属性背后的顾客真正需求所在。尤其在珠宝首饰行业，关于品牌的利益联想将功能利益上升至象征利益，为顾客带来更高层次的价值，比如可以体现社会地位、获得认同和赞赏等。

在态度联想方面，珠宝首饰品牌的属性联想和利益联想共同决定了顾客对该品牌的态度联想。态度联想是顾客在产品或服务体验后产生的整体评价，有助于顾客对珠宝首饰品牌形成下一次购买行为和情感偏好。对珠宝首饰企业而言，品牌联想有利于企业进行品牌延伸，将对母品牌深刻的联想应用到其他产品上，可以为子品牌提供担保和背书。

（三）品牌忠诚

品牌忠诚强调顾客的行为观和态度观，是指顾客对品牌的态度引发的一系列消费者行为倾向，即由于品牌包含的信念、价值观、文化等因素，顾客对该品牌表现出明显的偏好、信任和承诺，并在未来做出长期性重复购买行为的过程。

从顾客角度看，由于珠宝首饰产品本身具有高昂的市场价值，因此对特定珠宝首饰产生品牌忠诚的顾客，在交易过程中一般不会花费大量的时间、金钱去试错其他品牌，从而有助于缩短顾客做出购买决策的时间并进一步强化顾客与珠宝首饰品牌的联系。从企业角度看，顾客对特定珠宝首饰品牌的复购能为企业带来高收益，因为吸引一个新顾客的花费比维护一个老顾客高4~6倍，留住老顾客比获取新顾客的成本小得多。除此之外，对特定珠宝首饰品牌具有较高忠诚度的顾客群体由于购买行为和购后使用行为（如主动佩戴、展示和分享），具有为珠宝首饰品牌进行推广宣传的效果，换言之，老顾客的推荐和购买行为就像"催化剂"，为其他潜在顾客选择某一珠宝首饰品牌增强了信心，因此较高的忠诚度有利于珠宝首饰品牌吸引新顾客并降低营销成本。

第二节　珠宝首饰品牌战略规划

一、打造珠宝首饰品牌定位

（一）品牌定位的重要性

定位是营销与战略理论框架中的核心概念，该实践应用也在不断演化，在品牌管理领域得到广泛使用。品牌定位（Brand positioning）是指企业为了在目标顾客心中占据独特的、有价值的位置，而对企业的产品、服务以及形象进行设计的行为，是建立与目标市场相关品牌形象的过程。因此，品牌定位是企业进行品牌战略规划的前提和基础，对企业整体发展并实现利益最大化有重要意义。

品牌定位有助于企业与顾客建立长期稳固的关系。在成熟且稳定的市场中，营销竞争最终都会演化为少数头部企业占据主导的局面，而且心理学研究成果表明，顾客的心智阶梯对同类型品牌的容纳程度极其有限，通常情况下最终留下深刻印象的只有两个品牌，这就是著名的"二元法则"。品牌定位可以帮助顾客真正感受到品牌独特的个性、特征和优势，将品牌基本信息烙印于顾客有限的心智空间中，唤起顾客内心深处的认同与共鸣，从而形成优先选择该品牌的习惯，使企业与顾客之间形成长期稳固的关系成为可能。

品牌定位有助于企业传递品牌核心价值观。品牌核心价值观可以让顾客清晰地识别并记住品牌独一无二的核心利益点，代表着品牌履行顾客承诺的高层次追求，是驱动顾客认同、喜欢甚至爱上一个品牌的关键力量。品牌定位能够在品牌核心价值观的基础上，通过整合营销传播将价值观从企业传递给顾客。从企业角度看，围绕价值观建立的品牌定位是企业开展所有实践的行为准则，从而为自身提供价值；从顾客角度看，消费者对特定品牌的选择体现出他们与品牌所崇尚的观念一致，从而帮助自身实现自我价值。

品牌定位有助于企业制定精准的营销策略。市场营销策略作为企业战略层面的综合营销方案，是企业提高市场绩效的关键因素，其具体内容需要从顾客和市场需求等多个方面进行思考，以集中反映品牌的特性和差异化优势。因此，企业在制定与实施营销策略时，应该以品牌定位为基准，即产品策略、价格策略、渠道策略及促销策略的最优化组合需要围绕企业的品牌定位展开。这种通过品牌定位指引的营销策略可以将品牌核心价值观融入营销组合中，以最大程度发挥市场营销策略对企业营销目标达成的效用。

（二）珠宝首饰品牌定位的设计框架

随着市场竞争的日益激烈，以及人们消费观念从保值性向追求时尚和个性转变，珠宝首饰企业之间的竞争逐渐由产品竞争转向品牌竞争。于是大部分珠宝首饰企业开始建立和塑造自己的品牌，以提升自身在行业中的核心竞争力。品牌定位4Cs框架为珠宝首饰企业进行品牌定位提供了有用思路，具体包括消费者洞察、公司与竞争者分析、品类决策。

1.消费者洞察（consumer insights）

珠宝首饰企业品牌定位的首要步骤是从内外部进行消费者洞察，致力于探索顾客真实的潜在需求与偏好，为企业发现新的市场机会，找到提高品牌战略规划成效并摆脱市场竞争红海的有效路径。

第一，文化因素。文化表示人们在同一环境下共同拥有的心理程序，是影响人类欲望与行为的重要因素。荷兰心理学家吉尔特·霍夫斯泰德（Geert Hofstede）通过跨文化价值观研究调查，发现文化包括权力距离、不确定性规避、个人主义与集体主义、男性主义与女性主义、长期导向与短期导向五个维度。

（1）权力距离。权力距离是指在一个社会、组织或机构中掌权较少的那部分成员对权力分配不平等的接受程度。珠宝首饰企业应结合当地对待权力距离的态度，赋予品牌相应的核心价值观，比如在权力距离高的国家或地区，可以将品牌打造成象征社会地位的标识，代表某种价值观或社会群体。

（2）不确定性规避。不确定性规避是指人们通过采用一些方法，避免不确定性因素对自身威胁的程度。高不确定性规避的顾客更倾向于选择可信赖的品牌，在消费时会借助外部因素降低所有可能性风险，珠宝首饰企业应将当地的信仰、文化符号融入品牌要素中，并选择有地位的人物为品牌做宣传，致力于培养顾客的品牌忠诚度。

（3）个人主义和集体主义。个人主义和集体主义主要衡量社会总体是关注个人利益还是关注集体利益。在个人主义社会，珠宝首饰企业应重点宣扬品牌代表的自由、个性和创意特征；在集体主义社会，珠宝首饰企业则需要做好品牌舆情的控制和防范工作，致力于同消费者建立信任关系。

（4）男性主义和女性主义。男性主义和女性主义的区分体现在社会中占统治地位的价值标准是由男性主导还是女性主导。无论是男性主义社会还是女性主义社会，消费者都会从自身特质出发展现对不同品牌诉求的偏好。因此，珠宝首饰企业应该找准品牌的顾客细分，不能盲目传播品牌所表达的核心价值观。

（5）长期导向和短期导向。以时间为导向是指人们对物质、情感、社会需求滞后满足的接受程度。珠宝首饰企业应根据当地对滞后满足的态度，打造符合当地消费观念的品牌，比如在长期导向的国家或地区，必须真正做到品牌承诺的兑现，让消费者感受到长期投资该品牌的安全感；在短期导向的国家或地区，应将重点放在探索顾客潜在需求上，如果消费者出现某个需求就有可能做出"立即购买"行为。

第二，参考群体。参考群体是指对人们的意识、行为和态度有直接或间接影响的所有群体，人们往往把这类群体的立场观点、规范标准作为自己的价值判断和行为依据。通常情况下，珠宝首饰领域的参考群体主要分为行业专家、时尚引领者、虚拟社交网络引领者三类。

（1）行业专家。行业专家通常指某个行业或领域内拥有专门知识的权威人士。珠宝首饰行业的鉴定师、评估师等群体拥有更多关于产品的准确信息，可以帮助消费者确保珠宝首饰的来源、质量和真实价值，他们对某种珠宝首饰的意见和评价一般不会被消费者质疑，对品牌舆情的引导作用比较大，因而被广大消费者所接受和信任，并对消费者做出购买决策的行为有较大影响力。

（2）时尚引领者。作为参考群体的时尚引领者不一定是通常意义上的时尚潮流界人物，还应包括更广泛意义的概念，具体包括演艺明星、企业家和政治人物等。对珠宝首饰行业而言，演艺明星对公众有较大的影响力与感召力，引领大部分人选择珠宝首饰品牌的风向，比如邀请明星代言广告比不用明星的广告能获得更积极的评价和效益，这就是著名的"名人效应"。

（3）虚拟社交网络引领者。随着互联网的迅速发展，越来越多的人通过开放、互动的网络成为参考群体。这类群体主要活跃在微博、公众号、论坛、短视频等平台，他们可以轻易通过这些平台表达观点，从而影响珠宝首饰品牌的知名度和美誉度。比如博主围绕珠宝首饰品牌做出的言行演变成"网络段子"后，会极大提高消费者对该品牌的联想度。同时，拥有稳定粉丝的网络博主对珠宝首饰品牌的正面评价，可以提高消费者对该品牌的美誉度。

第三，消费者个性。消费者个性是指个体在社会生活实践中形成相对稳定的倾向性与心理特征的总和。消费者会不自觉地选择与自身个性相一致的品牌，品牌个性与消费者个性越接近，越容易引起消费者对该品牌的共鸣和认同感。因此，珠宝首饰企业在打造品牌个性时，可以围绕某个国家或地区所表现出的消费者个性，致力于创建与当地消费者个性相似的品牌形象。

第四，消费者情感。消费者情感表述顾客在消费过程中，对特定产品或服务产生的态度倾向和情感反应。消费者对珠宝首饰品牌定位的认知，主要受到怀旧和依恋情感的影响。

（1）消费者怀旧情感。所谓消费者怀旧情感，是指过去的经历与经验影响消费者现在或未来行为偏好的情感。珠宝首饰企业应该以品牌为中心，通过集体怀旧和模拟怀旧两种方式，为品牌与消费者之间的情感联系建立桥梁。具体而言，集体怀旧是对国家、文化和过去某段时期的怀念，大多适用于珠宝首饰老字号品牌，可以有效激发大众的民族情结。例如，作为有177年的珠宝首饰民族品牌老凤祥，在2022年首发"老凤祥藏宝金"的新形象和新产品，该系列定位于统称老凤祥黄金产品中的典藏级作品和高端精品，体现了老凤祥品牌的美学艺术鉴赏价值和优秀文化传承价值，是老凤祥利用民族怀旧情结顺应和推动消费市场的全新举措。模拟怀旧则是消费者以历史、文学等方式间接怀念过去，比如将凄美的爱情纳入广告中，并通过电影式的展示手法使消费者产生强烈的代入感，从而把该珠宝首饰品牌和爱情相联系。

（2）消费者依恋情感。依恋表示消费者与品牌之间的关系特征，体现了消费者情感和态度的心理活动。当消费者与品牌形成真正的依恋情感联系时，集共鸣、价值和情感于一体的记忆将会深深扎根在大脑中，通过品牌满足消费者发展自我、支持自我的需求，从而成为消费者延伸自我的一部分。这种品牌依恋是建立稳定持久关系、获得品牌忠诚度的关键，代表消费者与品牌关系的最高层次。珠宝首饰品牌应以追求品牌依恋为终极目的，成为消费者做出未来购买行为的先导，致力于同消费者打造一条超越理性认知的情感联系纽带。

2.公司与竞争者分析（company and competitor analysis）

分析本企业与竞争对手之间的优劣势，是珠宝首饰企业进行品牌定位的关键步骤和前提。因此，需要借助品牌定位分析工具确定珠宝首饰品牌定位点，并评估该品牌定位是否达到目标位置。其中，品牌定位图（brand mapping）是珠宝首饰行业中经常用来横向比较不同品牌定位及其优劣的分析工具。

品牌定位图分析法是指通过形成市场上大部分竞争品牌的定位布局，帮助企业迅速找到细分市场的空隙并明确品牌定位。该分析工具通常采用直观的、简洁的二维坐标图作为展现方式，其横坐标和纵坐标都代表消费者评价品牌的特征因子，象限范围内的所有点对应市场上的主要品牌，主要品牌在图中的位置则表示消费者对该品牌在特征因子上表现的评价。因此，珠宝首饰企业使用品牌定位图分析法主要包括两大步骤。第一，确定关键的基准特征因子。正确选择基准特征因子是品牌定位图成功应用的基础，珠宝首饰企业需要通过市场调查的方法明晰影响消费者购买决策的诸多因素，比如定价高低、设计美感、材质稀缺性、耐久性、工艺复杂性、使用场景广泛性等。第二，确定众多珠宝首饰品牌在二维象限中的具体位置。在选取珠宝首饰品牌的基准特征因子后，需要根据消费者对各品牌在特征因子上的评价（一般使用李克特五点量表让消费者回答品牌具有某种特质的程度），以量化指标明确市场上众多珠宝首饰品牌在定位图中的坐标。

3.品类决策（category membership decision）

在充分了解和明晰消费者需求、公司与竞争者之间的优劣势后，珠宝首饰企业应根据前期分析结果制定品类决策，即到底是在原有品类上与已有珠宝首饰品牌进行竞争，还是创建一个代表全新品类的品牌。在制定品类决策过程中，珠宝首饰企业可以着重从是否构建新品类、界定竞争参照系、识别品牌差异点三个方面出发进行考虑。

第一，是否构建新品类。通常情况下，消费者以品类来思考，以品牌来表达，即在面对众多产品信息时，消费者习惯将具有相似功能属性的产品进行分类，一般只会对某类产品的代表性品牌有深刻印象。对珠宝首饰企业而言，是否适合构建新品类可以从消费者需求角度进行考虑与权衡，比如珠宝首饰企业能否主动地挖掘消费者的潜在需求，并通过产品和市场开发策略把这些潜在需求转化为现实需求。该过程的实现要求珠宝首饰企业在消费者明示具体需求、竞争对手推出新产品之前，率先把对应新产品研制出来，投入批量生产并最终推向市场。

第二，界定竞争参照系。不论是在原有品类上与已有品牌进行竞争，还是创建一个代表全新品类的品牌，珠宝首饰企业都需要建立竞争参照系。竞争参照系是同类品牌集合或有相似功能的产品群体，在参与市场竞争过程中自发形成的、以品类成员作区分的类别体系。因此，为使珠宝首饰企业避开激烈的竞争，管理者首先需要分析竞争对手目前在消费者心智中所处的位置，以确定自身品牌定位的参照系。在充满不确定性与动态性的市场，可能会出现或存在不同形式的竞争，所以珠宝首饰企业在选择竞争参照系时应以竞争对手所占有的市场份额、心理份额和情感份额为选择标准。具体而言，市场份额表示竞争对手销售额的真实表现，心理份额是指珠宝首饰行业中最为知名企业的市场份额，情感份额表示喜欢购买某珠宝首饰品牌的顾客占全部顾客的百分比。

第三，识别品牌差异点。与竞争参照系类似，无论是采用建立新品类还是进入原有品类市场的定位方向，珠宝首饰品牌都必须确定与众不同的差异点，以利于消费者产生强烈的正面品牌联想，为打造强大品牌并获取持续竞争优势奠定坚实基础。通常情况下，珠宝首饰企业在确定品牌差异点时，应该重点考虑吸引力与可传达性这两个重要因素。关于吸引力方面，必须让消费者感受到珠宝首饰品牌的差异点与自身的相关关系，且具有独特性和优越性；关于可传达性方面，珠宝首饰企业必须长期投入一定的资源和承诺，并以可行且有利可图的方式在消费者心智中创建品牌联想。

（三）珠宝首饰品牌定位的策略

通过全面分析消费者洞察、公司与竞争者分析以及品类决策，珠宝首饰企业可以进一步明确具体的品牌定位；针对珠宝首饰的品类特征，企业可以从利益、场景和价格三个角度选择珠宝首饰品牌定位的策略。

1.品牌利益定位

品牌利益主要分为功能性利益和精神性利益。功能性利益是产品本身固有的、外显化和可视化的属性，主要突出产品的特别功效与良好品质，可以满足消费者对品牌的功能需求；精神性利益则表示企业通过赋予品牌丰富的寓意、内涵和象征意义，为使用该产品的消费者带来情感、心理层面的收益。通常情况下，功能性利益和精神性利益之间具有因果关系。对珠宝首饰品牌而言，项链、手镯、戒指、吊坠等产品的外观、设计、材质和规格，均属于珠宝首饰品牌的功能性利益，而消费者通过佩戴这些具体的首饰，体现特定的社会地位，获得赞赏和情感上的满足。珠宝首饰企业可以根据差异化的利益需求进行品牌定位，不同的使用目的和场景会对消费者的利益诉求造成影响，比如职场配饰倾向于低调不浮夸的魅力型珠宝首饰，婚礼或宴会配饰强调设计感强、漂亮的气质型珠宝首饰，休闲的日常生活则主打精致、优雅的品位型珠宝首饰。

2. 品牌场景定位

场景定位的实质，是使企业的品牌价值主张与目标消费群体生活中的特定场景形成关联，当消费者遇到这种特定场景就会形成关于该品牌的相关联想。周生生在2022年为旗下婚嫁定制品牌PROMESSA举办了一场以"相亲"为核心的品牌策划活动，该次策划内容包括情景剧和脱口秀等形式多元新颖的线下活动，其目的在于强化目标消费群体对于品牌"表达爱意"的场景定位，以赢得年轻消费者的青睐。

与之相对应，一些珠宝首饰品牌则不再单一依赖婚庆场景来提升销量，而是开始重新定义消费场景，将品牌定位为生活配饰甚至生活方式，包括生肖、祈福、平安、转运、星座等，即围绕细分市场需求开展品类创新。例如，蒂芙尼（Tiffany）强化了自身产品无论在消费者参加聚会，还是参加晚宴，抑或是情侣约会，都能找到一款首饰来搭配多元化场景需要的品牌定位。

3. 品牌价格定位

品牌价格定位是指企业在产品成本和用户价值间寻找整体利益最大化的价格点，从而将该价格点作为品牌的价格定位。产品成本不仅是指某个产品的物料成本，还包括研发成本、营销成本、仓储运输成本、售前售后等成本；用户价值是消费者为满足自身需求而愿意支付的成本。珠宝首饰品牌的价格定位一般包括平价亲民、小资轻奢、高端奢侈等不同的价格区间，定位于高端奢侈路线的品牌不仅要求珠宝首饰本身有较高的价值、质量和外观设计感，还需要塑造品牌所具备的感性、象征性等核心价值理念，因为这类顾客群体更看重品牌所承载的文化内涵与核心价值；定位于小资轻奢路线的珠宝首饰品牌应注重产品的性价比，使珠宝首饰产品既持有较好的品质，也拥有中等水平的价格，一般比较受年轻上班族群体的欢迎；定位于平价亲民的珠宝首饰品牌则更关注普通大众的审美需求，这类品牌不需要花费太多的品牌营销成本，企业主要通过扩大产品销量的方式获得总利润，其目标顾客通常瞄准在校学生或者职场新人等特定群体。

二、珠宝首饰的品牌化决策

（一）珠宝首饰品牌化决策的类型

品牌化决策是确定珠宝首饰品牌架构的关键方法，主要回答企业需要创建多少个品牌、品牌之间是什么关系这两个问题，主要包括单一品牌策略、独立多品牌策略与联合品牌策略。

（1）单一品牌策略。

表示集团品牌等于业务品牌，是指企业生产经营的所有产品统一使用一个品牌的决策，这种品牌化决策能从成本、认知和资源协同等方面为珠宝首饰企业提供优势。

在成本方面，珠宝首饰企业单一品牌策略不仅能减少现有品牌的市场宣传、广告费用和后续管理费用，还可以减少推出新产品的宣发费用，有利于新产品进入市场。在认知方面，假如消费者对某个珠宝首饰品牌有清晰的认知，就有利于降低对该品牌旗下的所有产品形成整体印象的难度，有助于提升珠宝首饰品牌的市场形象。在资源协同方面，珠宝首饰企业集中资源塑造一个高知名度、高信赖感、高安全感的强势品牌，那么其旗下所有产品都能共享该品牌的价值，同样某个产品的畅销也能反哺整体品牌价值的提升。

考虑到珠宝首饰品类的符号化、象征化等特征，这种在企业不同产品之间形成的品牌结构整合，有利于珠宝首饰品牌资产进行完整、充分的共享。当然，单一品牌策略除了上述"一荣俱荣"的优势外，还存在"一损俱损"的风险。当珠宝首饰品牌旗下某种产品出现质量、安全或信誉问题，将会影响企业的整体品牌形象，其他产品的营销难免受到牵连，甚至企业的整个产品体系也会遭受重大打击。

（2）独立多品牌策略。

表示集团品牌不等于业务品牌，是企业从产品价值、使用场景、目标顾客的角度，对每个品牌进行精准定位，从而形成占领细分市场的多品牌决策。对珠宝首饰企业而言，由于珠宝首饰附加价值、使用场景有较大差异，因此独立多品牌策略也是该行业中较为常见的品牌化策略。一般而言，珠宝首饰企业可以根据所瞄准的不同细分人群，打造具有不同价值主张、不同营销模式或是不同价格定位的品牌，引导顾客做出适合自身需求的选择。例如，周大福在2017年推出了一个针对年轻消费者的珠宝品牌MONOLOGUE，与传统珠宝门店求大、求全不同，该品牌门店规模更小更精致，店内珠宝饰品的售价也大多在2000元以下，以精致和高性价比的珠宝赢得年轻消费者的青睐；同年，周大福又针对年轻消费者的个性化需求，打造了全新钻石品牌T-MARK，该品牌可以追溯钻石由毛坯到指尖的每个历程，实现钻饰所有资料的透明公开。同时，珠宝首饰企业还可以根据不同的使用目的与场景，推出日常佩戴、象征爱情和特殊地位的产品品牌，以满足顾客在不同消费周期、不同消费场景中所产生的对于珠宝首饰的需求。因此，珠宝首饰企业进行多品牌策略看似是竞争关系，实则有不同的品牌精准定位，可以适应顾客的多样化需要，有利于企业提高市场占有率；该策略在一定程度上还可以分散品牌风险，不至于因为某个产品问题而影响企业的其他品牌。虽然独立多品牌策略有较多优越性，但也存在一定的局限性。比如，会造成较多的珠宝首饰品牌推广成本，各个品牌都需要长期且巨额的宣传预算；对企业内部跨部门管理协调有较高的要求，需要具备高质量的品牌管理人才团队。

（3）联合品牌策略。

包括主副品牌和背书品牌两种。

主副品牌策略表示集团品牌大于业务品牌，是企业在生产经营多种产品的情况下，以成功的企业品牌作为所有产品的主品牌，再从功能、规格、档次等反映产品特性的角度，为不同产品加上特定副品牌的决策。这种品牌策略的关键在于主品牌与副品牌在宣传、展现上的合理运用，珠宝首饰品牌的宣传重心是主品牌，而副品牌则处于从属位置。另外，珠宝首饰主品牌代表所有产品的标识，不可能把每种珠宝首饰产品的个性展示出来，而副品牌正好弥补了该不足之处，因此副品牌应口语化、通俗化，需要直观形象地表达珠宝首饰产品的个性和优点。

背书品牌策略表示业务品牌大于集团品牌，是指企业使用自身或第三方除品牌名称以外的品牌要素，以明示或暗示方式对独立品牌起担保作用的决策。对珠宝首饰品牌做背书和担保，可以向公众传达独立品牌的制造商、投资商、核心材料供应商等相关信息，为顾客提供品质、技术、信誉上的信任感。上述两种联合品牌策略都离不开原有品牌而单独存在，这有利于珠宝首饰品牌以较低成本迅速切入目标市场并打开局面，但是成功的联合品牌可能淡化珠宝首饰主品牌的形象，失败的联合品牌更有可能使珠宝首饰主品牌的形象受到损害。

（二）各类珠宝首饰品牌化决策的利弊

单一品牌策略、独立多品牌策略、联合品牌策略各有利弊，不同的品牌化决策适用于不同的企业、企业的不同阶段。单一品牌策略适用于想要在某个细分领域深耕，立志在该领域做大做强的企业，能最大程度发挥单一品牌决策的优势。独立多品牌策略则适用于有强大市场份额的集团式企业，这类企业能在每个领域都投入大量的时间、精力和资金。联合品牌策略一般建立于单一品牌策略和独立多品牌策略的基础上，是企业发展到一定阶段后的品牌延伸。因此，珠宝首饰企业不能盲目制定品牌化决策，而应从内外视角综合分析企业内部资源和外部市场，确定企业的未来发展方向和品牌化决策，并在珠宝首饰品牌发展的不同阶段动态调整企业的品牌化决策。

拓展阅读7-1　　周大生力推经典 | 多品牌战略布局已成行业头部共识

第三节 珠宝首饰品牌价值维护

一、珠宝首饰品牌资产的测量

品牌资产作为企业最有价值、最重要的无形资产，在市场竞争中发挥着关键性作用。科学公正地评估与测量品牌资产，对于珠宝首饰企业从内外部管理品牌资产显得尤为重要。借鉴已有品牌资产测量观点，本书将从顾客心智视角、商品市场产出视角和金融市场视角对珠宝首饰品牌资产的测量方法进行介绍。

（一）顾客心智视角

基于顾客心智的品牌资产测量方法主要包括品牌资产定性评估和定量评估。考虑到珠宝首饰产品价值的内隐性，对珠宝首饰品牌资产定性评估较适合采用自由联想法、投射技术、比拟法等方法，有助于分析那些顾客不愿或无法直接回答，但在顾客内心能引起真实感受的反应。

虽然上述定性评估方法有利于探究品牌联想的偏好性和独特性，但缺乏客观的、理性的珠宝首饰品牌评价，而定量研究方法很好地弥补了该局限性。珠宝首饰品牌资产定量评估方法旨在将品牌认知、品牌联想、品牌反应和品牌关系转化为具体的问卷题项，通过李克特量表形成品牌的数值型描述和总结，从而对珠宝首饰品牌资产进行定量评估。

（二）商品市场产出视角

基于商品市场产出的品牌资产测量方法主要包括品牌比较法、营销比较法、联合分析法。品牌比较法是指测量顾客对不同珠宝首饰品牌的相同营销活动项目所产生的反应，本质在于在营销活动项目不变的情况下，将珠宝首饰品牌分离出来以测量其在市场中的价值。

营销比较法是通过调整营销活动项目测量顾客对不同品牌的反应，珠宝首饰品牌可以运用这种方法对相关营销活动细节进行比较，比如价格变化、广告策略等，最终得出每种营销活动存在的效益差异。

联合分析法是品牌比较法和营销比较法的综合应用，旨在了解顾客在不同品牌的属性之间做出的权衡，从而得出顾客对这些属性的重视程度，是对顾客购买决策的现实模拟。具体而言，首先需要识别出显著影响顾客购买珠宝首饰的特征和特征水平，采用正交设计将这些特征和特征水平重新组合，并生成一系列虚拟产品，然后邀请受访者以打分、排序等对虚拟产品进行评价，最后根据收集的数据分离出受访者对每一种特征和特征水平的效用偏好值。

（三）金融市场视角

基于金融市场的品牌资产测量方法主要包括股价走势法和未来收益法。根据股价走势评估品牌资产的本质在于股票价格会随着企业经营活动变动，反映了资本市场对珠宝首饰品牌前景的看法。该方法用资本市场价值（股票价格与股本总数函数）减去有形资产（厂房、设备、库存、现金等）的重置成本，最终得到品牌资产评估模型函数。

根据未来收益评估品牌资产的常用指标是珠宝首饰品牌未来收益的贴现值，一般采用两种评估方法。第一种是利用珠宝首饰品牌的长期规划，对预期利润进行贴现；第二种是品牌资产评估方法，即用当前收益估算值乘以收益倍数，其中收益估算可以是扣除了特别费用的当前收益，收益倍数的确定必须查看珠宝首饰行业的历史价格收益比率。

珠宝首饰企业应根据自身品牌经营的需要，选择恰当和适合的品牌资产测量方法，这有利于企业采取积极措施不断提升和保护品牌资产价值，以达到动态管理珠宝首饰品牌资产的目的。

二、珠宝首饰品牌文化的塑造与传递

（一）品牌文化的内涵与意义

品牌文化（brand culture）是指通过充分利用企业内外部传播途径，推动品牌使用者或向往者对被赋予深刻、丰富文化内涵的品牌，在信念、价值观、态度等精神方面形成高度的共鸣与认同感。在长期市场竞争过程中沉淀下来的品牌文化，是渗透企业经营全过程的理念意志、行为规范和群体风格，代表企业和顾客的利益认知、价值导向及情感归属。

（1）品牌文化具有导向意义。

品牌文化集中反映了企业员工的共同价值观，一是能让员工秉持对品牌有利的思维方式导向，使员工对事物的评判形成共识，在问题处理上做出正确的、价值导向的决策；二是可以产生强大的感召力，引导员工始终不渝地为所认定的价值目标而努力奋斗。同时，品牌文化也可以对顾客在价值观、审美观和消费观方面提供判断与行动标准，引导顾客与品牌主张保持一致，从而提高顾客对企业品牌的追随度和忠诚度。

（2）品牌文化具有凝聚意义。

品牌文化对内具有企业内部的强力黏合性，把全体员工紧密联系在一起并形成命运共同体，在企业员工之间建立强大的凝聚力与向心力，不但可以提高员工对企业的认同感和归属感，还有利于全体员工以主人翁意识投入工作，对企业产生同甘共苦的思想。品牌文化对外则作为一群社会成员共同的一套理念和价值观，使得品牌社区的建立成为可能。通过品牌文化形成的品牌社区，为顾客提供与品牌相关的不平常消费体验，并对其他社会成员获取身份认同的心理需求有重大意义。

（3）品牌文化具有激励意义。

品牌文化涵盖的共同价值观让每个员工都能感受到自己在企业内的价值，尤其当品牌文化所传递的信念、核心价值观在社会层面造成正面影响时，企业员工会产生强烈的荣誉感和自豪感，这对员工有着极大的鼓舞作用，推动他们用实际行动维护品牌形象。在对外方面，品牌包含的功能属性、利益认知、价值主张和审美特征等文化，可以创造顾客的品牌认知并丰富品牌联想，从而成为顾客强大的精神寄托，激励顾客以品牌为载体勇于表达和展现自我价值。

（4）品牌文化具有约束意义。

品牌文化除了代表企业的理念意志外，还表达全体员工统一的行为规范，将品牌文化的软性理念意志融入硬性的行为规范，使企业员工在思想和行动上保持一致，从而做到"知行合一"。当品牌文化发挥对外效用时，主要通过理念、伦理、道德规范等无形因素约束众多顾客的言行。比如当顾客违背品牌倡导的有关道德规范时，心理上就会产生内疚感，从而自动调整到与品牌文化一致的伦理规范。

（二）塑造珠宝首饰品牌文化

品牌文化来源于企业持续性、长期性的品牌建设，珠宝首饰企业可以从物质和精神两个方面塑造企业的品牌文化。具体而言，品牌物质文化在于品牌名称、品牌标识、品牌形象和品牌口号的塑造，品牌精神文化在于品牌英雄人物、品牌传记、仪式化气氛的塑造。

1.珠宝首饰品牌物质文化

品牌物质文化是品牌的表层文化，主要围绕具体的产品或服务创造有特定象征意义的品牌有形元素。珠宝首饰企业在塑造品牌物质文化时，应首先明确并强化品牌名称、品牌标识、品牌形象和品牌口号。

具体而言，珠宝首饰品牌名称作为品牌最基本和必不可少的要素，应该遵循易于发音、记忆并与产品有清晰关联性的原则；珠宝首饰品牌标识是构成品牌的视觉要素，应尽量与品牌名称的含义趋同，比如可以设计与首饰形状相似的、独特的、简洁明了的造型，以便区别于竞争对手，如与卡地亚（Cartier）的美洲豹图腾形成区别，宝格丽

（Bvlgari）珠宝首饰的图腾选择了灵蛇，因为古埃及皇室视灵蛇为至高无上的权力与象征，蛇形珠宝兼具尊贵威严与优雅姿态的文化内涵；品牌形象分为虚拟形象和现实人物形象两类，由于珠宝首饰品牌大多追求低调奢华的内涵，因此应慎用这种品牌形象表达形式；珠宝首饰品牌口号是传递关于品牌信息的描述性或说服性的可记忆性、独特性的短语，比如与时尚、高贵、美丽、爱情等建立联系。上述四种品牌有形要素是塑造珠宝首饰品牌物质文化的关键点，有助于顾客明确产品内容、提高品牌认知并强化品牌联想。

拓展阅读7-2　　蒂芙尼蓝：品牌的专属色号

2.珠宝首饰品牌精神文化

品牌精神文化是品牌的内层文化，集中表现为与价值观、愿景和行为规范相关的一种意识形态和文化观念，是品牌文化的核心部分和精髓所在。珠宝首饰企业可以通过打造英雄人物、撰写品牌传记、营造仪式化气氛等营销方式，向公众传达品牌所蕴含的精神内涵与核心价值观。首先，珠宝首饰品牌可以围绕品牌创始人的创业经历与事迹讲述珠宝首饰品牌从诞生到成长的具体过程，把创业者专注、敢为气魄和执着追求的匠心精神融入品牌精神文化建设中。例如，作为高级珠宝中的翘楚，格拉夫（Graff）通过讲述创始人劳伦斯·格拉夫（Laurence Graff）从珠宝工厂学徒，到在伦敦开设第一家珠宝店，再到扩张自己的珠宝帝国的故事，向消费者传递出其品牌在钻石加工和创作灵感方面的与众不同。

其次，珠宝首饰品牌可以与历史典故、传统文化建立联系，打造一个富含历史文化积淀的品牌故事或传记，并以微电影、广告、社交媒体等更具娱乐性的载体进行推广传播。

最后，珠宝首饰品牌还可以通过仪式化气氛的营造，赋予品牌更多的象征性价值。仪式感是顾客追求内心自我提升的外在体现，企业可抓住该心理暗示营造出场景仪式化气氛，为顾客的消费行为提供更充分的理由。比如珠宝首饰品牌可以围绕三月女神节、双十一购物节等重要节日，集中打造场景化氛围和体验感，向大众传达节日仪式感和情感价值。

三、讲好珠宝首饰品牌故事

（一）品牌故事的内涵与作用

品牌故事（Brand story）是指企业将品牌背景、品牌情感和品牌核心价值理念融入故事情节，通过大众传播媒体与顾客建立情感交流，旨在引发顾客对品牌的兴趣和认可进而产生持续购买行为的一系列实践活动。作为塑造和传播品牌认知和品牌形象的重要沟通方式，品牌故事对珠宝首饰企业具有重要作用。在品牌营销方面，精彩的珠宝首饰品牌故事能迅速吸引消费者注意，帮助消费者建立品牌联想，甚至可以促使消费者将自我经历与品牌故事相结合，和珠宝首饰品牌产生情感上的联系与共鸣；在市场竞争方面，独特的品牌故事可以帮助珠宝首饰品牌明显区别于竞争对手，并使其在同行业竞争中脱颖而出。因此，讲好品牌故事对珠宝首饰企业获得品牌成长和市场持续竞争优势极为关键。

（二）珠宝首饰品牌故事主题内容

讲好品牌故事的第一步必须明确故事主题。在与人类主观感受密切相关的品牌故事主题中，幸福作为人们追求的终极目标，能直接影响消费者的态度和行为，因此从顾客幸福感知角度出发是珠宝首饰行业通常可以选择和加工的有效故事主题。根据顾客幸福感来源不同，珠宝首饰品牌故事主题分为快乐故事和意义故事：快乐故事主题主要以快乐的获得与痛苦的规避定义顾客幸福感，强调幸福是生理或心理需求得到满足后的愉悦感或享乐体验。例如，肖邦（Chopard）的美学理念不仅是奢华与极致，更多的是快乐与激情，1863年德国的舍费尔（Scheufele）家族收购了肖邦，把肖邦表与钻石、音乐联系在一起，创制了它们的主力系列"快乐钻石"。意义故事则认为从享乐体验中只能获得浅薄的幸福，强调追求自我价值实现才是个体获得幸福的关键。

珠宝首饰品牌在塑造快乐故事主题时，应该传达即时满足的营销诉求，使消费者产生较近的时间距离感，引导消费者倾向于用具体思维解读故事；相反，在塑造品牌意义故事时，珠宝首饰企业可以在故事中设置相应的语言和情景，以此唤起消费者对未来的美好憧憬或对过往经历的情感共鸣，推动消费者用时间距离感知较远的抽象思维来解读故事。例如，尚美巴黎（Chaumet）通过讲述其品牌与拿破仑第一任妻子约瑟芬皇后之间所发生的故事，为该品牌注入了传奇色彩，甚至为了纪念这位爱与美的皇后，尚美巴黎特别以皇冠为灵感开发了一个系列的珠宝产品线——约瑟芬系列，也就是被业界所熟知的皇冠戒指。当然，不同时间导向的消费者会对珠宝首饰品牌故事主题产生差异化感知，比如年轻消费群体以未来导向为主，强调品牌对自我目标和价值的实现；年长消费群体则以现在导向为主，强调品牌对即时享乐需求的满足。因此，珠宝首饰企业在设计品牌故事时，必须加强对消费者群体的细分，并针对目标消费者选择合适的故事主题，从而实现珠宝首饰品牌故事精准推送的目的。

（三）珠宝首饰品牌故事传播媒介

讲好品牌故事的第二步是把精心设计的故事传递给顾客，如果成功占领顾客心智，品牌故事的效果就会显现出来。在品牌故事传播过程中，媒介是扩大并延伸故事传播范围并提升传播效果的重要渠道和载体，珠宝首饰企业借助媒介传播品牌故事，表达在某件事物上与目标顾客相似的观点、立场或情感态度，可以增强珠宝首饰品牌与目标顾客在情感上的关联与共鸣。

随着电子媒介的广泛兴起与应用，珠宝首饰企业可以整合不同传播情境，实现全方位、多视角的跨媒介融合传播，尤其是社交网站、论坛、短视频、微博、公众号的出现，使得珠宝首饰品牌故事的传播更具即时性与互动性。例如，金大福珠宝借助公司25周年大庆节点，选择在深圳、北京、上海、成都、武汉、郑州、长沙、南京、杭州9座城市举办地标亮灯秀系列活动，其在上述城市地标建筑上投放以《热爱吧！自然会给你答案》为主题的品牌故事片，既有效诠释了金大福的品牌内涵，又达到了即时互动传播的效果。

重要名词

品牌　品牌化　品牌资产　品牌定位　品牌文化　品牌故事

复习思考题

1.品牌与产品有什么区别和联系？

2.品牌资产能为珠宝首饰品牌带来哪些利益？

3.如何运用4Cs框架对珠宝首饰品牌定位进行分析？

4.珠宝首饰品牌有哪些常用的定位策略？

5.举例解释珠宝首饰品牌化决策的类型，并对其现有品牌化决策利弊进行分析。

6.如何对珠宝首饰品牌资产进行测量？

7.塑造品牌文化对珠宝首饰品牌有何作用？

8.结合实例，分析该珠宝首饰品牌采用了什么主题内容打造品牌故事。

第三篇

珠宝首饰营销策略

03

第八章　珠宝首饰产品策略

本章提要

　　通过本章学习，可让学生了解珠宝首饰产品的概念及特点，掌握珠宝首饰设计从哪些方面对产品产生影响，认识珠宝首饰包装的作用及设计理念。

章前引例　　周大福与蒂芙尼珠宝首饰设计风格对比

第一节　产品的概念与珠宝首饰产品

一、产品的概念

　　在现代市场营销理论中，产品不再是某种特定形态、特定功能的物体，而是能够满足人们某种需求的任何东西，包括有形物品、无形服务、组织、观念等。产品已发展为一个整体性概念，包含核心产品、形式产品和附加产品三个基本层次。

（一）核心产品

　　核心产品是产品整体概念中最基础的部分，指产品向消费者提供的基本效用或利益。

（二）形式产品

　　形式产品是产品在市场上的具体形态，一般分为品质、款式、特色、品牌和包装五个基本方面。产品的基本效用或利益需要实体才能实现，因此形式产品也是核心产品的物质承担者。形式产品的概念同样适用于服务产品。

（三）附加产品

附加产品指顾客购买产品得到的各种附加利益总和，如维修、送货、安装、售后服务等与产品密切相关的属性或条件。产品还具有潜在价值，例如，消费者最初购买自行车虽然是为了代步，但骑行也可作为一项健身活动。

二、珠宝首饰产品的含义

尽管珠宝首饰产品有其自身的特殊性，但依旧可以依据产品的整体性概念，从核心产品、形式产品、附加产品这三方面解读。

（一）核心产品

珠宝首饰的核心产品可以分为材质价值和装饰价值两部分。材质价值主要针对贵金属首饰和稀有天然珠宝玉石。消费者购买的产品材质本身价值不菲，且不受经济变化影响，同时还有很大升值空间。装饰价值则体现在消费者通过佩戴珠宝首饰产品满足了其对美的需求，产生内心的愉悦。

（二）形式产品

珠宝首饰的形式产品包括款式、质量、信誉和品牌等。其中款式和质量对消费者的购买欲望起决定性作用，企业需要在这些方面提升自己的核心竞争力，并为产品赋予更多情感与文化底蕴，满足消费者日益增长的情感需求。

（三）附加产品

珠宝首饰的附加产品包括维修、服务、包装等。企业应为消费者提供维修和售后服务，部分珠宝首饰在长时间佩戴后会出现磨损现象，在销售过程中要向顾客讲明保养注意事项，设立维修服务部门。"以旧换新"是珠宝首饰最常见的附加产品，消费者再购物时可用旧首饰折价。消费者对于珠宝首饰的个性化、多元化有很高要求，因此企业可以提供定制服务，为顾客设计专属产品，同时企业在包装设计上也要提升。

三、珠宝首饰产品的特点

珠宝首饰产品既有与一般商品相同的特征，又有自身特点，可以归纳为以下方面。

（一）保值性

珠宝首饰产品性质稳定，在注意保养的情况下不会随时间的推移发生变化，所以其价值不会产生较大波动，具有保值性。高品质、稀有珠宝玉石还具有增值性和投资性，体积小、易携带、重量轻的特点让其成为热门投资对象。

（二）艺术性

设计精美的珠宝首饰产品具有很高的艺术价值，消费者在重视首饰商业意义的同时，也重视其美学属性，包含造型、肌理、色彩和产品中蕴含的艺术情怀。在珠宝首饰设计演变过程中，文学艺术起着潜移默化的作用，激发了设计师的新思路、新理念。首饰成了艺术的载体，展现了丰富的人文精神。

（三）情感性

消费者将自己的情感寄托在珠宝首饰中，虽然一般商品也有传递感恩、祝福等情感的功能，但丰富程度远不及珠宝首饰。首饰最常被用来纪念爱情，作为订婚、结婚纪念日的礼物。珠宝首饰设计应汲取古今中外文化中的各种意向，传递健康、平安、幸福等美好愿望。

（四）可替代性

珠宝首饰产品的需求量有很大弹性，与经济水平有很大关系。首饰作为一种非生活必需品，有很强的可替代性，消费者可以选择用服饰展示个性，起到装饰作用。非必需也导致珠宝首饰的再购买性较低，大部分消费者不会经常购买高价格的珠宝产品。

第二节　珠宝首饰产品与珠宝首饰设计

一、珠宝首饰设计的内涵

现代首饰设计是一个广义的范畴，包含了符合现代艺术、现代加工业、现代商业及社会环境的各种首饰造型，是现代物质文明、艺术与科学共同结合的产物。首饰设计指用图样表现首饰实体，除此之外还要注意首饰类型与所选材质，运用适当的加工工艺，从整体出发考虑首饰的整体装饰效果、结构是否和谐。

二、珠宝首饰设计对珠宝首饰产品的影响

珠宝首饰设计决定了珠宝首饰产品的质量，只有以市场需求为导向，设计出适合不同人群的产品才能引导消费，实现珠宝首饰市场营销。首饰设计对产品的影响主要体现在色彩美、款式美、工艺美和材质美。

（一）色彩美

对于珠宝首饰产品，尤其是彩色宝石产品来说，色彩是形式美的重要组成部分。珠宝首饰设计通过对材质、工艺的合理应用，实现珠宝首饰产品色彩美学的表达。

1.色彩搭配

在进行珠宝首饰产品设计时，应考虑材料特有的色相、明度、纯度，利用邻近色、渐变色、对比色等方式进行组合搭配，使产品色彩更具特色。这些色彩搭配原则同样适用于不同材质间的组合。

2.色彩比例

除了颜色的变化，珠宝首饰产品中的色彩比例同样重要。在设计的过程中应充分利用面积不同、深浅不一、稀疏错落的色彩，从而突出整体效果。例如，在大面积色彩的烘托下，小面积的纯色往往效果更佳。

3.色彩节奏

珠宝首饰产品中的色彩通常以点、线、面的形式出现，把握好色彩的节奏感能体现层次丰富、韵律感强的作品，否则整件产品会显得杂乱无章，造成视觉混乱。

（二）款式美

款式是珠宝首饰产品在营销过程中应考虑的重要因素，而珠宝首饰设计可以美化产品款式，提升形式产品的价值。

1.款式的基本要素

点、线、面是珠宝产品款式设计中的三个要素，通过三者的有机结合呈现产品最终的款式。点是设计中的最基本单元，通过大小、疏密的排列体现不同的效果。

2.款式美的表达

珠宝首饰设计要考虑整体性，通过加强视觉冲击力，提升产品美感，主要体现在多样统一、对称均衡、调和对比、比例节奏这四个方面。

多样统一是设计原则中最基本的一项，既要考虑整体的协调性，也不能忽视部分的多样性。在应用曲直、深浅、大小等对比变化的同时，也必须与整体有机结合，从而形成多样且有序的整体美。

对称均衡是指款式中纹饰、宝石的数量、形状等完全一致，给人一种平衡感。在目前的珠宝首饰产品设计中，非对称元素已经得到大量应用，但也要考虑整体变化的均衡性。

调和对比属于两个相反状态，调和主要是在差异中找到一致性，对比是指突出差异点，使产品更鲜明、醒目。除了前文提到的颜色上的应用外，形状、大小和原材料基本性质等方面也可以应用调和对比的设计理念。

比例适当应考虑线条的长短、粗细之比，图案面积等方面，可以应用黄金分割比例保证产品款式合理、美观大方。节奏主要指的是产品中纹饰、宝石以及颜色等元素的排列规律，能够突出产品错落有序、起伏不定的动感。

3.款式主题

珠宝首饰产品的作用不仅局限于装饰，随着越来越多的文化内涵被注入其中，古今中外在审美、风俗、观念等方面的差异，造就了自然型、几何型、寓意型等多种不同风格的产品款式主题。

自然型款式取材于大自然的形态之美，除了动植物的具体形象外，土地的质感、水纹的波动等微观现象也是设计师的灵感源泉。19世纪80年代初"新艺术运动"时期的作品造型大多为藤蔓、花卉、蜻蜓等事物，利用柔美的线条表达清新、感性的艺术风格。在材料方面，通常将钻石作为配石，名贵宝石使用较少，重点突出色彩和纹理，传递内在的婉约气息。

几何型款式通常运用抽象手法，将具体形象设计成抽象形状，以此表达简约的设计理念。整个抽象的过程本质上是对主题的理解和简化，最终以几何的形式呈现，避免过度装饰，追求视觉和谐。

寓意型款式往往是利用经过时间和文化沉淀，人们普遍了解的具有象征意义的形式或符号来代表某些地点、人物或传递某些信息。例如，字母"V"一般代表胜利，"四叶草"有幸运、爱情等含义。现代首饰设计中也注意寓意的应用，设计师还会结合绘画、摄影、雕塑等其他艺术手段，将珠宝首饰产品作为一个媒介，进行叙事创作。

（三）工艺美

工艺是珠宝首饰设计能够实现的物质基础，如果没有工艺条件的保障，再好的设计也只能沦为空谈。同时精湛的工艺也能够提升珠宝首饰产品的美观性、艺术性、文化性。

1.琢型设计

珠宝玉石原石往往需要经过切磨才能体现美感，其中最关键的步骤就是琢型设计。琢型是指宝石经切磨后呈现出的样式，一般包括刻面、素面和随形。刻面琢型可以提升宝石整体亮度，部分宝石具有多色性，在进行琢型设计时应选择颜色品质最好的方向，保证从台面能够观察到最佳的视觉效果。对于具有猫眼效应、星光效应的宝石，只有切磨成素面琢型才能体现宝石本身具有的特殊光学效应。随形也称"梦幻切工"，这种琢型摆脱了传统工艺的束缚，充分发挥了想象，在宝石上雕刻出凹槽、流线型、蝶形刻面等。随形能够最大限度地保留宝石重量，体现宝石原石的颜色、透明度、光泽等性质。

2.镶嵌工艺

珠宝首饰中金属与宝石相结合的部分称为镶嵌，常见的镶嵌方式有爪镶、包镶、钉镶、轨道镶等。珠宝首饰设计应与镶嵌工艺紧密结合，以此突出产品的特性和内在美。

3.雕刻工艺

雕刻工艺的对象主要是玉石，利用圆雕、浮雕、透雕等技法将原石雕琢成器皿、山子、玉牌等多种形制的珠宝首饰产品。玉石雕刻在我国有极高的文化价值，选材多集中在翡翠、和田玉、独山玉、玛瑙、绿松石、水晶这些品种，北京、上海、苏州、扬州、河南等地均已形成独特的玉雕风格。

浅浮雕是国外最常用的玉雕工艺，选取玛瑙、贝壳等具有颜色分层的材料，利用颜色的差异设计成不同图案。

拓展阅读8-1　　中国传统玉雕题材的寓意

4.珐琅工艺

珐琅是将研磨过的珐琅釉料涂于金属工艺品表面，经干燥、烧制等步骤后得到的制品，目前这种工艺已广泛应用于珠宝首饰设计。

珐琅的色彩丰富纯正，具有透明质感。烧制过程中的火候与时间会对最终的颜色产生影响，可以抓住这一基本特征对珠宝首饰产品的色彩搭配进行有效调和。珐琅首饰造型可塑性高，多以"面"的形式呈现，耐高温、耐腐蚀的特点也是其备受青睐的原因之一。

5.编织工艺

广义上的编织工艺是指将线状或条状材料，经反复交叠后形成平面或立体的图案、产品，这种工艺在珠宝首饰产品设计中也得到了广泛应用。

珠宝首饰产品与编织工艺中的绳结可以直接结合运用，例如，部分贵金属和玉石首饰需要编织穿绳后佩戴。中国结经常出现在这种产品中，可以增加产品文化性，赋予吉祥寓意。绳结的外形也被融入产品中，例如，"蝴蝶结""赫拉克勒斯之结"。此外，梭织、针织等具体工艺也在珠宝首饰产品中有所体现，金属细丝经过编织后形成蕾丝、织纹等图案。

6.陶瓷工艺

陶瓷工艺可以利用釉料、烧结条件对制品颜色进行控制，传统以青色、白色为主，在现代珠宝首饰设计中颜色较为丰富。陶瓷制品色泽温润，颇具国风，其价格相对较低，在市场上一度备受追捧。

拓展阅读8-2　　珠宝首饰设计中的中国传统工艺

（四）材质美

材质是珠宝首饰设计的表现载体，传统意义上的材料以贵金属、各类珠宝玉石为主，高品质者可以为产品增色不少。但传统材料自身的稀缺性导致其在款式搭配、颜色方面存在限制，无法满足人们对于产品个性化、前卫性的要求，因此木材、皮革、树脂等材料被应用到珠宝首饰设计中。

非传统材料的颜色变化、质感丰富，能够切合更多设计主题，例如，在有些设计理念中将金属与纺织物结合使用，既体现了都市的压力，也体现了内心对温暖舒适的渴望。非传统材料的价格低廉，佩戴者更加放松，能够适应更多的应用场合。

第三节　珠宝首饰产品与珠宝首饰包装

一、包装的定义

包装是指在产品流通过程中对其加以保护、方便运输、达成促销目的的容器。包装的生产要选择合适的材料，遵循一定的技术方法。

二、珠宝首饰包装的功能

从包装的定义不难发现，产品包装的功能主要包括保护、便利、促销三方面。珠宝首饰产品包装的功能大体也可以分为这三方面，但由于产品本身的特殊性，具体内容与一般商品有所不同。

首饰包装的功能是包装设计的先导，随着市场的发展，首饰包装的功能也在不断完善，通过功能分析可以帮助设计出更加合理的产品包装。

（一）保护功能

保护功能是珠宝首饰包装的最基本功能，经过包装后可以使产品免受磕碰、重压。珠宝首饰产品普遍具有价格高、工艺精良的特点，且部分材料存在不稳定性，因此珠宝首饰包装与普通商品包装相比要更加重视保护功能。

（二）便利功能

首饰包装的便利功能主要是为了让产品在流通、销售、使用的过程中便于运输、携带和存放。开启方式的设计是提高便利性的有效途径，可以设计布条，帮助抽拉或打开。包装内在的组合与拆分可以提高空间使用率，提升便捷性。除了包装盒外，包装袋、首饰袋的综合使用也能达到很好的便利效果。

（三）促销功能

现代产品包装设计注重将保护功能与广告宣传功能结合在一起，利用包装传达商品信息，从而实现促销功能。首饰包装将材质、颜色、图案等元素相结合，突出产品风格，加快消费者对产品的认知过程，更容易使消费者产生信任、留下印象，成为品牌物化的载体。

三、珠宝首饰包装设计

珠宝首饰包装设计是一门综合性学科，涵盖了工业设计、视觉传达设计、消费者心理学、市场营销学等多个领域。珠宝首饰包装设计与产品关系密切，要紧密结合品牌定位、市场定位和消费者定位。与其他产品相比，首饰包装设计在实现基础功能的同时更加注重品牌附加值的体现。

（一）材质选择

珠宝首饰包装的材质要考虑多种因素，目前常见的材质包括木材、布料、金属材料、塑料及纸质材料。为了实现保护性功能，一般不选用玻璃、陶瓷等易碎品。首饰包装的内部会充填海绵等柔软适中的材料，起到防震、防滑及固定作用，最大限度实现对产品的保护。

设计过程中应注意绿色理念的应用，选取环保绿色材料，如椰子壳、香蕉纤维、报纸等材料已被应用于首饰包装的设计中。首饰包装也可以回收再利用，避免过度包装造成的资源浪费。

（二）造型设计

珠宝首饰包装的结构是整体设计的基础，涉及形态、规格、结构、放置方向等多个方面。其中，结构设计主要实现固定支撑，隔离容纳的作用，是保护功能、便利功能的必要保障。例如，卡地亚（Cartier）经典红色戒指盒整体采用方形，给人稳重感，长宽比例相当的视觉效果也符合中国消费者的审美。采用单向翻盖的打开方式保证稳定性，上盖的高度是底部的两倍能够有效提升储存空间。

首饰包装的形态也在不断丰富变化，摆脱传统观念中"盒"的概念，增强对消费者的吸引力。设计过程中可以借鉴"切割"与"特异"的手法。"切割"即对包装外形局部切割，产生几何多面体，在视觉上产生丰富的联想。切割面的大小、数量、弧度可以根据实际情况进行调整，注意避免锐角的出现，以免误伤消费者。北欧"Woodstorming"工作室推出了"磐石"系列包装盒，外形酷似石榴石的晶形，寓意对爱情忠贞不渝，更好地向消费者传递产品内涵。"磐石"包装在任意角度都能平稳放置，多角度展示产品之美。

（三）色彩设计

在人们接受信息之初，色彩感受占了绝大部分，不同颜色能产生不同的情感暗示，例如，暖色可以治愈心灵，冷色给人平和之感。包装的颜色既要与产品相结合，也要考虑文化习俗。珠宝首饰包装的颜色切忌浓郁，导致喧宾夺主，一般采用素雅的淡色系，重点突出产品的品质感。对于婚庆、贺岁等有吉祥寓意的产品可采用红色，抑或在此基础上使用酒红色、玫红色等增加时尚感。随着消费者对于时尚、个性化的需求愈发强烈，许多金银外的非传统材料也被应用到首饰设计当中，此类产品的包装颜色也可以更加大胆前卫。除了外部颜色，还要注意首饰包装内外部颜色的搭配，将产品衬托得更加完美。

（四）附加物设计

包装中的附加物可以吸引消费者注意，对产品进行进一步详细说明，常见的配套附加物有贺卡、宣传卡、质检卡、吊牌等。附加物有利于刺激消费者购买欲望，对宣传品牌理念、服务起到积极作用。此外，附加物的使用能够将包装模块化，改变整体结构，实现包装功能的扩展。

> **拓展阅读8-3** 供应链中珠宝首饰包装的可视化

（五）情感化设计

珠宝首饰产品具有情感属性，包装是产品情感化的延续，特别是对于个性化定制的珠宝首饰产品，包装的情感应与产品的整体基调一致，建立设计师与消费者之间情感沟通的桥梁。首饰包装的情感化设计应从产品和定制者的角度出发，利用材质、结构、造型等多种元素的变化，营造出符合产品风格、直击人心的情感氛围。

包装最直接的情感主要与材质有关，不同材质的肌理、色彩给人不同的感觉。例如，木质包装给人淳朴自然之感，而锦缎包装给人华贵优雅之感。现代印染技术能够使每种材质都具有丰富的色彩，包装与产品颜色一致可以使首饰情感化设计更加协调。包装的造型结构应与首饰一致，增强产品整体的情感表达。

（六）情景化设计

包装的情景化是指依据某一特定主题，构建一个生动可视的空间环境，使观者能够身临其境，更好地理解珠宝首饰产品整体意境。构建的包装环境可以是用虚拟影像制作的场景，也可以是具有代表性的事物、图形、符号等，还可以利用气味引导消费者联想。例如，蝴蝶造型的首饰可以在包装上设计花卉图案、搭配芬芳的气味，以此模拟盎然春色。

珠宝首饰包装的情感化设计在很大程度上能够增强其专属性，同一品牌不同系列的产品可以进行差别包装，满足不同消费者对于文化和审美的需求，增强品牌认同度。在进行定制产品包装设计时，可以了解消费者定制产品的背景，抽象出其中的某些元素，引发消费者共鸣，鼓励他们在产品中赋予更多专属情感。

本章小结

现代市场营销中产品已发展成一个整体性概念，可分为核心产品、形式产品、附加产品三部分。珠宝首饰产品的含义也可以从这三方面解读，其中核心产品可以分为材质价值和装饰价值两部分，形式产品包括产品款式、质量、信誉、品牌等，附加产品主要指定制、售后等服务。此外作为一种特殊产品，珠宝首饰还具有保值性、艺术性、情感性、可替代性这四个与一般消费品不同的特点。

珠宝首饰设计是一门综合性学科，从色彩、款式、工艺、材质等方面对珠宝首饰产品产生影响，应结合市场定位设计出符合消费者需求的产品。

珠宝首饰包装的功能包括保护功能、便利功能、促销功能三大功能，在进行设计时应考虑材质选择、造型、色彩、附加物、情感化与情境化等方面。

重要名词

珠宝首饰产品　珠宝首饰设计　色彩节奏　色彩比例　色彩搭配　款式
琢型设计　镶嵌工艺　雕刻工艺　珠宝首饰包装的功能　情景化设计

复习思考题

1.什么是产品的整体性概念？试用其解释珠宝首饰产品的含义。

2.珠宝首饰设计从哪些方面对珠宝首饰产品产生影响？

3.珠宝首饰包装的功能有哪些？

章后测练

第九章　珠宝首饰营销渠道策略

本章提要

通过本章学习，可让学生掌握营销渠道的内涵、作用和渠道结构，重点掌握珠宝渠道成员构成，了解渠道中间商的基本作用、营销渠道的设计流程、营销渠道的管理、营销渠道的全渠道概念和特征以及全渠道的具体运用实例。

> **章前引例**　金雅福珠宝的渠道创新之路

经过珠宝产业高速发展的"黄金十年"，我国珠宝市场已接近万亿级别，自2013年起增速变缓，彻底转为买方市场，市场竞争日益激烈。因此，珠宝企业不仅需要开发创造更能满足消费者需求的产品，还应通过渠道更快速、低成本地递送给消费者，这样才有可能击败竞争对手，与消费者达成最终交易。在产品同质化的今天，维修保养、顾客体验等渠道服务可以有效增加产品的附加值。渠道作为重要的无形资产，是现代企业构建持久竞争优势的重要手段。我们进入了"渠道为王"的时代。

本章将重点介绍珠宝首饰企业营销渠道的内涵，分析珠宝企业如何根据珠宝行业特点进行渠道设计和渠道管理，并探讨新时代下珠宝渠道的发展趋势以及新变化。

第一节　营销渠道的作用与基本模式

一、营销渠道概念

营销渠道是连接企业和消费者的重要桥梁和纽带。一般情况下，绝大多数制造企业并不直接销售产品给最终消费者或企业用户，而是与一系列渠道中介机构分工合作，从而确保消费者或客户能够获得并顺利地使用或消费产品，共同构建起能够给顾客提供卓越价值、具有竞争力的营销渠道。正如路易斯·W·斯特恩的定义所述，营销渠道是促使产品或服务顺利地被使用或消费的一整套相互依存的组织。

珠宝首饰营销渠道，是指珠宝首饰产品由生产企业向消费者转移时所经过的所有流通途径以及流通环节，它不仅包括珠宝产品实物以及所有权转移的全部流通过程或途径，还包括共同促进产品顺利转移的所有渠道成员以及成员之间分工合作的结构关系。

二、营销渠道职能

对于大多数制造企业，渠道中介的存在必不可少，通过渠道中介执行某些渠道职能，能更显著地提高渠道绩效，为渠道创造更多的经济效益。

制造企业的规模化生产和消费者的个性化消费之间存在天然的矛盾，渠道中介能够聚集多个制造商的产品，满足消费者多样化需求，并减少交易次数，降低交易成本；与制造商相比，渠道中介在某些渠道职能上更为专业化、规模化或者具有本地关系等资源优势，有效利用渠道中介能够提高渠道效率和效益。

以下是渠道中介通过履行主要渠道职能来为渠道增加价值的分析。

信息：收集达成交易所需的顾客、竞争对手以及其他相关环境信息。例如，通过大数据，零售商能够方便、低成本地获得顾客数据，帮助企业实现精准营销。

匹配：基于对消费者需求和行为的精准分析，为消费者提供所需商品和服务，并进行分类、整理、分装等，方便消费者购买和消费。

促销：运用各种促销手段与消费者沟通，树立品牌形象，并说服消费者购买。例如，基于珠宝的审美和高价值属性，线下珠宝门店通过精美的陈列展示向消费者诠释品牌理念，烘托产品的高雅样式和精致做工。

物流：产品的运输、仓储等。珠宝首饰体积小，较易运输，但由于珠宝的价值比较高，因此对运输和仓储的防盗和防止损坏有较高要求。例如，钻石小鸟采用顺丰或中国邮政运送，并赠送全程的运输保险。

所有权转移：通过谈判、订货、付款等一系列流程，完成产品的所有权从生产者向消费者的转移。例如，中国黄金交易所推出夜市交易系统，能够更好地接轨国际市场。

融资：获得并使用资金，用于补偿渠道的运营成本。珠宝的高价值特性导致企业运营成本高，货品周转率低，资金要求高，因此大多数珠宝企业采用连锁加盟，以便利用社会资金来快速扩张渠道。

风险承担：承担产品生产和流通过程中可能产生的风险，包括产品破损、丢失、报废以及不可抗力造成的风险等。例如，2020年，平安银行推出"复工复产"保险，助力深圳珠宝企业复工复产。

三、营销渠道结构

营销渠道结构是指渠道系统由哪些不同类型的、多少数量的成员构成以及各成员之间的关系，使用渠道长度、宽度、广度三个维度可以准确描述渠道结构。

（一）渠道长度

渠道长度是指一条渠道中由多少层中间商环节来构成，分为直接营销渠道和间接营销渠道。图9-1展示了常见的珠宝首饰营销渠道模式。

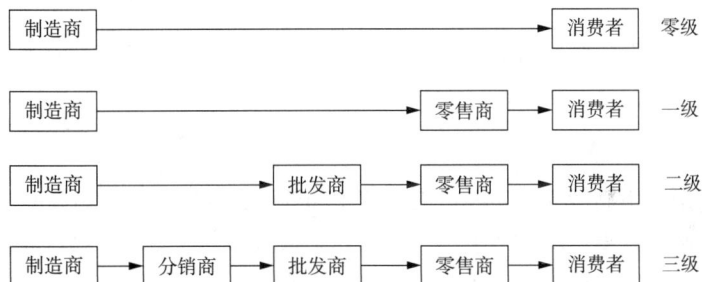

图9-1　珠宝首饰营销渠道

1.直接营销渠道

也称零级渠道，指珠宝企业不通过任何中间商，直接把产品卖给消费者，可以采用的销售方式包括企业销售人员或者电视、网络等媒介。珠宝直销的优点是渠道成本低，可以直接接触消费者，给消费者提供更精准的咨询、设计、定制等服务，适合于中小珠宝企业。随着网络购物的普及，直销获得了快速发展，主要形式有建设自有网站，在淘宝等平台上开设自营店，厂家直播等。

2.间接营销渠道

指的是珠宝企业通过一层以上的渠道中间商向消费者销售产品。有一层中间商称为一级，有两层中间商称为二级，以此类推。

（1）一级渠道。这是珠宝首饰行业常用的渠道模式之一，珠宝企业通常在百货商场或大型购物中心开设珠宝专柜或品牌专卖店。优点是渠道成本相对较低，能够通过优质的产品展示来确保品牌形象，较易控制渠道。缺点是投资规模大，扩张速度较慢，对企业的规模和资金实力都有极高要求。蒂芙尼、卡地亚等高端珠宝品牌常采用此模式。另外，大型珠宝企业的自营店比例也较高，如周大福的自营店比例达到55%。

（2）二级渠道。这是珠宝首饰行业使用最广泛的渠道模式。珠宝生产企业通过珠宝批发商或代理商来进行下面网络的管理，利用批发商的资金和当地市场资源，加快扩张渠道。缺点是控制渠道相对较难，渠道成本较高。珠宝行业主要采用的是特许加盟模式，珠宝批发模式较少被采用。

（3）三级及三级以上渠道。由于珠宝首饰属于高价值的选购品，珠宝企业采用过长的渠道，将使长渠道的缺点格外突出，特别是如果一级代理商选择不当，将会危及企业某个地区的整体市场。在渠道扁平化趋势下，珠宝长渠道模式会日渐减少。珠宝行业的三级渠道常见模式是：珠宝首饰制造企业——珠宝首饰代理商——批发商——零售商——消费者。

（二）渠道宽度

渠道宽度是指在一定区域内，渠道某一层级上使用中间商数量的多少，可分为宽渠道和窄渠道。企业可采取的渠道宽度策略如下。

1.密集性分销

密集性分销是指制造商使用尽可能多的中间商来分销产品，适合于食品杂货与日用便利品，这是由于这类产品价值低，消费者购买频率高，要求企业尽可能大范围地覆盖市场，以保证消费者能够及时便利地获得产品。珠宝首饰作为高价值的选购品，不适合密集性分销。

2.独家分销

独家分销与密集性分销是两个极端，独家分销是指制造商在某一区域内只使用一家中间商来分销产品，适合于房产、汽车等高端耐用品，或者珠宝、手表等奢侈品。卡地亚、蒂凡尼等国际珠宝奢侈品牌采用此种渠道模式。独家分销能够让珠宝企业很好地控制渠道，保证品牌形象统一，渠道费用较低；缺点是市场覆盖面小，对中间商依赖性高。

3.选择性分销

选择性分销是指制造商在某一区域内精心挑选两家或两家以上的中间商来分销产品，适合于大多数的选购品和价格相对较高的产品，选择性分销的优、缺点介于密集性分销和独家分销之间，大多数珠宝首饰企业采用此种模式。

（三）渠道广度

渠道广度是指企业使用多少种不同类型的营销渠道进行产品分销，可划分为单渠道和多渠道两种类型。

（1）单渠道，是指珠宝首饰企业只使用一种渠道分销产品。单一渠道限制了市场覆盖面，不利于企业进行渠道扩张，无法满足消费者多元化的购物需求，但是企业更易控制渠道，适合于规模小、实力较弱的企业，特别是初创企业。例如，钻石小鸟初创时采用单一网店模式。

（2）多渠道，是指制造商同时使用两种或两种以上不同类型渠道来分销产品，现代大多数企业都选择多渠道系统。例如，金雅福同时使用珠宝门店、银行、网络旗舰店、自助终端等多种不同零售方式。

第二节　营销渠道的参与者及其职能

营销渠道由一系列类型不同、作用不同的成员构成，这些成员执行不同的渠道职能，分工合作，共同完成一条渠道的运作，确保目标消费者顺利使用和消费产品。按照渠道成员是否取得产品所有权进行分类，可以分为基本渠道成员和辅助机构，包括制造商、中间商、消费者以及相关辅助机构。

珠宝首饰企业更倾向于全产业链模式，这缘于珠宝首饰产业的特性。首先，随着珠宝首饰产业分工的深化以及行业竞争的加剧，产业链的价值逐渐从生产加工向设计、销售和售后等环节转移，尤其是零售已成为产业增加值占比最大的环节，大型珠宝制造企业纷纷自建分销网络，把控零售终端，如中国黄金。其次，珠宝零售企业，如六福集团等，虽然取得了较高的零售利润，但为了进一步增强市场竞争力，开始向行业的上游发展，以便获得低价的原材料，同时建立珠宝加工厂，以确保设计创新和品质控制。因此，通过产业链前向、后向的纵向延伸，全产业链模式已成为珠宝行业的常态。

一、基本渠道成员

基本渠道成员包括制造商、中间商和消费者，他们获得产品在渠道中转移的所有权，是渠道中的重要成员。

（一）制造商

制造商是渠道中必不可少的成员，它是产品和服务的生产者或创造者，制造商生产的产品特性以及生产模式，很大程度上决定了渠道的构成，例如珠宝首饰企业的全产业链模式。

制造商的核心职能是制造，它们拥有与生产相关的竞争优势，例如低成本控制能力、先进的生产技术和工艺等，但不一定拥有品牌塑造、渠道分销等能力，有些制造商希望集中优势资源于制造环节，或者由于缺乏相关产品分销能力，它们会选择与其他渠道成员分工合作，共同完成渠道分销。相反，有些大型制造商为把控整体市场，充分利用产业链的整合优势，会选择自建渠道，控制从生产到分销的所有环节。

我国的珠宝首饰产业始于20世纪80年代，起步晚但速度快，目前市场规模已经占到世界的33%。在市场快速成长的推动下，珠宝制造在规模产量、制造工艺等方面都取得了巨大进步。

首先，已经形成了一批珠宝首饰特色产业基地。目前获认证的特色产业基地达30个，产业集群化的优势逐步显现。其中，深圳有中国最大的珠宝加工基地，也是中国黄金珠宝产业的中心。

其次，打造了一批有资金、技术、人才等优势的大型企业，促进了珠宝制造业的高端化、智能化的产业升级。包括从事珠宝生产的龙头加工企业，如粤豪、百泰等；拥有产品原料的大型资源型企业，如中国黄金等；从零售发展起来的品牌企业，如周大福等。

当然，中国珠宝首饰制造业目前仍处于相对粗放发展的阶段，近十年来，由于市场竞争加剧，产品同质化、加工能力过剩、产业集中度较低等矛盾更加突出。针对以上问题，珠宝首饰制造企业积极采取以下措施：注重产品设计以及新材料、新工艺创新，提高珠宝产品附加值；选择适合企业优势资源的生产加工细分领域，打造核心竞争优势；进行数字化转型，打造智慧供应链体系。

拓展阅读9-1　中国珠宝制造业的未来之路

（二）中间商

中间商是指协助产品在渠道中实现实物和所有权转移的独立销售组织，包括从事产品批发、代理、零售的组织或个人。绝大多数珠宝厂商依靠中间商完成产品销售，珠宝中间商对珠宝首饰产品分销起到十分重要的作用。中间商按经营形式不同主要分为批发商和零售商。

1.批发商

批发是指将产品销售给那些为了再销售或再生产等商业用途而批量购买产品的组织或个人时所涉及的所有商业活动。例如，珠宝批发商将一些珠宝制造企业的产品聚集，并进行整理分类，批发给各个珠宝零售商，满足了零售商品种多、批量小的需求。

批发商作为渠道的中间环节，在渠道中起到承上启下作用，是连接制造商和中小零售商的桥梁，通过高效执行部分渠道职能，例如物流、融资等，能够提高渠道的效益和效率。

随着珠宝供应链日益完善，全国性珠宝品牌的品牌力不断增强，珠宝批发商的生存发展面临巨大挑战，特别是传统二级批发商的发展空间逐渐被挤压，珠宝首饰批发市场也随着二级批发商的没落以及网络购物的发展，出现不同程度的衰落或转型。主要的原因有：①珠宝渠道日益扁平化。激烈的竞争迫使生产企业渠道下沉，厂商通过数字化展厅、线上平台直接管理零售商，极大削弱了批发商的产品中转功能。②各大连锁珠宝企业加强对下游加盟商的管控力度，对批发商或省级代理的要求越来越高，渠道资源向头部中间商集中，实力相对较弱的二级批发商逐渐被淘汰。

2.零售商

零售是指向最终消费者销售产品和服务，满足个人消费者的需求和用于非商业用途所涉及的一切活动。无论是生产企业、批发企业，还是零售企业，只要销售产品给最终消费者，这种商业行为就是零售。

主要从事零售活动的企业称为零售商，在大多数渠道中起到非常重要的作用，它们直接决定了生产企业能否有效接触目标消费者，能否低成本、及时向消费者递送产品。零售商还为消费者提供商品展示、达成交易、三包保证、维修保养等售前、售中、售后服务，也提供附加服务，如品牌体验等。

为满足消费者多样化的购买需求，随着信息技术的发展以及物流等基础设施的完善，现代零售业态更加丰富多彩，并不断衍生出更多的零售形态，现有的主要零售业态如图9-2所示。

珠宝首饰作为高价值的选购品，其零售业态有其独有的特色。大多数消费者购买珠宝时，希望试戴、品鉴珠宝并接受珠宝顾问的专业指导，甚至参与珠宝定制，因此线下渠道占总渠道比例接近90%。其中，珠宝零售门店是产业发展以来的主要业态，分为独立品牌门店、购物中心门店、百货公司门店。另外，线下渠道还包括珠宝专柜、珠宝会所、珠宝大卖场等业态。银行作为珠宝的特殊渠道，是投资型黄金销售的主要渠道。

零售商类型
- 店铺零售：百货商场、超市、专卖店……
- 无店铺零售
  - 直复营销：电话、目录、电视、网络……
  - 直接营销
    - 单层次人员直销
    - 多层次人员直销
- 自动售货

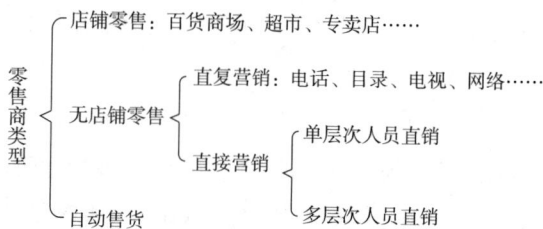

图9-2 零售商类型

无店铺零售以网络购物为主，基于淘宝、京东等电商平台的珠宝首饰网购发展得极其迅速，部分珠宝品牌的线上份额已经开始赶超线下渠道，有些基于线上零售的珠宝品牌取得了很好的业绩，例如钻石小鸟等。网络直播虽然占比不高，但发展势头迅猛，特别是翡翠玉石直播。

电视购物、直接销售以及自动售货的占比很低，但也是重要组成部分。随着电视媒体作用的弱化，电视购物需要思考转型之路。直接销售和自动售货随着信息技术的发展有了更多的创新形式，特别是自动售货，从珠宝自动售货机逐步升级为智能无人珠宝体验店，可能成为新零售的重要探索。

总之，线下实体门店目前仍是珠宝零售的绝对主力，大部分珠宝品牌均以"线下实体店铺为主，线上虚拟店铺为辅"的模式进行布局。但随着线下竞争的饱和，珠宝品牌未来更应积极开拓多种零售业态。

（三）消费者

消费者是营销渠道中最具影响力的成员。消费者是产品和服务的最终购买者，营销渠道的最终目标是满足消费者的需求，实现产品的销售，从而渠道成员才能够获得相应的利润。市场竞争激烈的今天，消费者是渠道的中心，实施消费者满意策略是渠道中每一个企业竞争制胜的关键。

消费者不仅是产品的购买者和渠道服务的接受者，他/她还可能是部分渠道功能的执行者，例如，消费者的珠宝首饰预订为珠宝企业融通了资金。消费者执行渠道职能能够帮助企业降低渠道成本，提高渠道的效益，另外，消费者参与渠道运作还可以提高和增强消费者的参与度和体验感，从而提高消费者满意度。

珠宝首饰由于专业性较强，大多是由企业提供服务，但消费者的自主服务有其独特优势：在网购中，消费者自主完成信息搜寻、付款等渠道职能，方便快捷，渠道成本低，能转换成低价格。珠宝首饰的自助终端或自助智能门店带给消费者全新的购物体验：消费者自己完成自助选购、便捷支付，购物效率高，智能试戴等功能使消费者无拘无束、畅快购物。

二、辅助商/机构

辅助商是指为渠道活动提供某些重要的支持性渠道职能，但不获得产品所有权的企业。由辅助商单独提供物流、保险、金融等渠道职能，可能比制造商或中间商更能给渠道带来更高的绩效，这是由于辅助商集中资源在有限的渠道职能上，可以获得规模化、专业化等经营优势，例如快递企业的物流服务、银行的金融贷款服务。

辅助商主要分为两类。

一类为功能型辅助商，包括运输、仓储、订单处理、加工装配等。以珠宝加工为例，由于珠宝原材料需要高额资金，只有大品牌有实力拥有原材料采购、设计、生产和销售一体的全产业链，中小珠宝品牌往往选择代工方式，因此珠宝加工、首饰镶嵌专业加工厂是珠宝产业的特色，例如专业从事钻石加工的服务企业。

另一类为支持型辅助商，包括金融、信息、公关广告、保险、咨询调研等。以金融为例，珠宝产业的高投资属性，决定了珠宝金融的重要性。

辅助商在珠宝产业链中占据非常重要的作用。深圳水贝等产业基地或者大型专业市场，其传统交易功能逐渐减弱，金融、质检、包装、物流等配套功能日渐完善，通过完善的产业服务来吸引珠宝企业。

第三节　营销渠道的设计与管理

渠道设计是渠道高效运作的基础，渠道管理是运作的保障，只有构建一条适合本企业发展的营销渠道，并对其进行精心维护，才能保证产品被快速、准确、低成本地送到目标消费者手中。

一、营销渠道的设计

由于渠道建立是一项长期工程，企业应当高度重视，并精心设计渠道结构。另外，随着企业内外部环境的不断变化，企业还应不断改进和完善渠道结构。科学渠道设计包括以下步骤。

（一）明确消费者渠道需求

渠道不仅保证消费者快速便利地获得产品，还提供给消费者其他重要的渠道服务，例如产品咨询、消费体验、维修保养等。

消费者的渠道需求因商品特性、消费者类型、消费者购买行为等因素的不同而不同：

第一，不同商品类型。珠宝首饰单价高，购买频率低，顾客选购珠宝首饰时比较谨慎，对珠宝的渠道服务要求很高。售前要求获得珠宝知识和产品资讯等；售中包括丰富的花色品种展示、良好的购物环境体验、提供试戴和定制服务等；售后服务包括珠宝首饰的维护保养，黄金等贵重商品的回收、以旧换新等。

第二，不同消费者类型。不同消费者的购买需求差异极大。例如年龄大的消费者更注重珠宝的可信度，偏爱在珠宝实体店购买，而年轻人追求时尚、便利性，更喜欢线上渠道、珠宝自助购货机等新渠道形式。

第三，即使是同一顾客购买，在不同购买情况下也会产生不同的渠道需求，例如，一个年轻女性，如果是日常购买珠宝首饰用以"犒劳"自己，她对品类丰富性、购买便利性有较高要求；如果为了结婚选购首饰，她更追求首饰的唯一性或代表意义，可能需要定制服务。

（二）制定渠道目标

企业应当根据目标顾客的渠道服务需求来制定渠道目标，并由此设计最佳的渠道结构，在满足消费者渠道需求的同时，尽量使渠道成本最低化。分销目标是对渠道要达到的目标所进行的说明，它反映了渠道满足消费者渠道需求以及达成企业整体营销目标的作用，是企业设计渠道结构的依据。

企业的渠道目标除了考虑目标顾客需求外，还会受到各种内外部因素的限制，大多数企业不可能满足消费者所有的渠道需求，企业必须取舍。主要的影响因素有以下两个方面。

（1）内部因素：包括企业资源和能力限制，企业的战略要求等。渠道作为营销组合策略的一部分，渠道目标将受到企业营销组合策略的总体目标以及其他策略的影响。

（2）外部因素：包括东道国的相关法律法规规定，相关零售设施、物流基础设施的完善程度，渠道中间商的能力和合作意愿，市场竞争的激烈程度等。

（三）制定备选渠道方案

在明确了渠道目标后，企业接下来应分析影响渠道结构的相关因素，在充分考虑这些因素制约的基础上，设计备选的渠道结构方案。

1.分析影响渠道结构选择的因素

（1）产品因素。产品特性是影响渠道结构的最基本因素，例如产品的体积、重量、易腐易损、危险性、单位价值、标准化程度、技术复杂性等。珠宝首饰价值高，专业性强，差异化程度高，因此珠宝渠道一般较短，对市场的覆盖面要求不高，重视渠道终端的形象展示。另外，珠宝品类不同，面对的消费人群不同，所采用的渠道也不相同。例如，银行是实物投资黄金的主要渠道，但是并不太适合销售其他珠宝首饰。

（2）市场因素。消费者的需求是渠道的核心动力，因此市场因素是渠道设计的首要因素，包括消费群体的规模和聚集度、消费者购买行为、消费者所处区域等。例如，一、二线城市人口密集，人数众多，经济收入水平高，商业设施发达，珠宝品牌能以较低的渠道成本获得规模市场，适合采用连锁珠宝门店或珠宝专柜等短而宽的渠道。

（3）企业自身因素。渠道结构必须适应企业的实际状况：一是企业的产品组合。珠宝是个性化商品，消费者希望在更多品种、款式中选择，如果企业的产品组合广，产品更新快，适合采用短渠道，开设珠宝专卖店是很好的选择；反之，如果企业产品较单一，最好通过中间商进行分销；二是企业综合实力。包括企业规模和资金、市场运作能力、企业声誉和管理才能等。如果企业实力强，较易挑选心仪的渠道，并能控制渠道，可以减少对中间商的依赖。

（4）中间商。中间商的相关状况（如资金实力、销售能力、行业经验等）一定程度上决定了制造商能够使用的渠道。主要因素包括中间商的可得性和配合度、使用不同中间商的成本、中间商能够提供的服务类型等。

（5）竞争者。企业的营销渠道受到竞争者渠道模式的限制，特别是强有力的直接竞争对手。企业可根据竞争战略的各种需要，采用不同类型的渠道来满足战略要求。例如，中小珠宝品牌为了回避直接竞争，另辟蹊径，采用网购等创新渠道。

（6）宏观环境因素。经济、人口、社会文化、政治、法律等宏观环境因素，特别是经济因素，会对可用的渠道结构产生限制。例如，随着经济收入的增加，消费者的珠宝价值观产生很大的变化，更讲究珠宝的品质、款式设计以及品牌度等，有更高的服务需求，如定制、购物体验等；又如，移动互联网的快速发展，催生了珠宝网络直播的快速增长。

2.设计具体的渠道结构

企业充分分析影响渠道结构的限制因素后，将以实现渠道目标为核心，设计合适的渠道结构。

首先，企业需要决定是否使用中间商以及在一条渠道中使用多少层不同类型的中间商，渠道形式从零级的直销到多层次的批发。珠宝首饰一般采用较短的渠道，以一级的珠宝门店直营和二级的批发或加盟渠道为主，如鸳鸯金楼"省代加直营"的渠道模式。

其次，企业还应明确在每个渠道层级使用多少数量的中间商，有三种宽度策略可供选择：密集性分销，独家分销，选择性分销。由于珠宝是价值高的选购品，因此企业主要采用选择性分销，对高端珠宝首饰可能采用独家分销。

最后，现代渠道结构大多属于多渠道系统，企业采用几种不同类型的渠道接触消费者，满足消费者多元化的购物需求。例如，周大福拥有直营珠宝门店、特许加盟门店、基于电商平台的网络旗舰店、电视购物、合作银行等多种渠道形式。

（四）评价备选渠道方案

有了数个可行的备选方案后，企业需要从中选择适合企业自身状况以及满足企业长期战略目标的最终方案，主要的评估指标基于经济性、可控性、适应性三个原则。

（1）经济性。渠道建立的根本目的是满足目标顾客的需求，并保证企业能够获得更高效益。因此，经济性标准是渠道选择的首要标准，企业需要比对各个渠道需要的投资，能带来的回报。衡量指标包括投资成本、潜在效益、销售成本以及盈利能力等。

（2）可控性。制造企业选择与渠道中间商分工合作，必然要让渡一部分渠道控制权，作为独立组织的中间商，在追求自身利益最大化的同时，会与制造企业产生一定冲突。为防止渠道利益受损，制造企业应尽可能保有一定的渠道控制权。

（3）适应性。渠道需要保持一定的稳定性和持久性，但环境多变，可能导致原来理想的渠道结构不适应未来发展，因此，渠道结构应当能够根据环境的变化灵活调整，即要求渠道具有一定的环境适应性。

主要的渠道评估方法有经验法、产品特性与平行系统法、财务法等。

二、营销渠道的管理

设计和管理是确保渠道有效运营不可分割的两个部分。营销渠道管理是指企业为实现渠道目标，通过一系列渠道管理手段，整合和规范渠道成员的行为，确保成员之间能够分工合作、协调配合的管理过程。

实施渠道管理要求企业精心挑选、管理和激励每个渠道成员，协调成员之间出现的渠道冲突，并定期评估渠道绩效，根据评估结果及时调整和改进渠道。

（一）选择渠道成员

选择合格的渠道成员是渠道管理的起点，也是首要任务。制造企业需要慎重选择和获得合格的渠道成员：首先，完美的渠道结构需要企业与各个渠道成员的配合才能实现，渠道成员的绩效直接决定了渠道的绩效，以及能否实现渠道的既定目标；其次，随着渠道关系营销日益重要，渠道成员应成为企业的长期合作伙伴。尤其是分销密度小的渠道结构，如区域独家，该区域内的渠道成员直接决定了所在区域的渠道目标能否实现，更需要精心挑选。例如周大生的省代模式，省级代理商获得周大生总部的全权授权，在指定区域发展周大生加盟店，并为本省加盟商供货及提供账期支持。

有些企业选择渠道成员比较简单，基本上只考量中间商的实力——规模大、资金实力强、行业经验足、客户数量多，这样的招商标准在黄金珠宝行业很普遍。这是因为黄金珠宝价值高，运营成本很高，仅是一次性铺货资金和门店装修等投入平均在500~1000万元。但是如果珠宝企业对中间商的考量仅限于资本实力，忽略了信用、管理能力等影响渠道长远发展的指标，后期可能无法有效控制中间商，从而危害渠道运营。

珠宝首饰企业必须根据企业内外部的实际情况制定科学的评价体系，科学选择渠道成员。选择中间商常用的评价指标有：行业经验、资金实力、销售能力等经营实力指标；信用和财务状况；中间商目前经营的产品线组合；组织管理能力；与制造企业合作的意愿；分销商对商品的营销思路。

（二）管理和激励渠道成员

每个渠道成员都是独立组织，有自己的盈利目标以及不同的盈利模式。它们与制造企业之间不是隶属关系，而是平等的合作关系，渠道管理更多是组织之间的管理，即跨组织管理，传统的组织内部管理手段不适合渠道管理，管理难度更高。因此，企业有必要采用多种方式对渠道成员进行有效控制和激励，确保渠道成员愿意长期合作，共同建立起符合彼此利益的价值递送网络。

1.渠道控制

渠道控制是指一个渠道成员对另一个渠道成员的行为和决定变量施加影响的过程。渠道控制的根本目的是通过合理控制渠道成员行为，确保渠道的整体利益和长远利益。

企业采用不同模式的渠道会影响企业对渠道的控制能力。例如，珠宝企业常用的线下渠道模式是直营或加盟。直营店属于珠宝企业的资产，直营店能充分遵守总部的营销政策，维护企业价格体系、品牌形象；越来越多的珠宝企业采用特许加盟或者省代+加盟模式，加盟模式导致企业对渠道的控制力明显削弱。

2.渠道激励

除了必要的控制来约束渠道成员行为外，企业还必须通过合理的激励引导渠道成员，促使成员积极主动配合渠道工作，这样才能建立长久的合作关系。

渠道激励，是指制造企业为促进渠道成员完成渠道目标而采取的各种促销和激励行动。渠道的激励形式多种多样，总体上可以分为直接激励和间接激励。

（1）直接激励。直接激励通过直接物质和金钱的奖励来提高渠道成员的积极性，是渠道中常见的基础激励形式。由于直接让利于渠道成员，见效快、简单直接、易于操作，尤其适合激励中间商的短期行为。主要形式有返利、折扣、市场支持、各种补贴等。例如，珠宝消费有节日属性，厂家可以结合每年春节、情人节等重大节日，给予加盟商价格促销政策。

（2）间接激励。间接激励通过帮助渠道成员进行销售管理和提高销售能力，从而提高其销售效率和效益，达到激发中间商积极性的目的。间接激励能够提升中间商的核心竞争力，对中间商的长远发展更为有利。常见的间接激励形式有：改进库存管理和产品品类管理，提供产品、品牌、技术等培训，协助经销商进行人员培训培养，协助开发客户等。

（三）渠道评估和渠道调整

由于企业内外部环境不断变化，企业必须定期评估渠道运营情况，检查渠道成员的绩效，及早发现问题，有针对性地进行渠道的改进和调整，甚至是渠道的重新设计，以保证渠道的运作效率和效益。

渠道评估包括渠道整体绩效和渠道成员绩效评估，标准主要有：渠道盈利能力评估，主要包括渠道成本、渠道净利润、资产管理效率（资金周转率、存货周转率）；渠道效果评估，包括渠道销售收入、市场占有率、渠道覆盖面、渠道流通力等；对顾客的服务和技术支持能力评估；渠道成员的销售业绩、销售能力、库存状况评估。

根据渠道评估后存在的问题，企业应有针对性地进行渠道的改进和调整，可以是微调，例如渠道成员的增或减，也可能是渠道结构的重大调整，甚至是重新设计。

第四节 全渠道设计与珠宝首饰营销

珠宝首饰行业的激烈市场竞争使得珠宝门店基本饱和，线下渠道拓展困难。网络购物的发展给珠宝企业线上渠道带来较快扩张，但是网购缺乏体验等特性制约了其发展步伐。随着新零售和体验经济的到来，珠宝首饰行业的全渠道时代已经拉开了帷幕。

一、全渠道的内涵

渠道模式的演变是顺应市场内外部环境变化的结果。图9-3简单总结了四种渠道模式的演化路径。

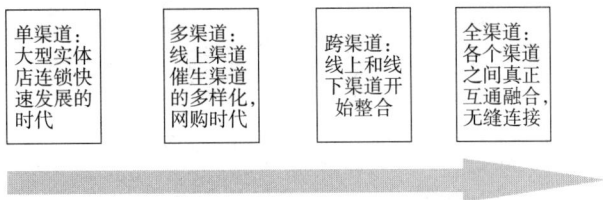

| 单渠道：大型实体店连锁快速发展的时代 | 多渠道：线上渠道催生渠道的多样化，网购时代 | 跨渠道：线上和线下渠道开始整合 | 全渠道：各个渠道之间真正互通融合，无缝连接 |

图9-3 渠道模式演化路径

从O2O到全渠道、新零售概念的普及，全渠道的快速发展一方面源自新一代主流消费者的需求，另一方面来自大数据、云计算、AI技术、物联网等成就的智能零售，全渠道是未来零售模式的必然趋势。

拓展阅读9-2 全渠道是零售模式发展的必然趋势

（一）全渠道的定义

全渠道是指以消费者为中心，借助大数据、人工智能、区块链、物联网等先进技术手段，对线上渠道和线下渠道资源实现全购物过程的整合，满足消费者任何时候、任何地点、任何方式的购买需求，为消费者提供购物、娱乐和社交于一体的全方位、综合购物体验。

简单来说，全渠道的构成要点包括三方面：以消费者为中心；数字化为基础；多渠道的有机融合。

珠宝首饰全渠道所涉及的渠道有：

线下渠道：包括珠宝门店（自营店和加盟店）、珠宝专柜、珠宝会所、珠宝大卖场、银行合作渠道、自助售货终端等。

线上渠道：基于第三方电商平台（如淘宝、京东、拼多多等）的自营旗舰店或者其他网店；基于企业自营平台的官方B2C商城、手机商城、自建App商城等；基于社交媒体平台的即时沟通工具（如微信、QQ等）、博客、视频网站（抖音、快手等）。

这些渠道通过资源交换、虚拟整合等多种手段融合成一个完整的系统，帮助消费者实现最优产品购买和体验过程，提供最便捷的服务通道。

全渠道的模式如图9-4所示。

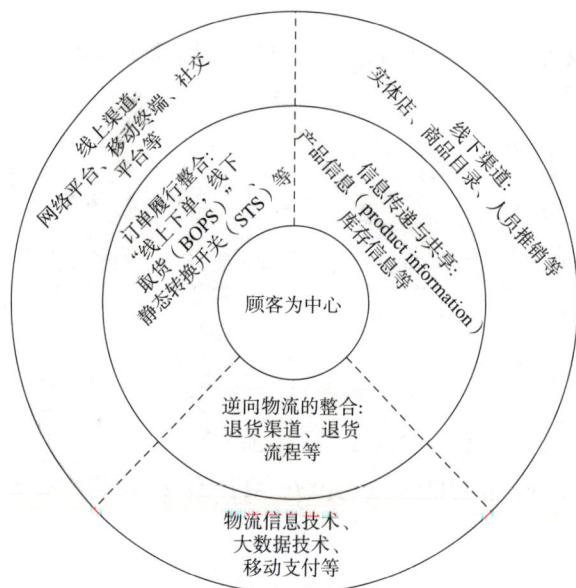

图9-4　全渠道的概念模型

资料来源：王虹，孙玉玲，石岩然．全渠道零售研究述评与展望[J]．商业经济研究．2018（24）：10-12．

（二）全渠道的特征

全渠道的"全"主要体现在全程、全面、全线三方面：

（1）全程。消费者从接触商品到最终购买消费的过程中有五个关键环节——信息搜寻、方案比较、下单购买、消费体验以及分享，零售企业必须全程追踪消费者购物行为的关键节点，保持与顾客的接触，根据消费者偏好快速反应，为消费者提供良好的购物体验。

（2）全面。企业应该跟踪和积累消费者购物全过程的数据，全方位把控消费者整体消费行为，包括实时收集、整理和分析顾客在购物过程和社交过程中的数据，关注消费者在每个购买决策中的变化，为顾客购买决策提供个性化建议，促成消费者的购买行为。

（3）全线。企业应该打通各个渠道之间的壁垒，促进各条渠道的有机融合，形成一个有机的全渠道系统，从而确保消费者在整个购买流程中实现线上、线下、媒体等任意渠道之间的随意切换，为顾客创造时时处处可购物的消费场景以及无渠道差异感的消费体验。

（三）全渠道的本质

现代渠道已经从以商品或渠道为中心真正转变为以消费者为核心，市场由供给驱动型转化为消费驱动型。新零售通过运用数字经济、互联网、人工智能等手段，对传统商业运营模式当中的人、货、场关系进行重塑。

人：人是全渠道的核心。人不仅指消费者，还包括参与零售环节，与消费者建立连接的零售组织以及重要人员，如导购、店长、零售企业内部管理者等。首先，今天的渠道以消费者为中心，企业必须给消费者提供随时、随地、随心的购物渠道和服务体系，提高消费者购物体验度。其次，以消费者为核心的实现离不开零售环节的重要经营者，他们能精准把握消费者需求，提供给消费者优质服务体验。

货：货是全渠道的价值实现。"货"已经从原有的商品概念向全方位的价值创造及消费体验转变。首先是满足消费者需求的货品组合，随着大众化消费向小众化消费转变，企业洞悉消费者需求，以提供个性化商品和个性化服务至关重要；其次是商品的品质，珠宝首饰是贵重商品，企业要确保黄金珠宝材质的真实性、原料的可追溯性、质量的可靠性、价格的合理性等。再次，珠宝首饰的个性化和情感特性要求珠宝品牌能够鼓励和促进消费者参与，提供个性化定制服务；最后，珠宝的高体验度要求企业能够提供给消费者多种沉浸式体验，包括珠宝鉴赏、试戴、知识学习、参与制作等。

场：场是全渠道的驱动力。购物场景就是"触点"，是消费者与商品接洽的工具。现在的"场"不再局限于线上线下的零售终端，还包括新媒体和传统媒体等，它正向泛零售、多元化场景转变。场景泛指一切与消费者连接的情景，消费者生活中的某个环节、某种生活方式、某种特定需求都可能创造一个特定场景，消费者期待随时随地进行"场景式触发购物体验"。可以说，消费场景无处不在。特别是像珠宝首饰这类非刚需、低频购买的商品，企业必须方便、自然地把"触发"购物冲动的各种场景有效转换为"零售场景"，有效提高销售转化率。

二、全渠道模式

全渠道这几年总体上呈现出快速发展的态势，全渠道模式多种多样。2018年10月，沃尔玛、京东、京东到家、腾讯联合发布了《中国零售商超全渠道融合发展年度报告》，报告中提出了三种模式：基于供应链效率提升的全渠道融合模式；基于消费体验重构的全渠道融合模式；基于消费场景延伸的全渠道融合模式。其中前两种模式很适合珠宝首饰零售，以下简单介绍一下这两种模式以及珠宝品牌的全渠道实践。

（一）基于供应链效率提升的全渠道融合模式

全渠道供应链协同以高效响应顾客的无差异消费体验为目标，把市场由供给驱动型转化为消费驱动型，通过线上线下渠道融合实现信息流、资金流、物流之间的有机衔接与融合，使得生产、流通、服务等过程更加高效，是供应链的全方位融合提升。

智能供应链将以大数据、人工智能等信息技术为依托，实现信息共享、协调同步并有效整合供应链资源，把综合感知用户需求、智慧指挥协同、客户精准服务、智能全维协同、重点聚焦保障等要素集于一体，使各个系统在信息主导下协调一致的行动，从而使服务变得更精准，使供应链变得更透明、柔性和敏捷，使各个相关职能更加协同。

对于珠宝首饰企业，由于珠宝的贵重属性，消费者购买行为复杂，很难预测市场反应情况，而珠宝库存成本高，如何实现供需匹配是珠宝企业面临的难题。因此，全渠道融合的前提是供应链的重构。例如，周大福珠宝的"以销定产"生产线，主要生产集团所有的高频销售及畅销产品。生产线自动捕捉某款产品畅销的信息，并结合旺季、重要节日等参考数据，对零售店进行自动化配货，同时自动给工厂下制造订单，补充中央库存。这种"快销、快补、快产"的方式，减少了零售店库存，有效解决了供需匹配的难题。

（二）基于消费体验重构的全渠道融合模式

基于消费体验重构的全渠道融合模式，核心在于通过线上线下融合以及众多零售科技的运用，实现消费者到店体验的优化和门店效率的提升。主要有两种路径：一是对现有门店实现数字化的创新升级，这种方式成本相对较低，可以迅速实现规模化的复制和扩张；第二种路径是运用各类零售科技，以及多种业态有机结合（如超市+餐饮），打造商超新物种，如盒马鲜生。

线下渠道（特别是珠宝门店）是珠宝首饰品牌的主渠道，因此第一种路径非常适合珠宝企业，目前主要的做法有：

（1）运用AR、AI等技术实现珠宝门店的智慧化升级，提升消费者的体验感。例如，周大福在4000多家门店设置无线射频识别技术（RFID）的智能奉客盘，通过大数据的分析处理，更精准链接多样化客群；周大生的智能体验店通过"智能魔镜"的AR交互技术，为客户提供"虚拟试戴"、交易下单和商品推荐等服务。

（2）线上和线下数据、运营的全面融合，实现渠道间的无缝连接，给消费者提供"一站式购物"服务。例如，周大福在实体店设置了云柜台，实体店的订单可以连接至电商平台，缩短了交易时间，还给消费者提供了线下和线上均可购物的选择。

（3）借助各种智慧零售应用，通过扩张多元化场景增加与顾客的接触点，并有效实现线上向线下门店的引流。例如，微信小程序"云商365"，是周大福的私域行销工具之一，"云商365"可以直接连接至网络旗舰店，为员工提供简单的顾客管理工具，也让顾客随时随地享受一站式体验，已触达500万位顾客。

经过几年的发展，珠宝首饰的线上、线下渠道融合已经具备了一定基础，全渠道将是珠宝首饰品牌获得竞争优势的核心。

本章小结

营销渠道是促使产品或服务顺利地被使用或消费的一整套相互依存的组织，是连接制造企业与消费者的桥梁。渠道的主要职能包括：信息、匹配、促销、物流、所有权转移、融资、风险承担。

营销渠道结构是指渠道系统由哪些不同类型的、多少数量的成员构成以及各成员之间的关系，可以从三个维度来描述：长度是指一条渠道中有多少层中间商环节来构成；宽度是指渠道某一层级上使用中间商数量的多少；广度是指企业使用多少种不同类型的营销渠道将产品分销给一个或多个细分市场。

营销渠道是由一系列类型不同、作用不同的成员构成，它们执行不同的渠道职能，分工合作，共同完成渠道运作。按照渠道成员是否取得产品所有权分类，可以分为基本渠道成员和辅助机构，包括制造商、中间商、消费者以及物流、金融等相关辅助机构。

渠道建设是一项长期工程，企业应精心设计渠道结构，并根据环境的变化，不断改进和完善渠道结构。渠道设计需要分析目标消费者的渠道需要、制定渠道目标、制定主要的渠道结构备选方案，并评估这些方案。

营销渠道管理是指企业为实现渠道目标，通过一系列渠道管理手段，整合和规范渠道成员的行为，确保成员之间能够分工合作、协调配合的管理过程。实施渠道管理要求企业精心挑选和激励渠道成员，协调成员之间的渠道冲突，并定期评估渠道绩效，根据评估结果及时调整和改进渠道。

激烈的市场竞争、新一代消费者的个性追求、信息技术的发展等多方面原因，促使珠宝首饰企业开始进行全渠道建设。本章重点探讨了全渠道的含义、要点和本质，并根据珠宝首饰行业的特点，重点介绍了全渠道的两种模式。

重要名词

营销渠道　渠道长度　渠道宽度　密集分销　独家分销　选择性分销　渠道广度
多渠道　批发商　零售商　渠道成员选择　渠道激励　渠道控制　全渠道

复习思考题

1. 简述营销渠道的概念及其职能。

2. 密集分销、独家分销、选择性分销各有什么优缺点?

3. 影响营销渠道结构设计的因素有哪些?

4. 渠道激励的主要形式有哪些?

5. 什么是全渠道? 以某家珠宝企业的全渠道模式为例,谈谈全渠道与传统渠道模式的区别有哪些?

6. 以某家企业为例,简述其渠道结构,并谈谈其未来渠道变革的方向。

章后测练

第十章 珠宝首饰定价策略

本章提要

　　通过本章学习，可让学生掌握珠宝首饰定价原理与方法，了解制定有关策略时需综合考虑的相关因素，以及企业对市场变化的应变策略。

章前引例 　　高级珠宝供不应求，卡地亚应声涨价

第一节　珠宝首饰定价原理与方法

一、珠宝首饰产品的价格构成

　　珠宝首饰产品的价格由生产成本、流通费用、利润和税金四部分组成。生产成本主要包括原材料、生产设备及厂房磨损、切磨加工过程中应付劳动者报酬等。流通费用是指运输、保管、挑选等劳动过程中产生的费用。

二、珠宝首饰产品的定价目标

　　产品的定价目标要以经营目标为依据，通过判断和调节产品价格来实现企业的经营目标，可以归纳为竞争目标、利润目标和经营目标三大类。

（一）竞争目标

　　企业为了稳固市场占有率，避免不必要的竞争，可以选择稳定市场价格作为定价目

标。这样能够在市场供求关系稳定的情况下，保证企业获得合理利润。

从提升市场占有率的角度出发，企业一般选择低价策略，提升整体竞争力。需要企业具备大量生产的能力，通过产量增加降低单位产品成本。

（二）利润目标

企业一般期望通过制定较高的价格，以获取最大利润。采取这种定价目标要求企业必须不断提升产品质量和服务水平，从而保证在市场中处于有利地位。在考虑短期利润的同时，企业也要注重长期利润的最大化。

投资利润率也可作为企业的定价目标，企业以产品成本＋收益额作为最终定价，有利于企业在预定时间内取得既定投资回报率。

企业经营的过程中存在满意利润，即指能使企业经营者和管理者满意的利润水平。满意利润并不是企业的主观预期利润，会随着市场、供求关系发生改变，是一种稳健的定价目标。

（三）经营目标

维持基本经营是企业生存的最低目标，此时企业的定价趋于保本点。在珠宝首饰产品供过于求时，许多企业，尤其是负债经营的企业会采取这种定价目标。

三、珠宝首饰产品的价格影响因素

（一）成本因素

成本费用决定了产品的最低价格，可将其进一步分为固定成本和可变成本。固定成本是指在一定生产经营规模范围内，不随产品种类、数量发生变动的成本，例如设备折旧、场地租金、管理人员工资等。可变成本则会随业务量发生变化，主要包括原材料、生产工人工资、部分市场营销费用等。

珠宝零售企业主要考虑商业成本，即零售商经营所发生的费用总和，由进货价格和流通费用构成。

（二）需求因素

产品价格会受到需求影响，需求量对于价格变动的敏感程度称为需求价格弹性，具体公式如下：

$$需求价格弹性=需求变动百分比/价格变动百分比$$

当需求价格弹性<1时，表示产品缺乏弹性，大多数的生活必需品属于这种情况。替代性低的商品，其价格弹性同样较低。

当需求价格弹性>1时，表示产品富有弹性，珠宝首饰产品就属于这种情况，企业可通过降价的方式刺激需求。

一般来说产品的价格与需求呈反方向变动。价格提高，市场需求将会减少，价格降低，市场需求则会增加。但也存在例外情况，像奢侈品、香水等体现消费者身份地位的产品，需求量有时会随价格升高而增长。

（三）竞争因素

市场竞争的激烈程度，会影响企业制定价格的策略。根据情况可将市场分为完全竞争市场、不完全竞争市场和完全垄断市场三种情况。

完全竞争市场是一种理想化的情况，在这种市场中，卖家和买家均大量存在，且不同商家的产品没有任何差异。买卖双方都能充分获取市场信息，都不能对产品价格产生影响。

完全垄断市场是指某种商品的供应完全由一家企业掌握，交易的价格与数量完全由垄断者单方面决定，这种情况在现实中同样少见。

不完全竞争市场介于完全竞争市场与完全垄断市场之间，这种情况下买卖双方都无法充分获得市场信息，少部分卖方或买方对市场价格有着较大影响，各商家间的商品存在一定差异。

目前国内的珠宝市场属于不完全竞争市场，各珠宝企业的商品类似，但存在一定差异，行业进入门槛低。这种市场的竞争非常激烈，企业要了解对手的价格策略，分析自身在市场中的定位，通过产品研发、提升服务质量与管理水平从而赢得市场。

（四）消费者因素

企业在制定价格时要考虑目标消费人群的心理，谨慎制定价格。面对陌生的珠宝首饰产品，消费者有时会认为价格与品质相挂钩，价格越高的产品质量也越好，定价过低也会影响产品的销量。

企业品牌的知名度也是影响消费者心理价位的因素之一，通常同样种类的产品，一流品牌的价格要比三流品牌高30%左右。

（五）产品因素

产品因素是制定价格的基础，必须考虑产品定位、工艺、质量等方面。品牌的知名度、销售渠道同样对最终的价格产生影响。

四、珠宝首饰定价方法

定价方法是指企业根据特定的定价目标，综合各类价格影响因素的实际情况，计算产品价格的具体方法，通常从成本、需求、竞争三个方面进行考虑。

（一）以成本为中心的定价方法

（1）成本加成定价法。这种定价方法以成本为中心，应用较为普遍，具体做法是在产品成本基础上加一定的利润来制定价格。

（2）目标收益率定价法。这种方法是根据企业的总成本和预计总销量，确定目标收益率后制定价格，具体公式如下：

单价=（固定成本+单位变动成本×产品数量+目标利润）/产品数量

以成本为中心的定价方法过于注重成本因素，忽略了市场需求、消费者心理、竞争激烈程度等其他因素，企业的实际产销量、经营成本都是不断变化的。因此，以成本为中心的定价方法不能让企业获得最大利润。

（二）以需求为中心的定价方法

（1）理解定价法。这种方法以消费者对珠宝首饰产品的价值观念为依据制定价格，企业需要做好市场调查，了解消费者偏好。在后续经营中，企业可以利用多种营销手段影响商品在消费者心目中的地位。

（2）区分需求定价法。根据需求的不同，对同种商品制定不同的价格，可以将消费人群、产品款式、时间、地点等作为依据。采用这种方法要保证消费者的需求强度是可以区分的，并且价格差异不会引起排斥。

（三）以竞争为中心的定价方法

（1）随行就市定价法。企业依照行业平均价格水平制定自己的价格，这种价格容易被消费者接受，并且能够避免市场竞争带来的风险。

（2）主动竞争定价法。企业根据自身产品的状况、与竞争对手的差异来制定价格。

拓展阅读10-1　　珠宝配饰行业线上价格带

第二节　珠宝首饰定价策略

定价策略是指企业依据预期经营目标，根据内、外部环境，针对产品或服务选择最优定价目标时应采取的措施或战略。

一、新产品定价策略

新产品能否取得成功，定价起到关键作用，大致分为撇脂定价策略、渗透定价策略和满意定价策略。

> 拓展阅读10-2　　复购率40%，DTC珠宝品牌Mejuri有何定价策略

（一）撇脂定价策略

撇脂定价策略指新产品在最初上市时制定较高价格，帮助企业在短期内迅速获取利润，收回产品研发成本，如同取走热牛奶最精华的油脂一样。这种定价方法有利于企业后续的主动降价，吸引潜在需求者，保持竞争力，但高利润也会刺激竞争者加入。

（二）渗透定价策略

渗透定价策略指在新品投放市场初期，制定较低价格获取高市场占有率和效率，具有较强渗透性。低价会刺激市场需求，实现薄利多销，并且能够抑制潜在竞争者的进入。这种方法由于价格较低，投资回收期较长，价格空间较低，无法应对短时间内需求与竞争的剧烈变化。

（三）满意定价策略

满意定价策略介于上两种策略之间，制定适中的价格，兼顾企业、消费者、中间商等各方利益。中等价格比较保守，不适用于复杂多变的市场，一般用于需求价格弹性较小的商品，如生活必需品和重要的生产资料。

二、心理定价策略

消费者心理活动丰富，心理定价策略就是利用不同的心理特征进行定价，从而促使

消费者产生购买行为。

（一）尾数定价策略

尾数定价策略是指企业在制定价格时以零头数结尾，而非整数，例如100元定价为98.86元。首先，零头数能让消费者认为价格经过精确核算，增加信任感。其次，尽管98.86元只比100元少了不到2元，但购买者会产生便宜的感觉，这一点在日用品中更加明显。

（二）整数定价策略

与尾数定价策略相反，以整数作为价格结尾，一般适用于高档商品、礼品、名牌商品等。例如998.86元的商品定价为1000元，价格由3位数上升为4位数，让消费者认为商品质量更好。

（三）分档定价策略

企业将同种商品，按照质量、样式、规格等进行分类，按不同档次进行定价。顾客在购买时根据价格对产品品质进行判断，提高企业营销效率。

（四）声望定价策略

对于在消费者心目中有一定声望的产品可以制定较高的价格，这就是声望定价策略的原理。消费者在购买这类产品时更注重满足感，而不是性价比。

（五）招徕定价策略

招徕定价策略是指企业迎合消费者求廉心理，对部分产品降低定价，以此吸引顾客购买。该策略以引流为主要目的，从而促使正常定价产品的销售。在珠宝企业中常用到这种定价策略，一些企业会降低贵金属首饰的定价，吸引顾客购买，促进镶嵌类产品的销售，提高企业总体经营利润。

三、折扣定价策略

折扣定价策略是企业利用打折吸引消费者购买自己的产品，达到提高销量、市场占有率的目的。

（一）数量折扣

当顾客消费达一定数量时，企业给予折扣，一般数量越高，折扣力度越大。数量折扣又可进一步分为累进折扣和非累进折扣。累进折扣是指顾客在一定时期内消费达规定数量，给予对应折扣，而非累进折扣则需单次购买达规定数量。珠宝首饰行业中有时会用赠品、抽奖的形式代替折扣。

（二）季节折扣

季节折扣是指企业为鼓励顾客提早或在淡季采购而给予的一定折扣，以此加速资金流转。对于珠宝行业来说7、8月份一般为淡季。

第三节　珠宝首饰调价策略

竞争环境、供需变化、成本上涨等因素都会对价格产生影响，因此企业需要不断调整产品价格，以保证市场占有率。

一、珠宝首饰产品提价

成本、税收、供需关系、竞争者价格变动等都是企业提价的原因，但价格提高势必会对消费者心理、产品销量造成影响，因此企业需要采用适当的提价策略。通常提价的方式分为明涨、暗涨两种。

明涨是指企业直接提升产品价格，例如金价由360元/克上涨为400元/克，企业直接提高有关产品的价格。暗涨则是指企业在价格不变的情况下，调整产品参数、制作工艺、减少销售服务等，在保证售价不变的情况下，降低产品成本。还可以利用折扣浮动、营销策略调整来实现。

企业应尽量选择间接提价，将可能的不利影响降到最低。在对产品本身进行调整时，企业应保证产品质量，辅以营销和产品策略，避免因提价引起消费者不满，维护企业形象及美誉度。

为了保证提价策略顺利实施，企业可以在旺季、产品成长期进行提价，保证优势竞争地位，避免因提价影响销量。监控竞争者，分析其提价目的、应变措施也是非常必要的。

二、珠宝首饰产品降价

生产能力过剩、提高市场占有率、市场竞争加剧等是企业降价的主要原因，但对于珠宝首饰产品来说，降价只能是一种短期行为。首先，频繁降价会影响消费者心理，他们不愿再以正常价格购买商品。其次，频繁降价对于企业信誉度、品牌长远发展有很大负面作用。企业应当有序降价，在行业中找准定位，形成特色，这才是发展的根本之道。

> **拓展阅读10-3**　　钻石销售停滞，戴比尔斯被迫降价10%

第四节　珠宝首饰估价策略

一、钻石评估

（一）影响钻石价值的主要因素

钻石分级在国内外都有成熟的分级体系，尽管不同标准间存在差异，但都是以钻石4C作为依据，即从颜色（Color）、净度（Clarity）、切工（Cut）和质量（Carat Weight）4个方面对钻石进行评价。

我国《钻石分级》标准于1996年制定，前后经过3次修订，现行标准为《钻石分级》（GB/T 16554–2017），如表10-1所示。国外较有影响力的钻石分级标准的制定机构有美国宝石学院（GIA）、比利时高阶层钻石议会（HRD）、国际珠宝联合会（CIBJO）、国际钻石委员会（IDC）等。

1.颜色

无色至浅黄（褐、灰）色系列钻石分为D、E、F、G、H、I、J、K、L、M、N、＜N，共12个级别，亦可用数字90~100，以及＜90表示。其中D~F色级几乎没有颜色，G~J色级略带浅黄色调，H色级以下黄色调会逐渐加深，而K色级及以下黄色调较为明显，如表10-1所示❶。钻石的大小、荧光会对分级结果产生影响。

---

❶ 张蓓莉.珠宝首饰评估[M].2版.北京：地质出版社，2017.

表10-1　我国与国际主要钻石颜色分级体系对照表（无色–浅黄色系列未镶嵌钻石）

颜色描述	中国国家标准	GIA	CIBJO	IDC	HRD
无色 Colorless	D	100	D	极白+/特白　Exceptional White	
	E	99	E	极白/特白　Exceptional White	
	F	98	F	优白+/上白　Rare White	
近无色 Near colorless	G	97	G	优白/上白　Rare White	
	H	96	H	白　White	
	I	95	I	微黄白/较白　Slightly tinted white	
	J	94	J		
微黄 Faint yellow	K	93	K	浅黄白/次白　Tinted white	
	L	92	L		
	M	91	M	浅黄1 Tinted color 1	
非常浅的黄 Very light yellow	N	90	N		
	<N	<90	O	浅黄2 Tinted color 2	
			P		
			Q	浅黄3 Tinted color 3	
			R		
浅黄 Light yellow			S		浅黄/带色调 Tinted color
			T		
			U		
			V	浅黄4 Tinted color 4	
			W		
			X		
			Y		
			Z		

2.净度

根据我国钻石分级标准，钻石净度划分为五个大级、十一个小级，如表10-2所示。LC级别在10倍放大条件下未见内外部特征，可细分为FL、IF两个等级。其中FL级内外部均无特征，IF级仅内部无瑕。VVS级别在10倍放大条件下具有极微小的内、外部特征，VS级别也较难观察。当净度级别达到SI时，利用放大镜很容易就能观察到内外部特征。再降低到P级时，肉眼便可观察到明显的内外部特征。

表10-2 我国与国际主要钻石净度分级体系对照表

净度描述	中国国家标准		GIA	CIBJO		IDC	HRD
	0.47ct以下	0.47ct以上		0.47ct以下	0.47ct以上		
无瑕 Flawless	LC	FL	FL	LC	LC	LC	LC
内部无瑕 Internally Flawless	LC	IF	IF	LC	LC	LC	LC
极轻微瑕 Very Very Slightly Included	VVS	VVS1	VVS1	VVS	VVS1	VVS1	VVS1
	VVS	VVS2	VVS2	VVS	VVS2	VVS2	VVS2
轻微瑕 Very Slightly Included	VS	VS1	VS1	VS	VS1	VS1	VS1
	VS	VS2	VS2	VS	VS2	VS2	VS2
微瑕 Slightly Included	SI	SI1	SI1	SI	SI1	SI1	SI1
	SI	SI2	SI2	SI	SI2	SI2	SI2
有瑕 Included	P	P1	P1	P	P1	P1	P1
	P	P2	P2	P	P2	P2	P2
	P	P3	P3	P	P3	P3	P3

3.切工

钻石切工对火彩有很大影响，从比率、修饰度两个方面对加工工艺进行评价。比率是指各部分相对平均直径的百分比，包括台宽比、冠高比、腰厚比等。修饰度又分为对称性和抛光两个方面。对称性是指对切磨形状精确程度的评价，包括刻面位置、对称排列等。抛光是指对因切磨抛光产生的外部特征对表面完美程度的影响的评价。

切工比率、对称性和抛光分为5个级别，具体为极好（Excellent，简写EX）、很好（Very Good，简写VG）、好（Good，简写G）、一般（Fair，简写F）、差（Poor，简写P）。市场上常讲的3EX切工是指这三方面评价都能达到EX等级。

4.质量

我国计量标准规定，钻石的质量单位为克（g）。商贸中常用克拉（ct）、分（point）作为单位，换算关系为：1克拉=0.2克=100分。钻石质量存在明显的克拉溢价，即每逢整克拉数时钻石价格有明显提升。

（二）钻石估价

Rapaport Diamond Report 是钻石价格信息的重要来源，可以作为交易价格的参考，实际成交价格需要根据钻石品质、市场需求、交易时间等因素在此基础上进行调整。

1.*Rapaport Diamond Report* 内容

Rapaport 报价单根据质量区间划分为不同表格，纵列为颜色等级，横行为净度等级，表格中的数字乘以 100 即为对应颜色和净度的克拉单价（美元）。

（1）形状。分为圆形（Rounds）和梨形（Pear）两种，在报价表最上部、日期的下方会明确标明。

（2）质量。报价单中圆形钻石的质量范围为 0.01~10.99ct，梨形钻石为 0.18~5.99ct，10.00~10.99ct。6~9ct 的梨形钻石基于 5ct 的报价进行折算，每月会公布大致推算方法。3ct 以上，高色级、净度的钻石往往会在报价单基础上产生溢价。

（3）颜色和净度。Rapaport 报价单遵照 GIA 分级标准，颜色为 D~M、净度为 IF~I3。净度方面增加了 SI2 与 I_1 之间的 SI_3，该等级未经 GIA 认可。对于 0.25ct 以下的钻石，不对颜色和净度进行细分，通常整包出售。

（4）价格指数。价格单位为百美元/克拉，涨价以粗体表示，下跌用斜体表示。对于 0.3ct 以上的钻石，表格下方会有 W 和 T 两个指数。W 是指该质量范围内，所有优质钻石（D~H、IF~VS$_2$）的克拉平均报价。T 是指该质量范围内所有钻石的总平均报价。"="后是本期价格较上期的变化百分比。

（5）切工与荧光。Rapaport 报价单中不包含切工与荧光两项指标，针对的是优质切工、无强烈荧光的钻石，因此需要根据实际情况进行调整。切工等级对于钻石价格的影响正在逐年加大，较差时价差可达 30%。钻石的荧光主要对高色级、高净度的钻石有较大影响，色级越高影响越大，甚至可超过 30%。

2.使用 *Rapaport Diamond Report*

（1）计算价格。

$$克拉单价（美元/ct）＝表格内对应数据 \times 100$$

$$单粒钻石价格＝克拉单价 \times 钻石重量 \times 美元汇率$$

$$整包钻石价格＝克拉单价 \times 整包钻石重量 \times 美元汇率$$

（2）折扣与溢价。Rapaport 报价单只是议价的基础，并非实际成交价格，除了上述提到的钻石自身品质，交易条件、市场流动性、所附证书类型等因素也会对价格产生影响。钻石交易中通常附 GIA 证书，其他外国证书会有 60%~90% 不等的折扣。需求量大的钻石，折扣也会较小，甚至产生溢价，在我国市场中 H 色级的钻石比较受欢迎。

二、彩色宝石评估

彩色宝石的种类丰富，总结起来可以从颜色、净度、切工、质量这四个方面进行评价。

（一）颜色

颜色是评价彩色宝石质量时最重要的因素，可达整体权重的50%以上。在评价颜色时，要从色调、明度、彩度（饱和度）三个方面进行描述。

（二）净度

净度对于彩色宝石价值的影响较低，尤其是颜色等级较高时，净度的影响更小。评价彩色宝石净度，要因品种而异。不同宝石的生长条件、化学成分等因素有所不同，因此先天的净度级别就存在差异。

（三）切工

彩色宝石的切工注重对颜色的体现，因此对于比率级别的要求较低，没有降低美感和实用性的偏差即可。价值较高的宝石在切磨时要注意保重，此时中等级别的切工对品质影响很小。

（四）质量

通常宝石的质量越大，价格就越高，但不同品种的彩色宝石，对大颗粒的界定有很大差异。例如水晶往往大块度产出，1kg以上也并不稀奇，而优质的缅甸"鸽血红"红宝石，达到2ct以上就可被称为"大宝石"。因此如何定义大颗粒，要取决于彩色宝石的稀有性。

（五）特殊光学效应

除了上述四个方面，特殊光学效应也能增加宝石的价值。尤其是对于金绿宝石，是否具有特殊光学效应是决定其价值高低的主要因素。

三、玉石评估

（一）影响翡翠价值的主要因素

我国《翡翠分级》（GB/T 23885-2009）国家标准从颜色、透明度、质地、净度四个方面对翡翠的质量进行评价。

1.颜色

色调、彩度和明度是评价颜色的三要素，商贸中常用正、阳、浓、匀4个字对翡翠颜色进行评价。"正"是对翡翠色调的评价，观察其是否含有杂色调；"阳"是对翡翠颜色明度的评价；"浓"是要求翡翠颜色具有一定浓度；"匀"是对颜色分布情况是否均匀作出评价。

2.透明度

透明度是指翡翠的透光程度。对于无色翡翠来说，透明度对其价值起决定性作用。而绿色翡翠则要综合考虑透明度和颜色两个因素，一般来说，透明度对于颜色等级较高的翡翠影响较大，对于品质较低的翡翠影响较小。

3.质地

质地是指翡翠矿物颗粒大小、均匀程度、相互关系等方面的综合特征，分为以下5个级别，如表10-3所示 ❶。

表10-3　翡翠质地级别及表示方法

质地级别		肉眼观测特征	颗粒粒径d/mm
极细	Te1	质地非常细腻致密，10倍放大镜下难见矿物颗粒	d<0.1
细	Te2	质地细腻致密，10倍放大镜下可见但肉眼难见矿物颗粒，颗粒大小均匀	0.1≤d<0.5
较细	Te3	质地致密，肉眼可见矿物颗粒，粒径大小均匀	0.5≤d<1.0
较粗	Te4	质地较致密，肉眼易见矿物颗粒，粒径大小均匀	1.0≤d<2.0
粗	Te5	质地略松散，肉眼明显可见矿物颗粒，粒径大小悬殊	d≥2.0

4.净度

净度是指翡翠内、外部特征对翡翠美观度、耐久性的影响。戒面、手镯类的翡翠首饰，净度要求极高，些许瑕疵都会显得十分突出。雕件首饰则要求较低，可以利用巧妙的设计避开或隐藏瑕疵。

（二）影响和田玉价值的主要因素

对和田玉的品质可以从颜色、质地、光泽、净度、透明度5个方面进行评价。

1.颜色

和田玉颜色可以大致分为白色、青色、绿色、黑色、红色和黄色，在评价时又可以细分为体色和皮色两部分，其中只有对子料进行评价时才会考虑皮色。

（1）体色。通常来说白色和田玉价值最高，行业中用白度来描述白玉的颜色，白度越高，价值也就越高。其中羊脂白色为最佳，这种颜色略带暖黄色调，给人柔和之感。

❶ 国土资源部珠宝玉石首饰管理中心 .GB/T 23885-2009 翡翠分级 [S]. 北京：中华人民共和国国家质量监督检验检疫总局，中国国家标准化管理委员会，2009.

第十章　珠宝首饰定价策略

灰色和青色调的出现会降低白玉的价值。

（2）皮色。子料的皮色种类丰富，包括红皮、枣红皮、褐黄皮、黄皮等。褐黄皮最为常见，而色调鲜艳的红皮价值较高，业内称为"红皮白肉"。

2.质地

软玉的质地同样指矿物颗粒大小、均匀程度、相互关系等方面的综合特征，越细腻、越均一，价值越高。

3.光泽

光泽亦称油润度，是影响和田玉价值的重要因素，油脂光泽越强，玉石价值越高。有条件时可以将水涂抹在玉石表面来感受油润度，油润度高的和田玉表面如抹油一般光滑。

4.净度

和田玉常见的瑕疵包括深色矿物包体、裂隙、石花等等。当白云石、方解石含量较高时，石性会增加，油润度会降低。

5.透明度

和田玉半透明至不透明时价值最高，透明度增加会降低油润度，从而影响和田玉的价值。一般来说，青海产出的和田玉普遍透明度较高。

四、有机宝石评估

（一）影响珍珠价值的主要因素

珍珠价值评估考虑的主要因素有大小、形状、颜色、光泽、光洁度、珍珠层厚度和匹配性。我国《珍珠分级》（GB/T 18781-2002）于2002年颁布，2008年进行修订，对养殖珍珠级别评定规则作出明确规定。

1.大小

国际上，珍珠的质量计价单位为"格令"。日本出口的珍珠则用"毛美（momme）"作为计量单位。珍珠质量单位间换算关系为：1毛美=3.75克=18.75克拉=75格令。

珍珠的大小一般用直径表示，需要测量其最大与最小直径。正圆形、圆形、近圆形养殖珍珠以最小直径表示。同一种类和等级的珍珠，质量越大，价值越高，以南洋珠为例，同等品质直径每增加1mm，价格就上涨1.2~2倍。

2.形状

珍珠的形状有圆形、椭圆形、扁圆形、水滴形、梨形及异形，其中圆形是最佳形态。天然珍珠、淡水养殖珍珠少见圆形，而海水养殖珍珠一般含有珠核，因此常呈圆形。优质的水滴型珍珠、异形珍珠经过设计加工同样具有很高的价值。

> **拓展阅读10-4**　从异形到"艺形"——巴洛克珍珠在现代珠宝首饰中的应用

3.颜色

珍珠的颜色是体色、伴色及晕彩的综合特征。描述颜色时，以体色为主，伴色和晕彩为辅。白色是最常见的体色，其黄色调越重价值越低，价值相差可达40%或更多。南洋珠以金色最为稀有，其次为黑色。

珍珠伴色同样会对其价值产生影响，对于白色珍珠，粉红色伴色对价值有提升作用，黄绿色伴色则会降低其价值。在黑色珍珠中，孔雀绿伴色价值最高，其次为紫红色、古铜色伴色。在观察伴色时应注意，黑珍珠要观察被强光照亮处的颜色，而白色珍珠则应注意亮斑周围较暗的区域。较强的珍珠晕彩能够增加其价值，最多可达50%。

4.光泽

珍珠光泽的强弱与珍珠层内部结构、厚度有关，主要通过表面反光强度及映像清晰程度进行判断。光泽弱、映像模糊的珍珠在商业上被称为"鱼眼"，这种珍珠在强光透射下可见珠核中珍珠层的条带结构。

5.光洁度（瑕疵）

珍珠表面常出现一些缺陷，会对珍珠表面的光滑程度、美观造成影响。在进行珍珠光洁度划分时要综合考虑瑕疵种类、大小、颜色、位置所造成的综合影响，瑕疵越大、越明显，对美观性的影响越严重。通常裂纹、缺口、剥落线、隆起等影响程度较高，部分瑕疵还会对珍珠的耐久性造成影响。

6.珍珠层厚度

有核珍珠的珠层厚度是重要评价因素之一，珍珠层越厚，一般光泽越强。有核珍珠的珍珠层应达到0.3mm以上，否则会容易脱离，降低耐久性。

7.匹配性

匹配性是指由多粒珍珠构成的饰品中，各粒珍珠之间在大小、形状、颜色、光泽、光洁度等方面的协调性程度。珍珠项链一般允许有0.5mm以内的误差，而超过9mm的珠链误差通常不超过1mm，尺寸超过10mm中国海水珍珠珠串大多是等差链。

（二）影响珊瑚价值的主要因素

珊瑚价值评估考虑的主要因素有颜色、净度及质地、块度和工艺。目前国际上并没有公认的珊瑚分级标准，我国于2018年颁布《宝石级红珊瑚鉴定分级》（DZ/T 0311–2018）对红珊瑚的品质级别进行了划分。

1.颜色

颜色是影响珊瑚价值最重要的因素，红色是价值最高的品种，产量稀少的黑珊瑚、金珊瑚也较为名贵。

2.净度及质地

虫眼、虫孔和裂隙会严重降低珊瑚价值，而白芯、白斑只要位置不明显便不会对整体质量造成过大影响。珊瑚的质地会对外观产生影响，质地细腻者光泽也较强，松散者则无法被用作首饰。

3.块度

珊瑚块度越大，珊瑚体越完整，价值越高。珊瑚珠串直径越大价值越高，16mm以上的优质珊瑚珠串十分稀有。

4.工艺

珊瑚首饰主要包括自然枝、戒面、珠串和雕件，在造型评价方面上述四种都有不同侧重点。自然枝往往被用作摆件，要求树形完整自然、主干粗壮、枝条多而展布均匀。戒面要保证形状对称、弧面恰当。珠串重点关注打孔是否正中，弧面是否圆滑。雕件则从题材造型和雕工两方面进行评价。

（三）影响琥珀价值的主要因素

1.颜色

红色和蓝色琥珀是琥珀中价值较高的品种，其次为黄色、蜜黄色。其中，蓝珀的蓝色是荧光色，在自然光和黑背景下观察，能够看到不同色调的蓝色，纯蓝色、紫蓝色价值最高。

2.透明度

不同品种的琥珀，对透明度有不同的评价要求。一般而言，琥珀的透明度越高，价值越高，但近年来不透明的蜜蜡、"鸡油黄"蜜蜡价格不断攀升，由于透明度不均匀形成的"金绞蜜"也有很高的商业价值。

3.块度

琥珀一般以克（g）或毫米（mm）作为计量单位，块体越大，价格越高。对于琥珀珠串，通常直径为5~10mm，超过10mm价格上升50%左右，达到20mm者价格可达常见琥珀珠串的2倍以上。

4.内含物

一般的绺裂、杂质会降低琥珀的价值，但其中的生物内含物，如植物、昆虫等，会带来稀有性的提升。

重要名词

定价目标　定价方法　定价策略　珠宝首饰估价策略

复习思考题

1.影响珠宝首饰价格的因素有哪些？在定价方法中如何考虑这些因素？

2.试述珠宝首饰产品常见的定价策略，并分析背后的经营目标。

3.写出我国钻石分级体系中的颜色分级，并描述各色级特征。

📖 章后测练

第十一章　珠宝首饰促销策略

本章提要

通过本章学习，可让学生掌握整合营销沟通的概念和具体内容，了解人员推销的关键步骤、广告策略的具体内容，以及公共关系促销的具体内容。

章前引例　周大生通过全方位多层次营销提升品牌知名度

第一节　整合营销沟通

现代市场营销不仅要求企业开发出优秀的产品，为其制定具有吸引力的价格，并方便顾客购买，也要求企业塑造并控制其在公众中的形象、设计并传播产品及产品给目标顾客带来的利益等各方面的信息，即进行沟通促销活动。在营销领域，如果没有有效的沟通，任何伟大的创意都会付诸东流。今天，对大多数企业来讲，问题不在于是否要进行沟通，而在于如何进行沟通。

一、整合营销沟通的概念

整合的英文对应词汇是 Integrate，具有"综合、合并、一体化"的解释，整合营销沟通中的"整合"一词则对应于 Integrated，它具有特定含义。具体说来，这一特征表现为[1]：

---

[1] 李伐林 . 基于整合营销的现代营销方法研究 [D]. 天津：天津大学，2004.

（1）整体化。结合成一个整体，把诸多分离部分结合成一个更完整、更和谐的整体。

（2）一体化。以各组成部分紧密合作或部分统一为特征的有机体。

（3）综合化。统一的（互相协作的，有内在自然联系的）单位或系统进行经济活动时，通过动态综合使之完整与和谐，通常仅限于某一特定地区。

关于整合营销沟通（integrated marketing communication，IMC）被广泛接受的一个定义是由美国广告代理商协会（4A）给出的一个营销传播计划概念，它注重以下综合计划的增加值，即通过评价广告、直接邮寄、人员推销和公共关系等传播手段的战略作用，提供明确、一致和最有效的传播影响力。

二、整合营销沟通的内容

（一）整合营销沟通的工具

一般而言，企业进行传播的营销沟通工具，有广义和狭义之分。就广义而言，包括市场营销的所有要素，如产品的式样、包装的颜色与外观、价格等都传播了某些信息，都可作为沟通的工具；就狭义而言，包括网络营销、终端广告、人员促销、公共关系等专用工具。

按照出现时间划分，整合营销沟通工具分为传统营销沟通工具和现代营销沟通工具。在传统营销沟通工具中，应用广泛的有终端广告、人员推销和公共关系。其中终端广告是指企业以付费的非人员沟通方式，通过各种各样的媒介把产品信息传递给所要沟通的目标对象，刺激目标对象产生购买欲望，最终促进本企业产品的销售活动。人员推销是指企业为了促进产品销售而建立与消费者的良好关系，使用销售团队与顾客接触和沟通，向顾客介绍和推荐产品的活动。公共关系是指用非直接付费的方式与公众和其他企业的各公共部门建立良好的关系，从而赢得公众的好感、树立本企业和产品的良好形象、控制或避免不友好的传闻、现象或事件的发生等，最终促进产品销售的活动。

在现代营销沟通工具中，主要包含网络营销、精准营销和场景营销等随着互联网及科技的发展，衍生出的一系列新型营销工具。

（二）营销沟通目标

贯彻营销整合策略思想的首要任务是明确企业在一定时期内的沟通目标，因为沟通目标是制定营销沟通预算、选择营销沟通方式及设计营销组合的重要前提。营销传播需要知道目标受众现在的位置及需要达到的阶段。目标受众可能会处于六个购买者准备阶段中的一个，这些阶段是指顾客在一次购买时通常所需要经历的正常过程。这些阶段包括知晓、了解、喜欢、偏爱、信任、购买❶如图11-1所示。

知晓 ➡ 了解 ➡ 喜欢 ➡ 偏爱 ➡ 信任 ➡ 购买

图11-1　购买者准备阶段

知晓和了解阶段：营销传播者的目标市场可能对该产品完全没有意识，仅仅只知道产品的名字，或者了解一点点产品。传播者必须首先确保消费者知晓和了解该产品。

在消费者对产品有所了解之后，营销者们将希望他们能够向对产品情感更强烈的阶段继续移动。这些阶段包括喜欢、偏爱和信任。

最后，消费者将进入是否购买的阶段。潜在消费者可能在等着更多的信息或等更合适的时机。传播者必须为引导这些客户而采取最后一步行动。这些行动可以是特出的促销价格、回扣及特殊服务等。因此，企业应该准确判断消费者的购买准备阶段，根据消费者不同的购买准备阶段来采用不同的整合营销传播方式。

（三）沟通要素组合

整合营销沟通要尽量保持信息的一致性。它要求企业的决策者考虑与顾客沟通的每一种方法，和每种媒体的相对重要性和实践特征。通过企业中每一个人的努力，经过千百次沟通的活动，把企业、品牌形象、产品、人员等各种信息统一起来，通过整合企业的所有沟通资源，将恰当的信息在恰当时间、恰当地点发布给恰当的目标受众。整合营销沟通实施的关键在于综合运用多种传播工具，形成一个矩阵式作业，达到最佳的性价比。如果只是简单的叠加，每个工具只是线性作业，"整合"的性价比根本无从衡量，而沟通目标实现也无从谈起。

因此，一个企业必须确定建立一个由广告、人员推销、公共关系、销售促进等沟通工具合理搭配的沟通体系，如一家企业决定在当地最好的五星级酒店召开一次产品发布会时，应该在当地最好（不一定是发行量最大）的媒体上刊登提示性广告。

拓展阅读11-1　　新媒体背景下珠宝品牌整合营销模式

❶ 管理科学技术名词审定委员会 . 管理科学技术名词 [M]. 北京：科学出版社，2016.

第二节　人员推销策略

　　珠宝产品作为非标准化产品，消费者购买行为具有"高参与度、高体验感"的特点，相比于网上购物，实体门店在珠宝观赏、佩戴体验及消费愉悦度上有着明显的优势，这将仍是消费者购买珠宝产品的首选。所以，对于大部分珠宝企业而言，实体门店目前仍是珠宝零售的绝对主力。

　　人员推销或人员销售是较为古老的促销方式，是一种双向的、人际交流型的促销行为，即通过面对面形式、电话媒体、会议或其他形式，销售人员与个体消费者之间进行沟通交流，最终促进产品销售❶。在越来越复杂的珠宝营销环境下，对许多珠宝企业来说珠宝销售人员的推销可能比广告更为有效。在许多珠宝企业中，珠宝销售人员不但是最重要的一支力量，而且是最庞大的一支队伍。

一、人员推销概述

　　人员推销也称人员促销，是指珠宝企业派出珠宝销售人员与一个或一个以上的目标客户进行交谈，以推销珠宝商品或服务为主要目的，促进和扩大珠宝销售的一种促销行为❷。一般而言，人员推销具有面对面接触，情感培养、灵活机动等明显的优势。在珠宝产品销售场景时，消费者更加关注珠宝首饰本身的材料价值、外观、人文价值等，面对面的人员推销更能达到有效的双向沟通，直接建立联系，达成有针对性的推销等积极效果。

　　根据珠宝买卖双方接触时的人数划分，人员推销可分为以下三种方式：①单个珠宝推销员对单个（潜在）顾客。②单个珠宝推销员对一个购买群体。③珠宝推销小组对某一购买群体。根据珠宝人员推销的渠道和形式，人员推销也可分为三种方式：上门推销，该方式是由珠宝推销人员携带珠宝产品样品、说明书和订单等上门走访顾客，推销产品；柜台推销，与上门推销相反，柜台推销是等客上门式的珠宝推销方式；会议推销，即由珠宝企业的推销人员向与会人员宣传和介绍珠宝产品，开展推销活动。如在展览会、交易会、订货会等会议上宣传和推销珠宝产品。

---

❶ 熊亮.人员推销的特点与技巧研究[J].中国商贸，2012（17）:34-35.

❷ MBA智库.人员推销[EB/OL].[2024-08-21]. https://wiki.mbalib.com/wiki/%E4%BA%BA%E5%91%98%E6%8E%A8%E9%94%80.

二、管理推销团队

对珠宝企业而言，管理推销团队是做好珠宝营销的基础。管理推销团队是对珠宝销售人员的活动进行分析、计划、实施和控制的过程。包括珠宝推销团队的结构设计和战略，对公司的珠宝销售人员进行挑选、聘用、培训、付酬、督导和评估。

（一）推销团队的结构设计

如何设计珠宝推销队伍的组织结构，是按地理区域、产品类别还是按顾客类别来分配推销力量，直接影响到珠宝推销资源的整体使用效果。在珠宝企业中，常见的推销队伍模式有按地区划分的模式、按产品划分的模式、按顾客类别划分的模式和复合模式❶。

1.地区团队模式

在不同地区，消费者对珠宝产品的消费意识是不同的❷，所以对于珠宝企业而言，根据地区划定不同的销售团队，即设定地区团队模式，是非常重要的。该模式下，珠宝企业可以将销售代表分派到一个地区，作为该地区经销该公司全部珠宝产品线的唯一代表。这种销售团队组织结构的主要好处是珠宝推销员的责任明确，有利于促进销售代表与当地商界和个人加强联系，且每个销售代表只在一个很小的地理区域内活动，差旅费开支相对较少。这种组织模式一般适合于珠宝企业的产品组合宽度较窄和关联性较强的情况。

2.产品组织模式

珠宝企业需要针对不同的珠宝产品类型来组织不同的销售团队，这是一种按珠宝产品线分派销售团队的组织结构，即珠宝企业的每个推销人员或推销小组分别负责一种或几种产品在各市场的推销任务。如梦金园黄金珠宝集团设品牌经理和主管，就是这种模式。这种模式的好处是可达到专业化营销、满足消费者个性化需求的效果。但它的缺陷也很明显，如在同一销售区域或对同一顾客，企业可能有多名珠宝推销员分别推销不同的珠宝产品，会造成不必要的重叠性浪费。

3.顾客组织模式

一些珠宝企业也会根据顾客类别来设计营销团队，这是一种按顾客类别来安排珠宝销售团队的组织结构，即在对顾客进行分类的基础上，每个珠宝推销员或小组分别负责一类或几类顾客的推销任务。这种推销模式便于珠宝推销人员了解他所服务顾客的需

❶ MBA 智库，销售队伍结构 [EB/OL]. [2024-08-21]. https://wiki.mbalib.com/wiki/%E9%94%80%E5%94%AE%E9%98%9F%E4%BC%8D%E7%BB%93%E6%9E%84.
❷ 赵鸿洲，祖恩东.珠宝消费意识的地域差异分析 [J]. 中国商论,2017（5）：61-63.

求，并针对该需求开展有效的推销活动。其主要缺点是，如果各类顾客遍布全国，那么珠宝企业的每个销售人员都要花费很多的旅行开支。

4.复合组织模式

珠宝公司在一个广阔的地理区域内向许多不同类型的顾客推销多种珠宝产品时，将以上几种组织珠宝销售队伍的方法混合起来使用。珠宝销售代表可以按区域——产品模式；区域——顾客模式；产品——顾客模式；区域——产品——顾客模式等进行分工。一个珠宝销售代表队由一个或几个珠宝产品线经理和部门负责。

企业在决定了珠宝推销团队的结构后，还必须确定珠宝推销团队的规模大小及珠宝推销人员的数量。推销人员的数量过多会增加销售成本，过少又不利于实现企业的推销目标，因此寻找一个最佳推销人员数量是非常必要的。确定推销人员数量的方法主要有以下三种。

（1）工作负荷法。

工作负荷法是最常用的方法。它是根据珠宝推销人员完成的工作量的大小来确定所需人员数量的方法，其具体步骤如下：

①确定总工作量。根据总访问次数就可确定企业珠宝推销员的总工作量。

②确定每名珠宝推销员的年工作负荷。根据不同顾客的分布情况和每访问一个顾客所需花费的时间等因素，确定每位珠宝推销人员每年的平均访问次数。

③确定珠宝推销人员数量。企业每年珠宝推销人员的总工作量除以每位珠宝推销人员的年工作负荷，就是企业所需的珠宝推销人员数量。这个过程可概括为如下计算公式：

$$\text{某企业所需珠宝推销人员的数量} = \frac{\sum X_i F_i}{N}$$

其中 X_i 为第I类顾客的数量；F_i 为第I类顾客每年的平均访问次数；N 为每位珠宝推销人员每年的平均访问次数。

例如，某企业估计全国有A类客户1000个，B类客户2000个和C类客户1000个。A类客户一年需访问40次，B类20次，C类10次。假设每名珠宝销售代表平均每年可进行1000次访问，那么企业需要90个专职珠宝销售代表，即：

$$\text{该企业所需珠宝推销人员的数量} = \frac{140 \times 40 + 2000 \times 20 + 1000 \times 10}{1000} = 90（名）$$

（2）销售额法。

销售额法是指企业根据预期销售额的大小来确定珠宝推销人员数量的一种方法。其程序是先确定每位珠宝推销人员平均每年的销售额，并预测每年企业的销售额；然后计算所需的珠宝推销人员数量。计算公式如下：

$$企业所需珠宝推销人员数量 = \frac{企业年销售总额}{年平均销售/人}$$

（3）边际利润法。

边际利润法是指根据珠宝推销人员创造的边际利润决定珠宝推销人员数量的一种方法。其原则是只要增加珠宝推销人员后所增加的利润额大于零，就要增加推销人员的数量，直到边际利润为零。

（二）推销团队的战略

珠宝企业根据自身特点及外部环境情况，人员推销战略主要有以下三种。

（1）密集型推销战略。即珠宝企业把所有的推销员集中在某一特定市场，实行密集推销，目的是在短期内打开市场，赢得较高的市场占有率。

（2）分散型推销战略。即珠宝企业将推销人员分散到几个市场或所有市场进行推销活动，这种策略主要用于市场占有率高、信誉和产品知名度较高的企业。

（3）密集排列型推销战略。其主要做法是：珠宝企业先将推销人员集中于第一个市场推销产品，待达到一定的市场份额后，再对第二个市场进行集中推销，以此类推，依次在几个目标市场进行推销工作。这个策略多用于企业知名度较小的珠宝企业。

（三）推销团队的管理

1. 推销人员的挑选和聘用

挑选和聘用珠宝推销人员应做好三方面工作：①制定选拔标准，珠宝推销人员选拔的详细标准很难确定，也不可能有一个统一固定的标准，一般应结合本企业的实际情况特别是珠宝推销人员的具体职责而定❶，如表11-1所示。②招聘，主要途径有：现有珠宝推销人员推荐；通过职业介绍所或人才交流中心等中介组织招聘；通过媒体刊登广告招聘；与大专院校的学生保持联系等。③按标准通过一定的方式进行初选和全面考核评价。考核评价的方式主要有笔试和面试，考核评价的内容主要有基本知识考核和心理测试，基本知识考核主要包括社会知识、科学技术知识、产品知识和营销知识等。心理测试主要考核应聘者的智商、性格倾向和心理承受能力等。

---

❶ 世讯电科. 推销人员的招聘选拔 [EB/OL]. [2024-08-21]. https://www.csundec.com/information/CRM/4434.html.

表11-1　珠宝推销员的职责与个性要求

珠宝推销员的职责	个性要求
确定潜在顾客的需要	主动、机智、多谋、富于想象力、具有分析能力
宣传产品如何适合潜在顾客需要	知识丰富、热诚、有语言天赋、有个性
令潜在顾客赞成产品的每一点好处	说服力、持久性、机智、多谋
答辩	有自信心、知识丰富、机智、有远见
成交	具有持久性、自信心
以服务建立企业信誉	友善、有礼貌、有助人热情

2.珠宝推销人员的培训

对珠宝推销人员培训的内容一般应包括四个方面。

（1）企业概况。要让推销人员了解本企业的历史、企业文化、宗旨、政策、财务结构与设备、技术、分销系统、促销活动和价格政策等内容。

（2）产品知识。要让珠宝推销人员了解本企业珠宝产品的型号、特点、具体性能、优势、使用方法、产品价值等。

（3）面对的市场情况，如竞争企业的战略、珠宝行业的规则等。

（4）市场营销知识、推销技巧和推销工作程序等内容。此外，还要求珠宝推销人员必须了解顾客，学会如何在常规购买客户和潜在客户之间分配时间。

培训方法主要有专题讲座、示范教学、岗位实践和个别指导等。此外，目前不少公司采用了多渠道的培训方式，包括远程培训、岗位培训、企业内训等。

3.珠宝推销人员的报酬与激励

一般来说，珠宝推销人员的报酬构成主要有四要素：固定报酬、变动报酬、费用津贴和附加福利等。固定报酬一般是基本工资，是珠宝推销人员的固定所得；变动报酬是指随着珠宝销售业绩大小而变动的那种报酬，如佣金或奖金等；费用津贴是与推销工作有关的费用补贴，其目的是保障珠宝推销人员的有效推销；附加福利包括可报销的休假、生病或意外事件的福利，养老金和人寿保险等，其目的是提高珠宝推销人员对职业的满意感和安全感。

从固定报酬和变动报酬的组合来看可有四种方案，即完全工资制、完全佣金制、工资加奖金和工资加佣金。

完全工资制的好处是推销人员拿固定工资，心理上有一种安全感，同时也便于企业对推销人员进行调动，其缺点是不能刺激珠宝推销人员更加努力地工作。

完全佣金制的优点是可以最大限度地刺激珠宝推销人员多推销珠宝产品，有利于发挥珠宝推销人员的潜能，其缺点是可能造成珠宝推销人员不关心那些不能为个人带来收益的顾客。

工资加奖金和工资加佣金两方案的实质是一样的，都属于混合制方案。这种混合制报酬方案的优势在于将固定报酬和变动报酬有机结合起来，可以吸收完全工资制或完全佣金制的优点，并在一定程度上克服了它们各自单独使用的缺点，因而，目前多数企业都使用这种混合制方案。据国外一项研究表明，大约有70%的珠宝企业使用混合制报酬支付方案；而且固定报酬和变动报酬的平均比例约为3∶2。

4.珠宝推销人员的监督与评估

对珠宝推销人员的监督，一般是通过制定相应的职责规范进行定时检查，或让珠宝推销人员自己进行汇报。如定时检查每个珠宝推销人员任务的完成情况，定时让推销人员报告有关市场与销售的情况，为推销人员制定顾客访问计划和时间安排计划，并监督其执行、经常与推销人员接触交谈等。通过对珠宝推销人员的监督指导，可以使推销人员在工作中少出问题，提高推销人员的工作效率，实现企业推销工作管理的标准化。

珠宝推销团队管理的最后一项工作就是对推销人员进行评估。对销售人员进行评估的过程是：首先要获得有关销售人员的足够信息，然后制定一个评估的标准，最后依据该标准对推销人员进行评估。

三、基于关系营销人员的推销程序和技巧

现代人员推销已由交易推销发展到伙伴关系推销，即以所谓80/20原则为基础进行推销。80/20原则认为，珠宝企业销售额的80%常常来自企业顾客的20%，因此这20%的顾客是最重要的顾客，珠宝企业的管理者应将最好的珠宝销售人员安排给这些顾客，建立伙伴关系。基于此，人员推销过程可分为以下6个步骤。

（一）搜寻和确定潜在顾客

珠宝推销人员要不断地寻找新的潜在顾客。决定某具体个人或组织是否为合格的潜在顾客时，珠宝销售人员可通过MAD法来判断，即是否有钱购买？是否有权购买？是否有购买欲望？这些可以通过潜在客户的财务能力、业务量、特殊需求、地理位置及发展的可能性等来确定。

潜在顾客的资源是十分丰富的，寻找潜在顾客的方法各异，如珠宝推销新手的四处游说、老顾客的口碑宣传、与无竞争关系其他公司的销售人员定期联系、利用媒体信息和利用特殊关系。

（二）事先准备阶段

事先准备的工作很多，如制订"推销访问计划"。应尽量明确珠宝销售联系的目标、

落实顾客情况清单、明确顾客利益点、列出推销宣讲提纲。然后选择推销宣讲的方法，如熟记型演讲、说服性销售宣讲、双方沟通交流式演讲、解决问题型演讲等。

（三）销售宣讲阶段

在宣讲的开始阶段，给潜在顾客的第一印象是成功的关键。并通过展示具体的珠宝产品、表达你真正想解决珠宝购买者的问题并满足其需求、表明服务态度等行动来吸引住潜在顾客。应注意外表和谈吐、握手姿势、出示和接受名片的姿势、微笑谈话等细节问题。

现场珠宝推销宣讲的主要内容至少包括以下三项内容：所推销珠宝产品的性能、优势和顾客利益；企业的营销计划；企业和产品定位等。

（四）处理顾客的异议

顾客在珠宝销售人员讲解和展示珠宝产品的过程中，或在珠宝销售人员要他们订购时，大都会表现出抵触情绪❶。一般表现为以下两种抵触心理：心理抵触包括对外来干预的抵制，对已建立的供应来源或品牌的偏爱，对事物漠不关心，不愿放弃某些东西，对珠宝销售人员不愉快的联想、偏见，反对让别人摆布的倾向，对金钱的神经过敏态度。逻辑抵触可能包括对价格、交货期，对某些珠宝产品或某些珠宝公司的抵触。要消除这些异议，珠宝销售人员应采取积极的方法，请顾客说明他持有异议的理由，质疑他们异议的正确性，或将他们的异议转变成购买的理由。

（五）结束宣讲和销售

该阶段的关键是抓住时机，常见的关键时机如下。

（1）当顾客就珠宝商品连续提出较多的问题，表现出对珠宝商品有极大的兴趣时，会反映出顾客强烈的购买欲望。

（2）当顾客长时间停留在柜台（货摊）前，态度和表情明显发生变化，有时性格开朗，有时陷入沉思观看、触摸或嗅闻珠宝商品，有时认真阅读说明书，有时独自欣赏，有时与别人小声商议等，都是买卖成交的大好时机。

（3）在推销过程中，顾客主动提出变换交谈场所或主动约定进一步商谈的时间，也表现出成功的可能性。

（4）当顾客以价格、货币支付方式为谈话中心时，如讨价还价、要求分期付款、商谈预付定金等问题，证明顾客在非常现实地考虑珠宝商品了，基本下定购买决心，大有

---

❶ 贺远琼，唐漾一，张俊芳.消费者心理逆反研究现状与展望[J].外国经济与管理,2016,38（2）：49-61.

成交的希望。

购买信号的识别和时机的把握，主要取决于珠宝推销人员的现场观察和应变能力，有时也是经验的积累。一般来说，一旦出现上述情况，珠宝推销人员要敏感地捕捉顾客情绪的变化，果断抓住时机，将顾客引向购买的方向，使顾客尽快做出购买决定。

（六）顾客追踪与售后服务

如果珠宝销售人员想保证顾客感到满意并能够继续订购，顾客追踪和售后服务是必不可少的❶。交易完成后，珠宝销售人员应着手各项具体工作：交货时间、购买条件及其他事项。珠宝销售人员接到第一张订单后，就应制定一个后续工作访问日程表，以保证珠宝产品的正确交付，并对客户提供适时的指导和帮助。这样的拜访还可以揭示出一些潜在的问题，可以使客户相信珠宝销售人员关心他们，并打消购买者在购买珠宝的过程中可能产生的顾虑。

第三节　广告策略

美国市场营销协会（AMA）对广告的定义是：广告主要以付费的方式进行广告宣传，通过各种传播媒体，对商品、劳务或观念等所做的任何形式的非人员介绍及推广。中文"广告"一词，广义上意为"广而告之"。"广"者，借助公众媒体也；"告"即传播信息，包括商业信息和公益观念。

在进行广告决策过程中，珠宝企业的营销管理必须做好五项重要决策❷，如图11-2所示。

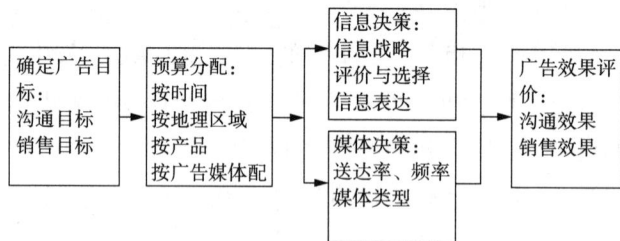

图11-2　广告决策程序和内容

---

❶ 戴超，吴文杰.售前售后服务对珠宝消费者购买行为的影响 [J]. 中国市场 ,2013（25）：9-10，17.

❷ 百度百科，广告决策 .[EB/OL].[2024-08-21].https://baike.baidu.com/item/%E5%B9%BF%E5%91%8A%E5%86%B3%E7%AD%96?fromModule=lemma_search-box.

一、确定广告目标

珠宝企业进行广告决策的第一步是设定广告目标，广告目标应基于企业珠宝产品的目标市场、定位和营销组合的决策，这些决策决定了其广告在整个营销方案中必须执行的任务。

广告目标指在特定时间内向特定目标群体交流传播信息❶。珠宝产品的广告目标可以基于其主要作用来进行分类，可分为提供珠宝信息广告、说服性广告和提醒性广告。各类珠宝产品的广告目标可选择的详细内容如表11-2所示。

表11-2　可能的广告目标分类

大类	可能的子目标
提供信息	向市场介绍珠宝产品、介绍珠宝企业服务； 修正顾客不好的印象、提供珠宝产品价格信息消除顾客疑虑； 说明珠宝产品使用方法树立企业形象
说服	培养品牌偏好、说服消费者立即购买、诱使转向本企业品牌； 说服消费者接听推销电话、改变消费者对珠宝产品的认知
提醒	提醒消费者近期需要购买珠宝产品、提醒消费者何处购买； 在淡季提示消费者对该珠宝产品的记忆、维持消费者对产品的深刻印象

二、确定广告预算

确定广告预算总额的方法，可使用上述介绍的一般促销预算方法，在此基础上再考虑珠宝产品生命周期阶段、市场占有率、竞争与干扰、广告频率、产品差异。接着要将广告费用合理分摊到各个广告活动项目上，使广告策划工作有序展开。广告策划者在分配企业的广告费用时，可按以下四种方法进行分配。

按时间分配是指广告策划者根据广告刊播的不同时段来具体分配广告费用。按时间来分配广告费用是为了取得理想的广告效果，因为在不同的时间里，媒体受众的人数及生活习惯是不同的。

按地理区域分配是指广告策划者根据消费者的某一特征将该珠宝企业的目标市场分割成若干个地理区域，然后将广告费用在各个区域市场上进行分配。

按产品分配是指广告策划者根据不同珠宝产品在企业经营中的地位，有所侧重地分配广告费用。

❶ MBA 智库, 广告目标 .[EB/OL].[2024-08-21].https://wiki.mbalib.com/wiki/%E5%B9%BF%E5%91%8A%E7%9B%AE%E6%A0%87.

按媒体分配是指根据珠宝企业目标市场的媒体习惯，将广告预算有所侧重地分配在不同媒体上的一种分配方法。

三、制定广告策略

珠宝产品的广告策略包括两个主要的因素：广告信息决策和广告媒体的选择。过去珠宝公司通常更看重的是创造信息的过程而不是媒体的规划，这经常引起创意者和媒体规划者的摩擦。而今媒体分化、媒体费用不断上升和营销战略更集中的趋势提高了媒体规划的重要性，越来越多的珠宝公司把信息和传递信息的媒体进行协调。可以先确定好的媒体再进行广告设计，或是先确定好的创意再选择媒体。

（一）广告信息决策

首先，在选择有效的广告时，第一步是决定要向珠宝消费者传播什么样的珠宝相关信息，即制定信息战略。信息战略应该清楚、直接地概述广告客户所要强调的利益和定位点。第二步是广告客户应该想出一个创意。创意将指导广告活动选择特殊诉求点，珠宝产品广告诉求点应具有三个特征：第一，它们应该是有意义的，指出珠宝产品对于消费者而言更期望的利益点；第二，诉求点应该是可信的，使消费者相信珠宝产品或服务能够传达所承诺的利益；第三，诉求点必须做到差异化，例如，告诉消费者这个珠宝品牌为什么比竞争品牌好。

其次，进行广告信息的选择与评价。一个好的广告通常只集中强调一个珠宝销售主题。广告信息可根据愿望性、独占性和可信性来加以评估。

最后，进行珠宝产品广告信息的表达。同样的广告信息，表达方式选择不当，也会影响广告效果。表达的具体形式主要有生活片段、生活方式、环境、气氛或想象、音乐、个性象征、技术特色、科学证据、证词等。

（二）广告媒体选择决策

珠宝企业进行广告媒体选择，其决策应主要包括以下内容。

1. 决定预期到达率、暴露频率和媒体影响

要选择媒体，珠宝产品的广告策划者必须决定达到广告目标所需的预期到达率和暴露频率。所谓到达率是指在一定时期内，所有目标市场受众中暴露于特定广告活动的人数比例。例如，预期到达率为70%，就是说珠宝产品的广告策划者计划在广告活动的前三个月使广告信息到达珠宝产品目标市场受众的70%。计算到达率时，一位受众不论

他暴露于广告信息中多少次，都只计算一次。所谓暴露频率是指目标市场上平均每人暴露于广告信息次数。所谓媒体影响是指通过某一特定媒体展露的质量价值。

2.选择媒体类型

珠宝产品的媒体计划者必须了解每类主要媒体的到达率、频率和影响方面的特点。主要媒体类型包括报纸、电视、广播、杂志、户外广告、邮寄广告和电子网络广告等，它们各有其优点，也有其局限性，如表11-3所示。

表11-3　主要媒体类型对比一览表

媒体	优点	局限性
报纸	灵活、及时，本地市场覆盖面大，能广泛地被接受，可信性强	保存性差，表现手法单调，不易引起注意，传阅者少
电视	综合视觉、听觉和动作，富有感染力，能引起高度注意，到达率高	成本高，干扰多，瞬间即逝，对观众选择性小
广播	大众化宣传，地理和人口方面的选择性较强，成本低	只有声音，不像电视那样引人注意，展露瞬息即逝，对听众选择性差
杂志	地理、人口可选择性强，可信并有一定的权威性，重复出现率高，保存期长，传阅者多	时效性差，篇幅受到限制，版面位置选择性差
户外广告	广告展露时间长，费用低，竞争少	对观众选择性很小，创新性差
直接邮寄	接受者有选择性，灵活，在同一媒体内没有广告竞争，人情味较浓	相对来说成本较高，可能造成滥寄"三等邮件"的印象
网上广告	选择性强，成本低，直接性，互动性	受众分布不均匀，受众自己控制暴露情况，影响质量低，

媒体计划者在进行媒体类型选择决策时还要考虑珠宝产品的目标消费者（媒体受众）的媒体习惯、珠宝产品特点、信息类型和媒体成本等因素。

3.选择具体传播工具

在每一媒体类型内都包含多种具体的传播工具，如电视媒体就可分为中央电视台和地方电视台，或者分为有线电视台和无线电视台；中央电视台又包括多个频道等。因此，在选择了媒体类型后，珠宝产品的媒体计划者还要进一步选择具体的传播工具，落实到哪个电视台的第几频道，地方报纸的哪份报纸等。在决定选择哪一家广告媒体时，主要应考虑以下几点。

每千人接触成本。即某一媒体的信息被传达到一千人的平均成本。计算公式为：

$$每千人接触成本 = \frac{广告费用 \times 1000}{接触媒体人数}$$

例如，如果在普通的兴趣杂志上刊登一个整页四色广告要1000美元，而读者估计有200万人，则广告触及每千人的平均成本约为5美元。媒体计划者应该根据每千人成本的高低将各种报纸杂志排列成表，择其成本最低者加以考虑。

广告制作成本。一般来说，报纸广告的制作成本很低，而电视广告的制作成本非常昂贵，如某公司在电视台播出一条30秒的广告，每天播出一次，连播两周，共需付广告费35.7万元。媒体计划者应在比较的基础上，尽量选择广告制作成本较低的媒体工具。

平衡媒体成本与各种影响因素的关系。其一，媒体成本与目标受众性质的关系。考察媒体成本的同时，还要考虑其目标受众的性质，例如对于婴儿产品广告来说，家庭杂志的展露价值很高，而《人民日报》等的官方媒体的展露价值很低。其二，媒体成本与目标受众注意力的关系。在媒体成本一样的情况下，应选择珠宝产品的目标受众对广告注意力强的媒体工具。其三，媒体成本与编辑质量（editorial quality）的关系。编辑质量高意味着该媒体的可信度和声望高，广告效果就好，因此应选择编辑质量高的媒体工具。

4.决定媒体广告时间

广告主必须根据如何根据季节变化和预期的经济发展来安排全年珠宝产品广告。假设某珠宝产品一年中的销售旺季在12月，淡季在3月，该珠宝企业可顺着季节变动安排其广告支出，也可按季节变化相反的方向来安排广告支出，或者全年平均使用广告费。一般来说，多数珠宝企业都追随季节性广告政策。

在上述总体安排的基础上，珠宝企业还必须选择广告发布的时间模式。时间模式主要有连续式、间歇式和集中式三种。所谓连续式是指在一定的时间内均匀地安排广告的发布时间，使珠宝企业的广告经常反复地在目标市场出现；所谓间歇式是指在一定时间内间断地安排广告的发布，即做一段时间的广告，然后停一段时间再做广告，如此反复进行；所谓集中式是指将广告费用集中于一段时间段内使用，在短时间内迅速形成强大的广告攻势。各时间模式分别适合于不同的情况，珠宝企业应选择效果最好的模式。

四、广告效果评价

珠宝企业的广告效果一般可以分为两类，即沟通效果和销售效果。因此，广告效果评价主要从这两方面进行评价。

沟通效果是指由于广告的作用，顾客对珠宝企业或产品认知深度的变化情况或顾客接触广告后的反应。对沟通效果的评价根据安排时间的不同可分为事先评价、事中评价和事后评价。

一般来说，珠宝产品的广告销售效果要比广告沟通效果难测量。因为珠宝商品销售的变化除了受广告因素影响外，还受许多其他因素的影响，如产品特色、价格和竞争行为等。所以，对广告销售效果的评价主要集中于对广告费用使用效率的评价。

第四节　销售促进和公共关系策略

一、销售促进

珠宝首饰销售促进涉及一系列需要决策的问题。决策的程序和内容包括确定销售促进目标、选择销售促进的方法、制定销售促进活动的方案、销售促进方案的试验与实施和控制、销售促进效果的评价。

（一）确定销售促进目标

在确定销售促进目标时，根据推广对象的不同，可以分为三类目标，即消费者促销、中间商促销和销售人员促销等。

（1）消费者促销。针对消费者的销售促进活动，其目的是促进短期销售额的提高或帮助创立长期的市场占有率。根据目标市场的定位可将珠宝首饰品牌分为高端品牌和中低端品牌。高端品牌的消费者对珠宝首饰的价格变化不太敏感，同时高端品牌有维护品牌形象的需要，因此较少采用价格促销策略。中低端品牌的消费者对珠宝首饰的价格变化比较敏感，珠宝首饰品牌通过价格促销可以吸引他们进行购买，从而有效增加短期销售额。

（2）中间商促销。代理商和加盟商是珠宝首饰企业的重要分销渠道，三者构成一个利益共同体，因此珠宝首饰企业需要对销售渠道进行有效管理。由于推广新产品和增加库存会给中间商带来风险，中间商在这两方面缺乏积极性，因此珠宝首饰企业需要对中间商进行激励。针对中间商的销售促进活动，其目标主要是鼓励中间商销售新产品；协助珠宝首饰企业开展某些营销活动和增加库存量；促进中间商在淡季购买或提前购买；提高中间商的品牌忠诚度；吸引新的中间商加入珠宝首饰企业的分销渠道；鼓励中间商为产品做广告并增加货位空间等。

（3）销售人员促销。对销售人员的销售促进活动，其目标主要是鼓励他们积极推销现有产品和新产品，刺激非季节性销售，激励他们不断提高销售水平；吸引更多的销售人员加入本企业的销售团队等。珠宝首饰品牌大多拥有线下渠道，如商场专柜和珠宝专卖店。由于线下渠道的销售人员可以直接和顾客进行交流，因此他们是珠宝首饰销售的重要环节。在这些线下渠道中对销售人员进行激励，能提高他们的工作积极性，进而提高珠宝首饰的销售额。

（二）选择销售促进的方法

1.针对消费者的销售促进方法

（1）优惠券。使持券人在购买特定产品时能够节省一定金额的凭证。

（2）打折。当消费者购买一定数量的产品后商家在价格上给予折扣。

（3）满减。当消费者购买一定数量的产品后商家对价格进行减免优惠。

（4）赠送礼品。将价格相对较低或免费的商品作为购买特定产品的激励。

（5）降价。对商品进行降价销售。

（6）抽奖。购买产品后提供赢得奖品的机会。

2.针对中间商的销售促进方法

（1）价格折扣。在特定时间段内，对于每次购买都在价目表价格上给予直接折让。

（2）商业折让。当零售商同意以某种方式强调制造商的产品时，作为回报支付给零售商的金额。主要有广告折让和陈列折让。

（3）免费物品。向购买特定数量、型号的中间商提供额外数量的商品。此外，珠宝首饰企业还可以使用特制广告品、经销竞赛奖励、产品展销会、招待会及合作广告的方法，达到促销的目的。

3.针对销售人员或产业用户的销售促进方法

（1）大规模商品展销会。由行业协会组织的年度展销会。

（2）销售竞赛活动。珠宝首饰企业可以为每一阶段经营期间制定一些切实可行的促销指标，并定期检查促销成绩，对表现优秀的销售人员给予赞誉和实质奖励，从而有效激励销售团队。

（3）纪念品广告。销售人员送给潜在顾客和现有顾客的印有品牌名称，有时带有广告信息的实用、低成本物品，例如手提袋、记事簿、圆珠笔、日历等。

总之，可使用的销售促进方法有很多，珠宝首饰企业应综合考虑销售促进目标、产品类型、竞争情况和销售促进费用等因素，选择最有效的销售促进方法。

（三）制定销售促进活动方案

制定销售促进方案，要求珠宝首饰企业对销售促进的规模、对象、途径、时间和预算等做出具体的决策。

（1）销售促进的规模。指销售促进刺激的规模和范围。要保证促销成功，就要限定刺激的规模和范围，不宜过大；较大的刺激规模和范围将产生较多的销售反应，其所需要的费用是昂贵的。

（2）销售促进的对象。对销售促进对象的范围，可选择目标市场的一部分或整个目标市场；可对整个推广对象以同样的推广强度开展销售促进活动，也可针对不同的推广对象，以不同的推广强度开展销售促进活动。

（3）销售促进的途径。即营销必须考虑推广方案本身应该如何去促销和分销。各种销售促进的方法往往可以通过多种途径来实施，如可以通过广告媒体进行宣传，对购买特定数量的消费者给予奖励，激励消费者在社交媒体上进行口碑传播等。

（4）销售促进的时间安排。这里包括销售促进活动的前置时间和销售延续时间的安排。前置时间是指开始实施这种方案前所必需的准备时间，销售促进的前置时间安排必须适当。如对节假日需求量大的产品，选择的时间应是节假日到来前的某一日期；选择其他日期可能会大大降低销售促进的效果。许多珠宝首饰品牌都会选择节假日进行促销，因为这些特殊的节日和珠宝首饰文化存在联系，容易刺激消费者产生购买意愿。延续时间是指从开始实施这项方案到大约95%采取此方案的商品已经在消费者手中为止的时间。销售促进活动延续时间的安排，不能太短或太长。如果延续的时间太短，许多可能参与的顾客会失去参与的机会，影响推广的效果；如果持续的时间太长，有意参与的顾客没有"欲购从速"的压力，效果也不会理想。对于珠宝首饰企业，节假日促销一般随着节假日的结束而结束，和日常的销售区分开来，这样能有效刺激消费者在节假日购买珠宝首饰。

（5）销售促进的预算安排。制定预算时应考虑全面，把市场调研、奖品、人员、媒体费用都要考虑进去。促销成本等于管理成本（市场调研、人员、媒体费用）加上激励成本（赠品或折扣的成本），再乘以期望销量。对促销成本的计算是评价珠宝首饰促销绩效的重要环节。

（四）销售促进效果的评价

为了控制和调整销售促进的实施效果，珠宝首饰企业必须对促销效果进行评价。对销售促进效果评价的方法主要有以下三种。

1.销售量对比法

在其他条件不变的前提下，珠宝首饰企业可对销售量在销售促进前后的数据变化进行分析，并与推广成本进行比较，得出净效果，以此来评价销售促进的得失。以节假日促销为例，珠宝首饰企业可对比日常销售和节假日促销的珠宝首饰销售量，同时进一步剔除节假日促销的推广成本，得出销售促进的净效果，以此来评价节假日促销的绩效。

2.推广对象调查法

推广对象调查法是通过对推广对象进行调查，了解推广对象对销售促进活动的反应，以评价销售促进效果的一种方法。珠宝首饰企业可以对消费者进行调查，了解他们是否能回忆起促销，他们对促销的看法，以及他们在促销活动中的购买意愿和口碑传播意愿，从而对销售促进的效果进行评价。

3.实验法

实验法是通过选择一定的地区和推广对象进行实验，测定能够反映企业销售促进目标有关指标的变化情况，以评价销售促进效果的一种方法。珠宝首饰企业可以给一部分推广对象发放优惠券，通过和没有受到优惠券的推广对象进行对比，了解优惠券是否能促使更多的推广对象购买珠宝首饰产品。

此外，促销活动可能会降低消费者对品牌的长期忠诚度，因为更多的消费者会形成重视优惠的倾向，而不是重视广告的倾向。从长期来看，这是公司在实施销售促进活动时所应重视的问题。

二、公共关系

公共关系是指用非直接付费的方式与公众和其他企业的各公共部门建立良好的关系，通过赢得公众的好感、树立本企业和产品的良好形象、控制或避免不友好的传闻、现象或事件发生等，最终促进产品销售的活动。

公共关系与其他促销手段的最大不同是它不是一种短期行为，具有高度可信性、传达力强、间接性、长期性、双向性和全方位性的特点。从短时间看其效果并不明显，但通过有效运用公关手段，将对珠宝首饰企业长期良好形象的树立起到很大的作用。

（一）公共关系的促销作用

1.协助企业开发新产品

珠宝首饰企业通过赠送、慈善义捐、赞助公益活动等形式推出新产品，有时其效果要大于直接的广告宣传。由于和其他事件进行结合，这样的宣传能够吸引更多的潜在顾客，同时能够通过媒体报道获得更大的曝光度。

2.建立与顾客的良好关系

珠宝首饰企业可以举办或参与各种社会公益活动和文化娱乐活动等，以形成企业与顾客之间的和谐气氛。由于消费方式的转变和获取信息渠道的多样化，消费者有向珠宝首饰行业专业人士咨询的需求。珠宝首饰企业针对这些需求提供免费的珠宝首饰知识讲座或付费咨询服务，有助于建立与顾客的良好关系，获得顾客的认可。

3.协助对企业或产品的重新定位

某项商品往往销售一段时间后需要重新进行定位，这时公共关系的作用就变得很重要。2024年底，百年珠宝老字号老凤祥与风靡全球的休闲竞技手游《蛋仔派对》跨界合作，开启了快闪店品牌发布会、联名金饰品、联名游戏地图等一系列联动活动，全网曝光量达到4008.8万+，受到了广泛关注和热议，不仅吸引了首饰爱好者，也吸引了游戏爱好者对品牌进行关注。

4.保护已经出现公众问题的产品

有时企业的产品可能出现消费者的信任危机，如某批号产品的质量检验不合格。这时公共关系的作用往往大于广告宣传，它可以通过良好的沟通，消除公众的不信任感。2013年央视3.15晚会曝光百泰首饰的千足金首饰成色不足，百泰首饰及时通过新浪微博平台发表声明，表示对事件的关注，同时会进行相应调查，承担责任，并在接下来几天陆续发布检查情况和检查结果，品牌声誉也在逐步恢复。

5.建立有利于表现商品特点的企业形象

通过演说、公益活动、公众宣传等公关手段，可以树立企业的良好形象，赢得公众的好感。TESIRO通灵公司举办多种形式的钻石文化沙龙，如比利时钻石文化、钻石工艺美学鉴赏、饰品搭配技巧等，邀请钻石专家和消费者进行互动，营造了TESIRO在消费者心目中的高端品牌形象。

（二）公共关系的促销方法

1.新闻宣传

一则具有影响力的新闻，对树立企业形象、扩大产品销售，具有不可估量的作用。因此，企业公关人员应与新闻媒体建立良好的关系，发展或创造对企业、对企业产品、对企业人员有利的新闻，及时将具有宣传报道价值的信息提供给有关新闻媒体，增加新闻报道的可能性。珠宝首饰企业可通过召开新闻发布会，向外界发布有关品牌的重要消息，提高品牌的影响力。

2.演讲

演讲是指企业的各级领导人或新闻发言人在企业外部或内部的会议上，做富有魅力的讲话、演说，通过这种演说，圆满地解决公众存在的问题或进行说明性的宣传。老凤祥股份有限公司董事长石力华是当年参与老凤祥改革的主要人员之一。2021年9月，石力华在"2021上海黄浦国资国企改革研讨会"作主题发言，从"战略引领发展、改革激发活力、传承凝聚力量、创新领头行业"四个方面深入剖析了老凤祥的发展历程、改革方式、积累传承和创新理念，展现了老凤祥良好的形象，有助于提升品牌影响力。

3.特殊活动

珠宝首饰品牌的公关人员可通过安排一些特殊活动来吸引公众对其新产品或品牌的关注。这些活动包括珠宝首饰展览会、珠宝拍卖会、珠宝研讨会等。珠宝首饰品牌也可通过赞助奢侈品品牌巡展和各类高端论坛来提升自己的知名度和影响力。

4.参与各种社会公益活动

企业还可以通过积极参与社会公益活动向组织或个人捐赠一定的金钱和时间，提供一定的服务，来提高企业的公众信誉和对企业的道德评价，树立良好的企业形象。珠宝首饰企业可以定期举办珠宝首饰产品专业知识公益讲座，邀请专家和学者为消费者解答问题，消除消费者购买珠宝首饰的疑虑，提升品牌形象。

第五节　促销策略发展新趋势

随着新消费时代的来临及数字化技术的冲击，消费者的决策模式和需求偏好发生了变化，更倾向于个性化和服务化，千人千面的用户画像让促销策略的选择变得更加复杂。以往只强调价格优惠的珠宝首饰促销策略逐渐失去消费者的认同，而精准化、互动化的促销策略更能强化珠宝首饰商品的内涵与价值。

一、基于大数据的策略转变

珠宝首饰企业可以通过数据信息系统把促销策略与产品销售、市场环境、各销售终端人员的行为、渠道质量、促销方案和成本数据相结合，形成一种可行的促销系统化方案。如上文所述，与快消品不同，珠宝产品主要体现出非标准化产品的特征，消费者在购买决策过程中更强调参与的体验感，这也给珠宝首饰促销策略设计与执行带来难度与挑战，基于大数据思维对珠宝首饰促销策略进行调整，不仅能够通过减少低效促销投入来"节流"，也能通过优化促销设计实现"开源"，从而有效帮助珠宝首饰企业进行精准促销。

（一）大数据思维有利于平衡多元促销目的与形式

珠宝首饰企业优化促销管理的关键，就是通过建立全面完整的数据库和加强过程管理的透明度。在珠宝首饰行业竞争同质化的背景下，企业促销目的从促进销量、提升品牌认知，到拓展渠道、提升客户满意度，甚至是通过加快促销从而减轻库存压力。当促销活动预期实现的目的越来越多，策略设计就越为复杂，因此采用大数据思维进行设计，对目的与形式进行平衡，才能提升促销活动的有效性。通过从市场部、财务部、销售部及各销售区域乃至经销商、终端门店收集不同格式的电子表格、手工文件、销售数据、客户数据和外部市场指数，然后综合多源数据建立完整数据库，支持每个产品、每个客户、每档促销及每种费用类型的费用数据和定量效果，再利用数据挖掘工具进行文件的快速提取、整合、验证与分析，才能在最短的时间内为企业提供多维度促销分析报告。

（二）大数据模型是精准促销的重要决策依据

国内部分珠宝首饰企业获得高速发展的原因，是把握住了中国珠宝发展的高峰期及黄金产品的上升期，从而完成了原始积累与企业的初步扩张。但是，随着珠宝首饰市场的进一步细分，任何珠宝首饰企业都难以凭借无差异营销占据领先的市场份额，对已有消费者群体的精准分析，成为各珠宝首饰企业通过促销策略渗透市场的重要前提。

要对消费者群体进行精准分析，并指导企业的促销策略实施，离不开企业对大数据的分析和运算。珠宝首饰企业需要在已有数据资源的基础上开发一系列的数据分析模型，例如全面体现各类促销费用占比和效果的"费用结构与利润率模型"，帮助企业优化促销活动设计的"促销要素有效性模型"，以及考虑如何应对竞争对手促销的"促销竞争分析模型"等。在2022年双11期间，六福珠宝针对不同的消费者群体制定了差异化促销策略，分众发送不同的"双十一"优惠信息，使顾客对促销活动形成正向关联，六福珠宝的客单价在此期间有了大幅提升。

（三）数据分析技术有助于提升促销管理规范化程度

深入的数据建模与分析可极大提高企业促销决策的理性程度，且具有可重复性。对珠宝首饰企业而言，当通过海量数据分析洞察和预测出消费者的偏好及价格接受度，或是归纳分析出各种渠道形式的测试销售数据及消费者对各种产品组合的价格段反应后，用于指导企业不断调整产品的促销方向，预判促销策略的市场反应，制定科学的价格策略。这些经过科学性验证的数据和结论，能帮助珠宝首饰企业规避传统促销活动中偏于主观的促销设计带来的弊端，将分析工具与技术嵌入企业的日常流程，成为促销决策的必要环节。

二、媒体社交化变革的启示

媒体社交化反映了媒体形态从过去的大众模式转变为以互联网为技术基础的互动媒体模式，其最重要的载体形式称为社交媒体。社交媒体促销也随着媒介社交化的普及应运而生，社交媒体促销是基于互联网媒体平台的新形势促销手段，通常以微博、微信、App、H5等新媒体为传播渠道，就商品的价值和场景等信息进行促销的一系列活动。与依托传统媒体的促销活动相比，社交媒体以下特征对珠宝首饰促销策略产生重要影响。

（一）呈现个性化特征

社交媒体立足于强大的用户数据收集与分析能力，能够根据不同类别顾客的特点和需求开展有针对性的促销活动，而不是像传统促销活动一样对所有接收信息的用户进行单向无差别传播。从近两年的珠宝首饰销售数据可以看出，抖音、快手、小红书等社交媒体平台已经成为各大珠宝首饰品牌的新战场，多个珠宝首饰品牌已经进驻这些平台，通过明星、达人、网红等直播的方式与不同类别特征的消费者沟通互动，强化消费者的购物体验。因此，社交媒体促销能够有效针对不同类别顾客的特点和需求设计与实施促销方案，有助于将珠宝首饰的个性化特征在目标群体中传播，取得顾客认同和响应的概率更大。

（二）提升互动化效应

以报刊、广播和电视等为代表的传统媒体促销主要关注顾客的覆盖率，通过广阔的渠道覆盖来实现信息传递范围的扩大。社交媒体促销活动的逻辑与传统媒体促销存在本质的区别，该形式促销活动更加关注的是对目标顾客群体的精准投放，构建消费过程中的参与感，也有利于珠宝首饰品牌商及时获取顾客的反馈信息。双向沟通与互动一直是中国珠宝首饰企业进行促销推广的软肋，其结果是顾客群体缺乏对珠宝首饰品牌的价值认同，促销活动最终演变为价格战。社交媒体平台的发展有望帮助珠宝首饰企业破解这一难题，通过灵活运用多种媒介载体，顾客可以随时与企业进行互动，企业也能借助社会化媒体平台开展珠宝热点资讯交流、直播珠宝设计创作、新品首饰展示介绍、文玩珠宝在线鉴定、珠宝展览现场盛况等多元化活动，帮助顾客更多地参与产品的销售服务过程。

（三）信息传播快速高效

社交媒体的传播速度快，传播强度大，传播内容能够涵盖图片、文字、音频、视频等多样化信息，这些内容更加生动形象、直观可视，容易被顾客迅速接收和理解。这些传播特点能够帮助珠宝首饰企业有效弥补传统促销活动传播节点简单、传播链条较短的不足。例如，珠宝首饰电视广告的传播从企业通过广告把信息传递给观众就结束了，只有企业和观众两个参与方。社交化媒体受益于技术发展和平台模式的普及，使珠宝首饰促销活动传播的链条大大增加，且具有自发传播的能力和特点，有助于珠宝首饰促销活动的影响周期延长。

（四）效果测评数据化

数据化表达是社交媒体促销的重要特征，社交媒体促销的第一步就是要对与活动相关的对象进行数据化挖掘与评估。例如，通过浏览记录、搜索记录等用户行为进行数据挖掘和分层分类分析，实现用数据描述顾客群体特征的目标地。在此基础上，珠宝首饰企业在社交媒体上的促销活动就有了使用具体数据展示活动效果的依据。DR钻戒与多所高校社团和校园关键意见消费者（KOC）进行合作，在高校社群和朋友圈投放活动海报和文案，以"打折促销""免费刻印戒指"为价值引爆点，最终在抖音短视频总播放量达37.3万，高校表白墙上的品牌视频和图文内容实际总浏览量达16.5万，极大程度提高了活动吸引力和品牌知名度，达到理想的宣传推广效果。

三、认识直复营销的重要性

直复营销是指不通过营销中间商，而是利用直接面向消费者的渠道来对接客户并交付产品和服务。在其企业的营销体系中，直复营销既可以从分销网络的视角关注直复营销在分销渠道中的作用，也可以将其视为一种促销工具，用来丰富和完善企业的促销策略❶。根据美国直复营销协会（American Direct Marketing Association, ADMA）的定义，直复营销是一种互动式的营销策略，使用一种或多种媒介载体来影响任何地点的可衡量的客户回应或交易行为。直复营销这种策略本身就包含大量的传播渠道，在珠宝首饰行业，常见的直复营销模式包括网络营销、电视营销、目录营销和互联网营销等。在大量信息冲击消费者心智的时代背景下，直复营销在珠宝首饰行业的促销策略体系中扮演着越来越重要的作用，相较于传统促销模式，直复营销能为消费者带来以下好处。

（1）降低消费者的整体感知成本。直复营销可以有效减除销售中间商的环节，确保珠宝首饰品牌内在价值能够从企业直接传递给目标消费群体，更重要的是通过减少中间

---

❶ 格雷格 W.马歇尔，马克 W.约翰斯通.营销管理 [M]. 2版.董伊人，葛琳，译.北京：机械工业出版社，2017.

商加价环节后，有助于消费者降低对商品整体成本的感知。尤其当直复营销作为一种促销策略来使用时，能减少显性成本，最大化释放出珠宝首饰品牌的符号化价值。

（2）顺应网络通信技术的发展趋势。媒体是直复营销成功的关键，以互联网技术为载体的新媒体蓬勃发展起来后，国内众多珠宝首饰企业也在突破传统的促销方式，利用离线商务模式（O2O）、大数据、云计算等前沿技术及快捷的传输速度，探索新的商业生态，并在一定程度上取得成功。2020年以后，直播带货成为很多商家开展商品推广和销售的重要阵地，珠宝首饰行业的稀缺性和高单客价也让其从中受益，例如潮宏基珠宝基于已经积累起的960万私域用户流量，在2021年策划了两场私域直播，商品交易额分别为6000万元和8000万元，一度成为珠宝首饰行业直播销售的标杆案例。

（3）适应消费者个性化需求的发展趋势。通过直复营销，珠宝首饰企业可及时洞察不同目标客户群体的独特性需求，并根据每位消费者的特殊需要定制产品，从而提高消费者对珠宝首饰商品的满意度。

四、促销策略发展新趋势的总结

从上述珠宝首饰促销策略发展新趋势的内容可以看出，随着新技术、新媒体和新模式的发展，珠宝首饰企业应当在实施促销策略过程中紧跟时代发展的步伐，在追求销量扩增、知名度提升的同时，也应致力于为消费者提供节省时间、减少信息干扰、满足个性化需要等好处。需要注意的是，尽管本章仅仅解释了大数据思维、社交媒体与直复营销模式对促销策略的影响，但在实际经营管理过程中，部分珠宝首饰企业已经将上述技术手段普遍应用于营销策略与销售方式，体现为战术层面与战略层面的区别。

本章小结

整合营销沟通被定义为一个营销的传播计划概念，注重综合计划的增加值，即通过评价广告、直接邮寄、人员推销和公共关系等传播手段的战略作用，以提供明确、一致和最有效的传播影响力。营销沟通的工具按照概念划分为广义和狭义，广义包括产品样式、包装颜色与外观、价格等，狭义包括网络营销、终端广告等专用工具。营销传播需要知道目标受众现在的位置及需要达到的阶段，这样才可以往下制定营销沟通预算、选择营销沟通方式及设计营销组合。

人员推销是一种双向的、人际交流型的促销行为，即通过面对面形式、电话媒体、会议或其他形式，销售人员与个体消费者之间进行沟通交流，以促进产品销售。人员推销以人为载体，推销队伍模式有按地区划分的模式、按产品划分的模式、按顾客类别划分的模式和复合模式。现代人员推销技巧丰富，大致包括以下六个步骤：搜寻和确定潜在顾客、事先准备阶段、销售宣讲阶段、处理顾客的异议、结束宣讲和销售、顾客追踪与售后服务。

美国市场营销协会（AMA）对广告的定义是：广告主是以付费的方式，通过各种传播媒体，对商品、劳务或观念等所做的任何形式的非人员介绍及推广。对于广告决定，分为以下几个步骤：确定广告目标、确定广告预算、制定广告策略、广告效果评价。

销售促进由各种激励工具构成，通常是短期性的，用来刺激消费者或经销商迅速或大量购买特定的产品或服务。在进行销售促进时，珠宝首饰企业需要建立目标、选择方法、制定方案、执行和控制方案以及评估结果。

公共关系是指用非直接付费的方式与公众和其他企业的各公共部门建立良好的关系。有效运用公关手段，能帮助珠宝首饰企业树立长期的良好形象。

促销策略发展的新趋势应当重点关注大数据思维构建、媒体社交化变革、多渠道直销应用的影响。

重要名词

整合营销沟通　人员推销　广告　销售促进　公共关系　直复营销

复习思考题

1.你是如何理解"整合营销沟通"这一概念的？营销沟通组合一般考虑哪些要素？
2.你对各种整合营销沟通工具的特点有何认识？
3.珠宝企业基于关系营销的人员推销程序是什么？
4.珠宝企业推销团队的推销战略有哪些？
5.在进行广告决策过程中，珠宝企业必须做好的五项重要决策分别是？

第十一章　珠宝首饰促销策略

6. 如何分配广告预算？

7. 珠宝首饰企业应该如何评价销售促进的效果？

8. 珠宝首饰企业在产品出现质量问题时，如何通过公共关系活动化解品牌危机？

9. 相较于传统促销策略而言，珠宝首饰行业三类新型促销策略分别有哪些优势和特点？

📖 **章后测练**

第十二章　珠宝首饰营销组合策略

本章提要

　　通过本章学习，可让学生掌握在营销研究中陆续出现的四种营销组合策略，以及了解四种营销组合策略所强调的重点和原则。

💡 **章前引例**　　周大福一切以顾客为中心

第一节　4P营销组合策略

　　4P营销组合策略产生于20世纪60年代的美国，1960年杰罗姆·麦卡锡在其所著的《基础营销》一书中明确提出四种要素：产品（product）、价格（price）、渠道（place）、促销（promotion），这四个要素的英文首字母都是P，简称4P。1967年，菲利普·科特勒在《营销管理：分析、规划与控制》中确认了以4P为核心的营销组合方法❶。

一、4P营销组合策略的主要内容

　　4P营销组合策略的核心观点是，企业的营销策略主要包括四个方面：产品、价格、渠道和促销，企业营销工作的重点是制定、实施这四方面的策略。

---

❶ 王方华，徐飞.赢利模式3.0：变革时期的竞合[M].北京：机械工业出版社，2009.

（一）产品策略

产品策略，主要解决为了满足顾客需求企业应该向目标市场提供什么样的产品，进而实现企业营销目标的问题。产品策略是整个营销组合策略的核心，包括产品整体概念设计、产品组合设计、产品品牌设计、产品包装设计、产品服务策略设计及新产品开发等在内的一系列决策。

（二）定价策略

定价策略，主要解决企业应该如何制定价格，进而实现企业营销目标的问题。定价策略包括定价目标的设定、基本定价思想的确定、价格的制定、支付货款的方式及调价策略的选择等在内的一系列决策。

（三）渠道策略

渠道策略，主要解决产品应该如何从企业流向市场，进而实现企业营销目标的问题。渠道策略包括渠道结构设计、渠道商的选择、渠道的管理等在内的一系列决策。

（四）促销策略

促销策略，主要解决企业应该如何有效影响顾客的行为，进而实现其营销目标的问题。促销策略包括企业如何设计广告、如何开展人员推销、如何实施营业推广、如何建设公共关系及如何制订推广计划等在内的一系列决策。

二、4P营销组合策略的特征

4P营销组合策略中的四种营销策略并不是独立发挥作用的，而是相互作用，共同影响营销目标的实现。

（一）整体性

4P营销组合策略中的四种营销策略相互协调、相互配合、才能形成较强的合力。比如，要实现企业品牌策略，需要价格策略、渠道策略和促销策略的配合。当然不同的要素策略之间也可能发生冲突，如要提升产品质量就需要增加成本，这可能会提升价格，对定价目标的实现就会产生影响。企业制定各项策略时要结合企业的整体目标进行综合平衡，以使营销策略组合能产出最佳的整体效应。

（二）复合性

4P营销组合策略中的任何一种策略都是各种具体决策的综合，如制定产品策略，要做出品牌决策、包装决策；而包装决策中又包含更具体的营销技巧，比如，如何保证包装的吸引力、如何在运输途中保护商品等。每一种营销策略都是各种具体的营销技巧和营销方法的复合运用。

（三）主动性

企业对于营销策略的制定有绝对的主动权。营销策略从本质上讲是企业对其内部的可控因素加以组织和运用的决策，企业对于营销策略组合的选择和运用具有绝对的主动性。

（四）灵活性

企业发展过程中，总会面临不同的营销环境，不同的发展阶段也会设立不同的营销目标，企业营销策略也必须随之调整，这样才能适应营销环境的需要，保证营销目标的实现。

三、4P营销组合策略珠宝企业营销的要点

4P营销组合策略中总结的四种营销策略是企业最基本的营销策略，当代珠宝企业的4P营销组合策略要注意如下的要点。

（一）把产品策略作为核心

珠宝营销的产品策略主要涉及：第一，珠宝产品的设计，美观是顾客对珠宝产品的基本要求。产品设计除了美观还要注意对产品成本的影响，尤其珠宝产品的原材料成本在整体成本中占据极大的比重。奢侈品类的珠宝还应该同时具有收藏性、投资性。第二，珠宝产品品牌的塑造，品牌能够满足顾客某种价值观的表达，也能满足顾客的炫耀心理，品牌是珠宝产品提供给顾客的重要附加价值。第三，珠宝产品包装策略，包装要能保护珠宝产品不受损害，还要吸引顾客的注意力，提升产品的整体价值。第四、设计珠宝产品组合，产品组合既保证企业能提供给顾客丰富的产品，也能结合不同的定价策略提升企业整体的竞争能力。

（二）从顾客成本角度考虑定价

定价是企业的内部决策，但是企业制定的价格却是顾客要付出的成本，所以一定要考虑顾客愿意付出的成本，即顾客愿意接受的价格。珠宝产品的定价可以分为两大类：第一类是成本比较容易确定的，顾客更愿意接受按照生产成本制定的价格，如金饰一般都是按照金的克数，加上一定的加工费和利润率。第二类是成本不太容易确定的，顾客可以接受参考需求和竞争状况制定的价格，需求决定价格的上限，竞争调节最终价格。比如，很多水晶产品，顾客很难识别成本是多少，此类产品主要由需求和竞争状况决定价格。

值得注意的是，随着珠宝消费越来越大众化，顾客购买珠宝更多的是满足装饰的需求，更追求美观，不容易接受太高的价格。降低成本进而降低价格就成为很多珠宝企业的工作重点，例如，很多品牌在选材上很重视混搭，既保证了美观，也实现了降低成本。

（三）致力于打造全渠道

珠宝营销中的渠道策略主要涉及：第一是渠道设计，包括渠道的宽度和长度的设计，珠宝企业的渠道普遍比较宽，增加渠道覆盖面对于企业增加销量、降低成本具有重要意义；三、四线城市珠宝产品消费能力的增长也吸引着珠宝企业不断下沉。另外，目前有一定实力的珠宝企业都在打造线上与线下联合发展的全渠道。第二是渠道的管理问题，主要包括渠道成员的选择和管理等问题，目前的珠宝企业扩展渠道有直营和加盟两种形式，很多主流珠宝企业采用的是加盟或者代理的形式拓展市场，这些加盟商或者代理商既是企业的合作伙伴，也是企业的顾客，管理比较复杂。另外各大品牌纷纷加强了在各大电商平台上的布局，通过打造线上销售体系，形成立体化的销售架构；如何管理线上企业，如何解决线上与线下互搏的问题也是困扰珠宝企业的新难题。

（四）线上、线下联合促销

随着网络营销的发展，珠宝企业的促销也呈现出线上、线下深度结合的特点。珠宝企业的促销策略主要涉及：第一是广告设计，线上、线下同发力，传统媒介和新兴媒介都是珠宝企业争夺的地盘；第二是公共关系，各类公关举措，既是企业承担社会责任与社会维持良好关系的方式，也是增加知名度塑造企业品牌的重要途径；第三是营业推广，营业推广策略包括各种打折促销方式，是增加短时间销量的重要方法；第四是人员推销，在珠宝企业人员推销是重要的促销手段，有能力的、工作积极的导购或者主播，对珠宝销售影响巨大。

第二节　4C营销组合策略

随着经济的发展，市场竞争越来越激烈，供求关系的变化让顾客拥有了更大的话语权，市场上越来越需要一种新的理论指导企业的营销活动，在此背景下1990年美国北卡罗来纳大学劳特朋教授提出4C营销组合策略。

一、4C营销组合策略的主要内容

4C分别指：顾客（customer）、成本（cost）、便利（convenience）、沟通（communication）。4C营销组合策略提出，企业必须思考在营销过程中如何更好地满足顾客的需求。

（一）顾客

顾客是4C营销组合策略的核心，企业与企业之间竞争的核心是获取顾客，企业如果只关注产品而忽视了顾客真实的需求，顾客将会选择竞争对手，因此企业一切的决策都要以满足顾客需求为指导。

（二）成本

传统上企业的成本主要是指企业运作的成本，但是在4C营销组合策略中的成本含义很广泛。企业除了需要关注为了满足顾客需求所需要支付的运营成本，还要关注顾客为了让自己的需求得到满足而愿意付出的所有成本，通常包括花费的资金、时间，以及耗费的体力和精力等。

（三）便利

大部分时候提供给顾客更多的便利，是降低顾客某方面成本的重要途径，比如，更广泛的分销渠道方便顾客购买的同时，也能够降低顾客的时间成本；艳丽的包装，方便了顾客寻找产品，也降低了顾客的搜寻成本。

（四）沟通

4C营销组合策略中的沟通强调企业要与客户进行有效的"双向沟通"，尝试与客户建立"共同利益"，从而实现"双赢"。这种沟通不仅仅是发生在促销过程中，而是发生在企业的所有营销活动中，全面掌握顾客的信息，同时让顾客更了解企业。

二、4C营销组合策略的特点

4C营销组合策略并不是对4P营销组合策略的替代，而是在4P营销组合策略的基础上发展的，对如何制定和实施4P营销组合策略提出了具体的要求。

（一）强调以顾客利益为核心

4P营销组合策略基于企业角度去研究如何开展营销活动实现企业利润，而4C营销组合策略提出，企业营销工作的重点是了解顾客的需求，以此为目标来设计产品、制定价格、设计渠道和进行营销沟通。这给企业提出了新的思路，比如，在传统逻辑上，企业调研顾客需求设计产品，根据产品成本制定合理的价格，通过企业搭建科学的渠道，将产品传递给顾客。但是4C营销组合策略要求企业在了解顾客需求的同时了解顾客能够接受的价格，根据顾客能够接受的价格设计产品，通过顾客觉得便利的渠道传递给顾客。一样的工作，出发点不同，效果也不一样。

（二）要在成本和便利之间权衡

4C营销组合策略提出了四大要素，顾客、成本、便利和沟通。其中对成本的重视，主要是强调要降低顾客总体成本；对便利的重视，主要是强调要提供给顾客便利性。这两者之间可能会存在一定的矛盾，比如，珠宝企业大部分选择更广泛的分销，这就需要更多的渠道建设和管理成本，这可能意味着顾客要承担更多的金钱成本。企业要经常在便利性和成本之间权衡。

（三）强调双向的营销沟通

要关注顾客就要了解顾客，以及多方位收集顾客信息，所以4C营销组合策略的营销沟通是双向的沟通，是以顾客为中心的沟通。企业要建立双向的互动关系，企业要传递需要传递的信息，也要关注顾客的反馈。这就需要企业给顾客的反馈建立便利的通道。

4C营销组合策略把顾客放在中心位置，这是符合当代竞争特点的，但是过分强调顾客的利益，不免对企业利益有所疏忽，而企业经营的最终目的必然是获利，关注顾客利益只是企业实现获利目标的手段。

三、从4C营销组合策略看珠宝企业营销活动的要点

4C营销组合策略提出的大背景是市场上产品供过于求，环境的变化对所有企业的营销活动提出了新的要求，4C营销组合策略为处于激烈竞争的企业指明了在新环境下实施4P营销组合策略的要点，其提出的营销原则也同样适用于珠宝企业。

（一）关注满足顾客需求

满足顾客需求要深入挖掘目标市场的主要需求，了解目标市场的衍生需求，同时关注需求的变化。深入挖掘目标市场需求的前提是对顾客需求进行科学的细分，然后针对不同的顾客需求提供不同的解决方案。珠宝企业需要思考顾客在消费某个产品时产生的衍生需求。比如，作为首饰产品，经常佩戴会产生氧化，顾客会需要清洗服务，企业可以设计独特的清洗工具，或者提供配套服务。另外，顾客需求会随着环境改变而发生变化，企业需要关注变化、了解趋势，及时调整相关的营销策略。

（二）减少顾客需要付出的总成本

珠宝企业要全面分析顾客在购买首饰时需要付出的成本有哪些。比如，信息收集成本、挑选成本、购买成本、维护成本等，同时成本既包括金钱也包括时间和精力成本，单独降低一类成本是没办法让顾客满意的。要全面降低所有成本就必须进行综合设计，例如，企业在制定价格时，要考虑降低顾客的金钱成本，一定要考虑顾客能够接受的价格是多少，为了能够生产出顾客买得起的产品，珠宝企业需要创新原材料、创新生产工艺、调整销售地点等。同时，珠宝企业也要注意保证顾客时间和精力成本的节约，不能因为降低金钱成本，而过多增加顾客的其他成本，如有些企业会选择将销售地点放在比较偏远的地点，这样可以节约店面成本、降低售价，但是由于地点偏远顾客的时间成本就会增加，顾客的总成本也会增加，顾客还是不会选择本企业产品。与此类似的是有些珠宝企业在电商领域选择利用效率特别低下的快递服务来完成送货，这些措施也会增加顾客的整体成本。

（三）全方位为顾客提供便利

珠宝企业要思考顾客的购物场景，基于珠宝购物的场景，不断思考顾客在购物过程

中可能存在的障碍，比如，收集产品信息可能存在的障碍，比如，过高的价格可能产生的消费障碍，再比如，购买中选择产品的障碍，然后一一帮助顾客解决。例如，为了降低顾客选择产品的障碍，实体店中提供导购，电商领域提供详细的图文说明或者直播等，这样才能真正地提升顾客满意度。

（四）大力开拓双赢的双向沟通

4C提出要以顾客为核心，其实顾客为核心的前提应该是了解顾客。单方向沟通没办法有效实现这个目标，珠宝企业必须借助各种工具，如微博、微信群、大数据分析等，不断了解顾客的需求。同时让顾客可以低成本的、方便的传达自己的观点。为此珠宝企业要注意顾客在各种渠道的反馈，包括购物评价，直播间的交流等。

4C营销组合策略能为更好地实施4P营销组合策略提供指导。4C营销组合策略告诫珠宝企业，在实施各种营销策略的时候出发点一定要是顾客，强调企业在营销方面的重视，有效降低顾客成本、为顾客提供最大化的利益，以及与顾客开展双向沟通。

第三节　4R营销组合策略

4C营销组合策略强调以顾客为核心，在实践中很具指导意义。但是实践经验表明过于强调顾客的利益，并不利于企业的长远发展，而且并不能有效建立持久的竞争优势。美国西北大学的唐·舒尔茨教授提出的4R营销组合策略对上述问题做了回应。

一、4R营销组合策略的主要内容

4R营销组合策略认为，随着市场的发展，企业需要从更高层次上以更有效的方式在企业与顾客之间建立起有别于传统的、新型的互动关系，只有与顾客建立了这种关系，企业才能在市场上获得比较持久的竞争优势，而且顾客和企业都应该从营销活动中获得更好的回报。4R是指关联（relevance）、反应（reaction）、关系（relationship）和回报（reward）❶。

---

❶ 李妍菲.唐·E.舒尔茨的理论回顾[J].企业管理.2020（10）：113-116.

（一）关联

关联强调企业要与顾客建立全方位的关联。在竞争激烈的市场中，顾客选择余地较大，转换成本较低，很难建立起顾客忠诚度。尤其随着互联网的发展，顾客鼠标一点，就可以选择其他企业。要赢得长期而稳定的市场，就需要通过一切可以接触的点把顾客与企业联系在一起。有了与顾客的更多关联，才能建立更长远、更牢固的关系。

（二）反应

反应提示企业要提高市场反应速度。信息沟通技术在不断发展，带来便利的同时，顾客的耐心也变得越来越少，在互动沟通过程中，对经营者来说最现实的问题不在于如何控制、制订和实施计划，而在于如何站在顾客的角度及时倾听顾客的希望、渴望和需求，并及时答复和迅速作出反应，以满足顾客的要求。快速反应是提升顾客满意度的重要保障，也是建立与顾客长远关系的基础条件。

（三）关系

关系是4R营销组合策略的核心，顾客转换成本的降低使抢占市场的关键转变为与顾客建立长期而稳固的关系。大量研究表明，老顾客带来的价值远比新顾客要多，但是维护老顾客的成本要比吸引新顾客低很多。与顾客保持长远关系，成为企业获得长久竞争优势的重要条件。

（四）回报

回报包括两方面，即给顾客的回报和给企业的回报。企业要满足客户需求，为客户提供价值，但不能以此为最终目标，营销必须注重企业在营销活动中的回报。一切营销活动都必须以为顾客及股东同时创造价值为目的。

4R营销组合策略进一步强调了顾客在营销活动中的重要性，强调企业发展过程中要致力于与顾客建立长期稳固的关系，但是4R理论也强调了这一切必须以实现企业利润为最终目标，不能本末倒置。

二、4R营销组合策略的特点

4R营销理论以关系营销为核心，建议通过顾客忠诚度来建立长久竞争优势，认为一旦双方建立了良好的关系，无论是企业的利益还是顾客的利益都更能得到满足，是一个更切合实际、可操作性更强的理论体系。该理论具有如下特点。

（一）以竞争为导向

4R营销组合策略探讨的是如何建立竞争优势的问题，4R营销组合策略认为顾客忠诚度是很重要的竞争优势。在市场不断成熟的同时，竞争越来越激烈，只是简单满足顾客的需求，已无法适应新的竞争环境，无法建立顾客的忠诚。企业必须想办法建立新的竞争优势，与顾客保持良性互动，形成长久稳固的关系是最有效的途径。

（二）重视双方的回报

4R营销组合策略十分强调双方的回报，提出营销活动的有效性体现在企业和顾客双方在营销活动后是否获得应有的回报，顾客要以合理的成本获得需求的满足，企业要获得长远的竞争优势和最终的利润回报。同时4R营销组合策略为企业指明了获得回报的路径，不断产生关联，快速回应顾客需求，建立互动关系。

（三）以关系营销为核心

4R营销组合策略认为企业营销的重点应该围绕如何与顾客建立持久的良性关系，四要素中"关系"这个要素处于中心位置，是企业不断建立与顾客的关联，同时快速响应顾客需求的最终目标，同时也是企业和顾客都获得回报的关键。但是关系的建立不会是一朝一夕，而且即使与顾客建立了良好的关系，这种关系带来的价值如何去衡量，也是企业需要思考的问题。

（四）强调互动的及时性

与4C营销组合策略只强调双向沟通不同。4R营销组合策略进一步明确，互动要及时，尤其是企业对顾客的反馈要及时作出反应。在所有关联点上，企业都要保证及时互动。及时互动不仅仅为了有效满足顾客要求，其实对顾客的互动行为也有鼓励作用。有了频繁的互动，顾客参与感得到满足的同时，受尊重的需求也得到满足，才有可能成为企业的朋友。

4R营销组合策略提出拥有与顾客长久、坚固的关系是企业的一种重要的竞争优势，为很多企业的营销活动提供了努力的方向。但是这种竞争优势的形成，需要长期的运营，企业要做好长期努力的准备。而且企业需要设计具体的考核指标来评价与顾客建立的关系给企业带来了多大的利润，只有这样4R营销组合策略在企业中的价值才能真正体现出来。

三、从4R营销组合策略看珠宝企业营销的要点

4R营销组合策略是以关系营销为核心，重在建立顾客忠诚度。它既从厂商的利益出发又兼顾顾客的需求，是满足了双方目标的一个更现实的理论。当然要以关系营销为核心建立竞争优势，珠宝企业的营销活动也需要作出一些调整。

（一）梳理所有可能与顾客产生关联的接触点

4R营销组合策略提出企业要与顾客建立关联，形成一种双向的互动关系。这种关联越丰富越好，比如，用一生爱一人的DR钻戒品牌通过自己的品牌文化吸引顾客注意。建议至少从售前、售中和售后三个方面思考有哪些点可以接触顾客、形成互动。比如，售前的导购就是一个重要的接触点，企业要思考如何在这个接触点与顾客建立关联，对导购进行话术培训，鼓励导购与顾客互换微信等；再比如，售后，珠宝企业要通过各种途径接触顾客，在顾客生日时送上祝福、为顾客提供免费清洗服务等。企业与顾客的接触点越多，就越有可能建立更多关联，同时顾客对企业的了解和投入越多，顾客的忠诚度可能就越高。

（二）提高对顾客反馈的反应速度

反馈第一步是要找能听到顾客声音的途径，如销售人员、微博、公众号和售后评价等，珠宝企业还可以坚持做问卷调查和大数据分析。反馈第二步是及时反应，现在的顾客没有太多耐心等待企业花费很长时间去做好准备后采取行动，他需要及时的反馈。这个反馈不一定是实际的措施，可能只是互动。比如，顾客对产品设计有想法，不见得企业一定要改版，因为那需要很多的工作，及时告诉顾客你感谢他的参与，认为他的想法很棒，就是一种有效反馈。顾客对产品质量有抱怨，及时表示歉意，保证在调查后给顾客一个交代，这也是有效的反馈。反馈第三步是仔细思考要不要满足顾客要求，因为有些顾客的要求是比较苛刻的，可能根本无法满足，那企业的反馈也只能是停留在前两个阶段，但是企业还是做到了及时的反馈。当然，如果顾客要求合理，企业还是要尽量满足顾客要求，尽管可能会花费较高的成本，但是这是与顾客建立长远和牢固关系的重要方式。

（三）全方位的互动关系

珠宝企业要在所有的接触点尽量多主动与顾客互动，而且在互动中，企业要以建立长久的关系为目标。例如，销售完成后销售经理主动联系顾客提供售后服务、专属的客

户经理主动为顾客送上节日祝福和小礼物等，这些互动没有短期利益，但是有利于建立长期关系。广泛的接触点、频繁主动地互动，以及不以交易为目标的关系维护行为，能够让企业成为顾客的朋友。在不打扰顾客的前提下围绕在顾客的周围，是建立长久关系的重要保障。

（四）设计标准体系来检验回报

4R强调营销目标设置必须注重回报，企业要建立合适的标准来考核营销活动的成果，这里不建议珠宝企业只是把销售量作为唯一的考核标准，最好把与顾客互动的各种活动都考虑到，毕竟关系的建立是一个长久的工作，一时没有销售量的提升，并不代表营销活动不成功，建议珠宝企业把粉丝增长数、粉丝互动数、顾客满意度等作为回报的一种，建立综合的指标体系进行检测。

> **拓展阅读12-2** 会员卡是一种重要的4R营销工具

第四节 4V营销组合策略

进入20世纪80年代之后，顾客的需求越来越具有个性化的特点，对企业的产品也提出了更高的要求，而且随着高科技产业的迅速崛起，营销观念、方式也不断丰富与发展。在这样的市场环境中，2001年国内的学者吴金明等综合性地提出了4V营销组合策略。

一、4V营销组合策略的主要内容

所谓"4V"是指"差异化（variation）""功能化（versatility）""附加价值（value）""共鸣（vibration）"的营销组合理论[1]。该理论认为从企业营销的实践来看，要想培育和构造企业强大的核心能力，就必须实施顾客导向战略，即在质量、品牌、服务等方面迎合顾客的需求和时尚。4V营销组合策略提出企业应该建立一种核心竞争力——与顾客产生共鸣的能力。

珠宝首饰营销管理

---

[1] 吴金明. 新经济时代的"4V"营销组合 [J]. 中国工业经济 , 2001（6）: 70-75.

（一）差异化

按照吴教授的研究，差异化营销包括产品差异化、市场差异化和形象差异化三个方面。产品差异化是指在质量、性能上明显优于同类产品；形象差异化指企业在顾客心目中树立起良好的形象；市场差异化是指具体的市场运作策略方面的差异，如价格、渠道等。

（二）功能化

功能化强调的是功能弹性化，功能弹性化是为了更精准地满足不同顾客的需求，让顾客可以按照自己的消费能力选择产品。产品功能可以分成三个层次：一是核心功能，由产品的基本功能构成，比如，手表是用来计时的，没有这个层面的功能，产品就失去了价值；二是延伸功能，即功能向纵深方向发展，如手表还可以通话，这方面的功能会提供给顾客更多便利性，当其他企业提供了这项功能，而本企业没有提供时，顾客会感觉到不便；三是附加功能，没有这方面的功能，顾客并不会有实际损失，但是顾客的感受价值会降低，如时尚设计。企业实现功能弹性化以后，顾客可以根据自己的习惯与承受能力选择具有相应功能的产品。

（三）附加价值

顾客从产品和服务中获得的价值包括基本价值与附加价值两个组成部分，基本价值是该产品提供的基础功能所产生的价值。吴教授提出的附加价值是由技术附加、营销或服务附加和企业文化与品牌附加三部分构成。4V理论强调了附加价值的重要性，提出了企业应该从提升技术附加、营销或服务附加和企业文化与品牌附加三个方面提升产品价值。

（四）共鸣

建立共鸣的能力是企业的核心竞争力，指企业营销活动彻底打动顾客的状态。为达到共鸣，首先要实现差异化，在顾客心中建立独特的形象，才能吸引顾客的注意力，才有机会产生共鸣；其次要增加顾客的感受价值，这种感受价值的增加可能与功能弹性化有关系，也可能与附加价值的增加有关系。

二、4V营销组合策略的特点

4V营销组合策略与前面营销理论最大的不同就是他更关注如何建立企业的核心竞

争力，并提出引发顾客共鸣的能力就是企业的核心能力之一。同时，该理论提供了有效建立核心能力的路径，就是在关注差异化的基础上，不断创新以实现功能弹性化，同时增加附加价值。

（一）关注核心竞争能力的建设

核心竞争能力要满足三个条件，第一是独特性、第二是创造价值、第三是不可复制。4V营销组合策略中的"差异化"可以帮助企业实现独特性，"功能弹性化"和"附加价值化"辅助实现差异化的同时，强调为顾客提供价值，最后与顾客产生的共鸣就能达到不可复制。

（二）强调与顾客的共鸣

4V营销组合策略建议企业要实施差异化营销，使自己与竞争对手区别开来，树立自己独特的形象。其实差异化营销的概念并不新鲜，4V营销组合策略更大的贡献在于提出了如何检验差异化是否成功——顾客共鸣。

（三）顾客导向

4V营销组合策略明显是以顾客为导向的，该理论提出企业的核心能力是建立与顾客的共鸣，立足于顾客的差异化需求，通过功能弹性化来满足顾客的个性化需求，同时基于顾客认可的价值进行创新，以达到与顾客的共鸣。

4V营销组合策略是在技术快速发展的基础上提出的，所以它的营销要点好像与技术发展有很密切的关系，更强调企业的创新。但是企业创新的目标是建立顾客共鸣，创新的基础是顾客需求差异化。企业还是要以顾客为导向，不要过分强调技术，否则就会迷失方向。

三、从4V营销组合策略看珠宝企业营销的要点

与顾客共鸣是很难形成的一种能力，在这种时候建议强调珠宝产业的文化属性，作为文化产业如果能够诠释和传递某种价值观❶，帮助顾客表达其内心，便更容易与顾客共鸣。

---

❶ 杨新迪，杨力行，杨明星. 文化视觉下的珠宝 [J]. 宝石和宝石学杂志，2016，18（1）：43-48.

（一）关注产品体验差异化

作为文化产品，顾客购买的往往是超越珠宝本身的东西，这就是产品体验，只有产品体验产生了差异化，才能替顾客表达文化和情绪，这是形成顾客共鸣的重要途径。比如，男士凭身份证定制，一生仅能定制一枚的 DR 求婚钻戒，寓意着"一生·唯一·真爱"，这种差异化的产品体验使企业能够与重视这种文化的顾客产生强烈的共鸣。

（二）重新设计产品实现功能弹性化

功能弹性化是为了更精准地满足不同顾客的需求，增加顾客的选择余地，而提供不同定位的系列产品。比如，完全相同的产品设计，但是使用不同的珠宝点缀来体现基础款和高配款，以便顾客根据自己的购买能力选择不同系列的产品。让同一款产品变化不同的形态来满足不同场合的装饰需求，也是功能弹性化的一种表现，比如，法国 La Mélodie 美麓蒂珠宝就有一款产品，可以拆分成五件来佩戴，这种功能弹性化即给顾客带来了更多实用价值，也表达了自己不拘一格的创新精神，对于吸引顾客有重要作用。

（三）为顾客提供附加价值

真正打动顾客的一般都是企业提供的附加价值。比如，新人购买钻戒，其产品的基本价值就是可以佩戴的爱情信物，附加价值是款式的独特寓意或钻石品牌地位带来的面子的满足。珠宝企业要多思考可以通过哪些方式为顾客提供附加价值。

拓展阅读12-3   智能首饰的产品设计案例

（四）要致力于引发顾客共鸣

引发顾客共鸣首先要求企业要关注品牌文化建设，宣传公司理念、宗旨、价值观。另外体验营销也可以加深顾客对企业的理解，企业可以在产品设计中加入体验式设计，从追求外在样式设计走向深层次的体验设计。最后建议增加与顾客的互动，只有更多的互动才能增加了解，才更容易产生共鸣。

拓展阅读12-4   珠宝首饰中的体验式设计

本章小结

　　本章重点研究了制定营销策略的重点和原则。4P 营销组合策略指出了企业的营销策略包括产品、价格、渠道和促销四个方面；4C 营销组合策略研究了如何能更好地实施4P策略，提出制定营销策略一定要以顾客为核心，考虑成本、便利和沟通；4R营销组合策略强调企业的竞争优势来源于与顾客建立长期有效的关系，而企业要与顾客保持良好的关系，就要与顾客建立全方位的关联、及时响应顾客，当然在这个过程中也要关注双方的回报；4V 营销组合策略提出了与顾客建立共鸣的能力是企业核心竞争能力，企业可以通过建立差异化形象、提供功能弹性化、增加附加价值来实现共鸣。

　　这些营销理论对企业的营销活动都具有指导作用，在企业制定营销策略时要综合考虑各类营销理论的观点。

重要名词

4P营销组合策略　　4C营销组合策略　　4R营销组合策略　　4V营销组合策略

复习思考题

1.4P、4C、4R和4V营销组合策略分别强调营销活动中哪些工作要点？

2.4P、4C、4R和4V营销组合策略各有什么特点？

3.4P、4C、4R和4V营销组合策略之间是什么关系？

4.珠宝企业在应用4P、4C、4R和4V营销组合策略时应该注意什么问题？

章后测练

珠宝首饰营销管理

第十三章　珠宝首饰数字化营销策略

本章提要

　　通过本章学习，学生可掌握大数据营销、社交媒体营销和内容营销三个方面的内容，了解企业在数字技术背景下的变革与创新。

章前引例　　周大生"520"社交媒体营销

第一节　大数据营销策略

一、大数据营销

　　人们对大数据营销的理解一般局限于依托于大数据（或"流量"）的精准广告投放。如百度百科的解释是：大数据营销是基于多平台的大量数据，在依托大数据技术的基础上，应用于互联网广告行业的营销方式；大数据营销的核心在于让网络广告在合适的时间，通过合适的载体，以合适的方式，投给合适的人。鉴于大数据的深刻而广泛的影响，上述定义有明显局限。除了广告，大数据在帮助企业深刻理解客户、改进产品与服务、提升企业获客能力、传播产品与品牌、打造现代化渠道等方面，都具有重要意义。因此，大数据营销更准确的定义，应该是指企业收集、分析和使用大数据信息，从而帮助企业改善全过程的营销管理决策与效果❶。

---

❶ 中国企业管理咨询网.什么是大数据营销[EB/OL].（2024-10-02）[2024-12-05]. https://baijiahao.baidu.com/s?id=1811752299138471876&wfr=spider&for=pc.

通过大数据系统，不断收集并分析顾客的购买、消费、评论等数据。这有利于企业更好地洞察顾客需求与反馈，揭示本企业产品与服务的优势以及存在的不足，从而不断地改进产品与服务。另外，基于大数据的顾客需求洞察，还可能揭示新的市场机会，从而让企业在产品开发、市场测试、投放上占得先机。

基于消费者的大数据分析，能够让企业更精准地对顾客进行市场细分，更好地为细分市场推出差异化的产品和服务，从而提升顾客满意度。大数据以及线上电商平台的快速发展，对企业的营销渠道管理也带来了深刻变革。当前流行的概念"O2O"（线上线下整合）就很好地反映了这一点。在大数据环境下，线上渠道（第三方电商平台如淘宝等、企业官方网上商城、微商微店）成为产品与服务销售的"主战场"。因而，任何企业都不能忽视线上销售渠道。构建和管理企业的"线上"渠道，协调传统"线下"和现代"线上"的冲突，成为众多企业面临的现实挑战。"O2O"不仅是渠道管理领域变革的结果，更是通过线上线下整合为众多企业创造的新商业模式。

此外，在企业定价策略（如基于大数据最优算法的实时定价），企业营销推广（如基于实时地理位置的精准广告、促销信息推送），顾客服务（如智能化的顾客售前、售后服务），客户关系管理（如基于大数据平台的客户关系管理），品牌建设的逻辑（如品牌建设的平台逻辑❶）方面，大数据都带来了深刻的变革。

> **拓展阅读13-1   大数据的5V特征**

二、珠宝首饰企业的大数据营销策略

结合大数据营销的含义，图13-1总结了珠宝首饰企业可以采取的大数据营销策略。

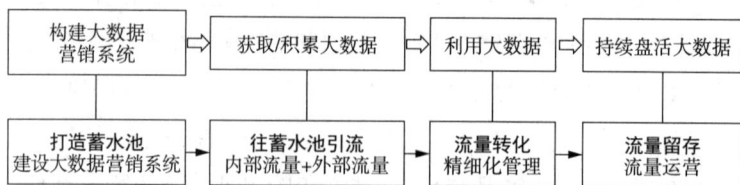

图13-1   珠宝首饰企业大数据营销策略

（一）构建大数据营销系统：打造一个"蓄水池"

要利用大数据这一重要战略资产提升营销管理与绩效，第一步要有一个装载大数据

❶ 何佳讯. 品牌的逻辑 [M]. 北京：机械工业出版社, 2017.

的"蓄水池"——大数据营销系统。具备一定实力的企业，可以自建大数据营销系统。企业可以自己不断积累数据，并通过大数据分析与管理，帮助企业不断提升营销管理的全过程效率与效益，从而提升企业业绩与竞争力。

如果是企业重点关注客户以及潜在客户数据，可以考虑诸如"微信公众平台"。鉴于全球范围内的微信月活跃用户已近13亿人，并且相比自建系统的成本优势，依托微信平台构建自己的大数据或流量"蓄水池"，可能是众多珠宝首饰企业的更优选项。

（二）获取／积累大数据：不断往蓄水池"引流"

一方面，企业在自己经营过程中会产生大量的数据，如门店积累的客户信息、各门店的交易数据、售后服务记录等。要在平时的经营过程中，注意这些数据信息的积累。特别是要将大数据系统与珠宝首饰门店的日常运营结合起来，让日常运营基于大数据系统。对于拥有大量连锁门店的珠宝首饰企业而言，线下门店是非常重要的免费流量来源。企业要努力将每一个进店的潜在客户，变成自己的流量。珠宝首饰企业还可以综合运用各类社交媒体，如微信公众号、官方微博、抖音号、小红书等，积极主动获取外部流量。

另一方面，在现代企业经营管理过程中，为了寻求持续增长，越来越多的企业会花钱购买外部流量。如在电商平台官方旗舰店的基础上，购买平台（如淘宝、京东等）的直通车流量。再比如，在搜索类广告（百度、360、搜狗等）和信息流广告（今日头条等）渠道引流。当然，具体购买哪些渠道的外部流量，也可以依托大数据的分析予以确定。如分析本企业目标客户主要活跃于哪些媒体渠道，据此确定企业购买流量的类型和渠道。

购买外部流量，还包括付费跟各类社交媒体关键意见领袖（KOL）和关键意见消费者（KOC）合作，从他们的粉丝中获取／转移流量。具体的合作方式包括：名人代言、头部网红/博主带货、中下部网红/博主合作等。跟头部网红/博主（粉丝量在百万级以上）等的合作，可以直接从他们的粉丝中引流，促进产品销售。在短期，不失为快速引流、促进销售的重要手段；但根据业界的经验[1]，跟中下部网红/博主（粉丝量在几十万或几万级别）等的合作，强化他（她）们对本企业/品牌产品的体验和积极口碑（依托"小红书"种草），是企业长期从外部引流的有效且更具性价比的方式。

（三）利用大数据：流量转化

业界提及的"流量"通常指客户或潜在客户，流量转化指提升客户的购买率（首次

---

[1] 木兰姐.打爆口碑：内容低成本驱动增长方法论[M].北京：机械工业出版社，2021.

购买或复购率）。这里的流量既包括业界的客户与潜在客户，还包括与客户相关的数据信息。因此，本节的"流量转化"，既包含业界的"提升客户购买率"的含义，还包含通过大数据分析获得的新的洞见。

1. 通过大数据分析获得新洞见

数字经济时代的营销管理逻辑，一般遵循：目标客户需求分析→匹配客户需求的产品研发与生产→精准传播→高效率成交❶。首先还是需要做好客户需求分析和匹配客户需求的产品研发与生产。如果产品或服务，不匹配客户的某种需求，后面的提升流量转化率、客户购买率，就失去了基础。

通过客户相关的大数据分析，可以帮助珠宝首饰企业做好客户需求洞察，进而为企业生产客户喜爱的产品提供新洞见。一方面，珠宝首饰企业可以从自己的销售数据和售后服务中，获得关于产品设计改进的洞见。比如，什么样特征的产品好卖、什么样特征的产品容易被客户吐槽、应该赋予首饰产品何种象征意义等。

另一方面，重视利用外部的大数据分析获得洞见。比如，"天猫平台"针对商家推出的"生意参谋"，店铺在开通以后能通过数据的方式，查看到店铺的访客和商品数据，以及与产品相关联的一些"关键词数据"。据此洞察客户对某类产品的关键需求属性并为企业的产品设计与生产，以及产品/品牌传播内容的设计等提供依据❷。

2. 提升客户购买率

提升客户购买率，需要在优秀产品基础上，做好企业的精细化管理：即企业各部门通力合作，做好"企业产品/品牌传播→激发兴趣→建立信任→客户下单"全过程❸的管理。

首先，传播或广告投放方面，需要依托大数据分析，实现精准投放。到底是选择投放搜索类广告（如百度搜索），信息流广告（如微信朋友圈），抑或是淘宝/京东直通车（关键词搜索第一的位置）？一个基本原则是：目标客户活跃在哪里，企业的广告投放就应该在哪里。并且事后要通过对应平台的后台数据，或者是外部销售数据来验证投放是否合理。

其次，潜在客户看到广告后，要能有效激发他们的兴趣。激发兴趣之后，要能有效建立客户的信任，之后就是如何实现"临门一脚"让客户下单。对此，业界人士陈勇总结了"让客户下单的六要素"（图13-2）❹。这些要素对珠宝首饰经营企业提升客户转化率，亦具有参考价值。

❶❷❸ 陈勇. 超级转化率 [M]. 北京：中信出版集团，2022.
❹ 陈勇. 超级转化率 [M]. 北京：中信出版集团，2022：65.

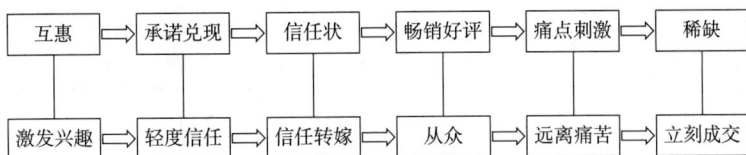

图13-2　数字化情境下转化率提升六要素

互惠就是要给客户好处，如优惠价、赠品等，激发用户的兴趣。赠品的获得要具有一定的难度，比如说每天前100名客户可以95折买一件首饰。承诺和兑现，主要是让消费者相信商家的承诺。如商家承诺"正品保证""足斤足两""7天包退"。并且做出的承诺一定要能够兑现。当商家不断地做出承诺，并且不断地兑现承诺，消费者才会慢慢建立对品牌的信任。信任状就是找权威鉴定机构、权威人物、权威媒体等进行背书。如专业检测报告、名人代言，权威媒体报道等。通过这些专业报告、代言、报道等，提升产品与品牌的可信度。畅销是指某件珠宝产品在单位时间内的销售数量高，也可以是某件珠宝产品在某个渠道（如京东官方旗舰店）的累计销量很高；好评是指用户对某个产品的积极口碑、正面评价。企业也可以选择一些典型的客户，或者诸如"小红书"上KOC的积极评价，放在显著位置，凸显畅销好评。痛点刺激，就是通过语言、图片、视频的方式，让消费者回忆起对某件事物的厌恶心理，从而产生规避痛苦的心理。如消费者买珠宝首饰最担心什么？就可能成为有效的痛点刺激。相比痛点刺激，针对珠宝首饰，突出强调"稀缺"，可能是促成客户下单更重要的因素。如某款首饰"只剩1件了"，可能让犹豫的顾客赶紧下单。稀缺性操作，再比如"仅限前50名客户"才能买什么珠宝首饰，或者"消费达到3000元的客户"才可以买某种首饰，或者"××优惠活动只剩几个名额"。

（四）持续盘活大数据：流量留存

通过不断的内部流量积累和外部引流，获得一定的私域流量（企业自己掌控的客户与数据）之后，还要通过不断的精细化运营来持续盘活流量，持续创造销售增长。

传统上，很多企业与品牌，通过各种渠道获取大量粉丝。然后对粉丝进行各种形式的广告狂轰滥炸。结果就是很多品牌的社群或其他类型的"蓄水池"变成了"僵尸群"，难以做到持续创造价值。对此，可持续的运营应该是：将传统"收割流量"的逻辑，转变为专注于"为用户创造持续价值"或者关注"用户终身价值"的逻辑❶，如图13-3所示。

---

❶ 木兰姐.打爆口碑：内容低成本驱动增长方法论[M].北京：机械工业出版社，2021.

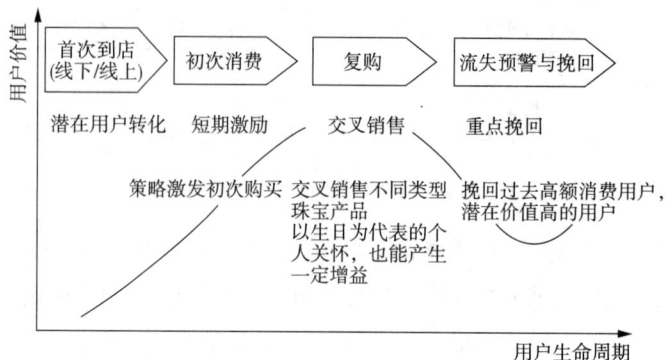

图13-3　专注用户终身价值的逻辑

这一逻辑重视贯穿客户生命周期的长期价值运营。首先要通过图13-3所示的策略，促进潜在用户的转化与购买。其次通过不断地为用户设计他（她）们偏好的不同类型的珠宝首饰产品，持续创造用户感兴趣的社交媒体"内容"，定期开展用户感兴趣的交互"活动"，促进用户复购。最后对于一定时期没有跟企业/品牌发生任何联系的消费者，要通过"活动券"等策略，再次挽回她们。在预算有限的情形下，重点挽回那些过去曾有高额消费的用户，以及基于大数据分析被认定为潜在价值高的用户。

第二节　社交媒体营销策略

在大数据营销策略中，无论是流量获取、积累还是持续盘活，都不离开现代社交媒体。为此，本节分析珠宝首饰企业的社交媒体营销策略。

一、打造社交媒体组合矩阵

结合理论和业界的实践案例，珠宝首饰企业的社交媒体策略可以概括为：打造自己的专属社交媒体组合矩阵，如表13-1所示。

表13-1　珠宝首饰企业的社交媒体矩阵示例

运营平台	运营目标	运营时间占比
微信	客户互动、产品/品牌推介	$x_1\%$
微博	话题、客户互动	$x_2\%$

续表

运营平台	运营目标	运营时间占比
抖音	短视频话题、直播带货、客户互动	x_3%
小红书	口碑塑造（种草）	x_4%
哔哩哔哩	测评、口碑	x_5%
知乎/豆瓣	品牌、影响力	x_6%
其他	……	x_i%

注 $x_1\% + x_2\% + x_3\% + x_4\% + x_5\% + x_6\% + x_i\% = 100\%$。

表13-1中的逻辑，要求现代珠宝首饰经营企业结合自己的产品、定位、目标客户特点和企业能力，综合运用现代各类社交媒体。

（1）微信是覆盖人数最多的App，无论是自己运营公众号、服务号等，开展内容投放、客户互动，还是付费开展产品/品牌广告投放、活动传播等，微信都是非常重要的平台。微信公众号背后，是12亿用户的微信私域流量池，是当前中国的一个超级App。微信公众号还具有超强的链接能力，可以链接商城、小程序、第三方服务等。

（2）微博也是非常重要的平台，截至2021年底，日活用户数为2.49亿，月活跃用户数为5.73亿❶。微博也是新产品介绍、话题创造、客户互动的重要渠道。

（3）抖音是非常重要的短视频和直播带货平台。2022年初，抖音日活跃用户数已经超过7亿❷。作为当下最重要的短视频内容平台和直播带货平台，抖音一方面帮助内容消费者高效获取感兴趣的优质内容；另一方面，是珠宝首饰企业开展直播带货的重要渠道。

（4）小红书是当下主流的口碑塑造（业界称之为"种草"）平台。月活跃用户数突破2亿，日活跃用户数量超过5500万❸。小红书关注普通人的基本需求"吃喝玩乐，分享生活"，通过丰富的图文和"专业"的吃喝玩乐建议，吸引普通消费者。

（5）哔哩哔哩是中国年轻人世代高度聚集的文化社区和视频平台，月活跃用户数为2.936亿❹。受众相对聚焦，主要用户为"Z世代"（1995—2009年出生的人群）。

❶ 百家号.微博2021年营收22.6亿美元 日活用户数为2.49亿.[EB/OL].(2022-03-03)[2024-08-21].https://baijiahao.baidu.com/s?id=1726274843200311246.

❷ 巨量算数.抖音日活量是多少，2022抖音日活跃度人数.[EB/OL].(2023-01-12)[2024-08-21].https://trendinsight.oceanengine.com/arithmetic-report/detail/875?source=bgyq421.

❸ 市界，大厂偷袭小红书背后[EB/OL].(2022-06-08)[2024-08-21].https://new.qq.com/rain/a/20220608A05H2W00.

❹ 动点科技.哔哩哔哩Q1营收同比增长30%，平均月活用户数达2.9亿[EB/OL].(2022-06-10)[2024-08-21].https://t.cj.sina.com.cn/articles/view/1878726905/6ffb18f90200180zg?finpagefr=p_104_js.

（6）知乎是一个中文高质量问答社区和创作者聚集的原创内容平台。2022年6月，月活跃用户数1.03亿，其中73.8%的平均月活跃用户为 30 岁以下人群，女性用户占平均月活跃用户的47%[1]。

拓展阅读13-2　　抖音与快手的主要区别

二、各平台的使用策略

珠宝首饰企业可以结合本企业每个细分市场客户的特点——客户主要活跃于哪个社交媒体平台，组合使用适合本企业的社交媒体矩阵。

（1）微信。鉴于微信的广泛社会影响力和人群覆盖面，"微信"是所有企业都需要使用的平台。微信公众号、微信小程序、微信视频号都可以被珠宝首饰企业所使用。可以通过微信公众号管理会员，提供配套售后服务，帮助潜在客户迅速定位本地线下门店，以及开展品牌相关故事的传播等。如果一家珠宝首饰企业不做微信公众号，那就意味着放弃了整个熟人朋友圈这一重要阵地。依托微信小程序可以打造品牌官方商城，图13-4为周大生品牌的官方商城。让活跃于微信平台的潜在客户，可以直接在微信小程序中，了解、挑选、购买喜爱的产品。还可以通过微信视频号，以视频的形式，生动形象地展示企业广告、品牌故事、产品介绍等。

（2）微博。微博同样也是所有珠宝首饰经营企业需要经营的重要社交媒体平台。微博可以在粉丝运营，面向不同目标客户群体的产品推介（如周大生珠宝"风格潮品"）、场景创造（如婚恋表达）、客户服务（在线服务）等方面，发挥重要作用（图13-5）。微博还可以在平时的客户互动、促销方面发挥积极作用。

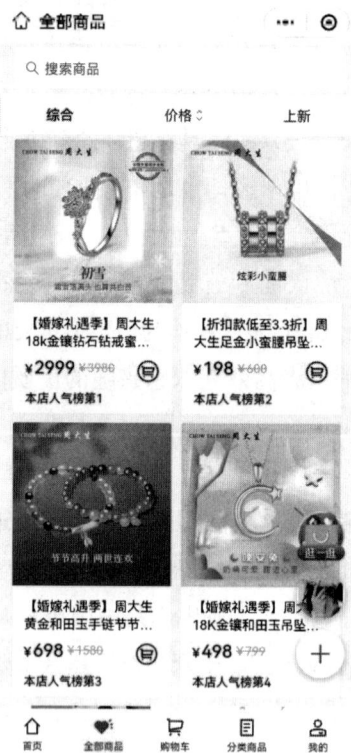

图13-4　周大生依托微信小程序的官方商城截屏

---

[1] 搜狐．知乎 2022 上半年营收 15.79 亿元，同比增长 41.4%，职业培训贡献营收 8567 万元 [EB/OL].(2022-08-31)[2024-08-21].https://www.sohu.com/a/581299729_112831.

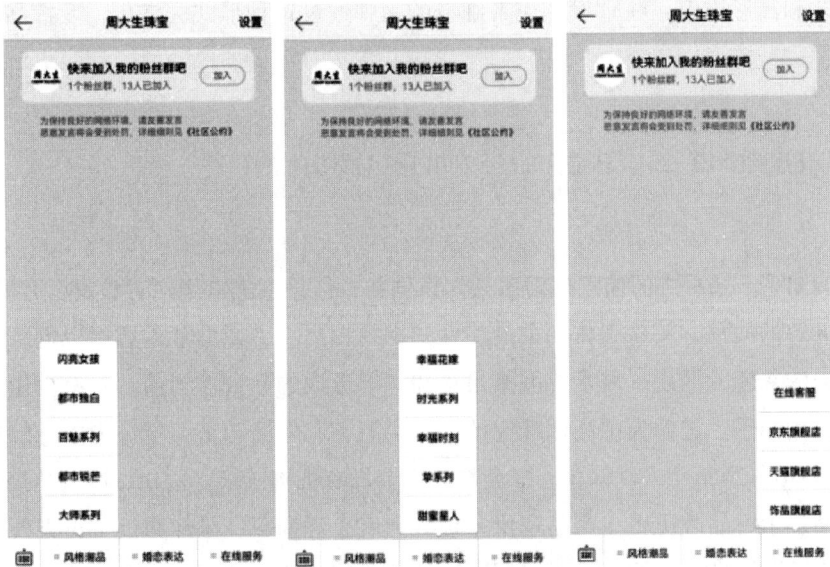

图13-5 周大生珠宝官方微博功能展示

（3）抖音。抖音是最大的短视频和直播带货平台，是珠宝首饰企业通过短视频唤起客户需求、开展直播带货销售的重要阵地。图13-6展示了周大生抖音官方旗舰店截屏。截至2022年9月16日，周大生抖音官方旗舰店有377.5万粉丝，成为产品推介与销售、品牌传播的重要渠道。

（4）小红书。小红书平台的主要用户群体是：年轻爱美的女性。小红书平台的基础是好物分享平台，类似于线上逛街。不同于京东、淘宝等直接购物的电商平台（它们解决了"在哪儿买"的问题），小红书帮助用户解决"买什么""为什么买"的问题。

根据小红书笔记内容，涉及珠宝首饰的大致分为以下四类：一是防坑避雷知识类：专注于传播珠宝首饰相关知识，塑造自己的专业形象，比较容易激发用户关注。二是搭配场景类：其一是高颜值穿搭场景类，通过不同的品类搭配不同的穿搭场景，看似不经意的宣传，用户却更愿意点击；其二是分享根据不同脸型、不同身体特征选择不同的珠宝首饰搭配。三是直接的产品展现：通过视觉冲击，展现产品的形状、设计等。

图13-6 周大生抖音官方
旗舰店截屏

第十三章 珠宝首饰数字化营销策略

四是工艺和寓意讲解：注重设计或者细节的品牌通过这种形式去宣传，发挥品牌溢价作用。

拓展阅读13-3　珠宝首饰行业利用小红书的5种策略

（5）知乎。知乎中的信息创新多为知识创新，信息多来自用户对自身已有的知识、经验和见解的共享，较易于将用户的隐性知识挖掘出来，使信息内容得以创新。是用户因共同的兴趣、话题、需求等因素聚集在一起形成的平台。当前，只有少量珠宝首饰品牌使用知乎。定位为中高端珠宝的"梵尼洛芙"入驻知乎。定位为中高端珠宝的"HAVE YOU" 2020年入驻知乎。二者在知乎上设有机构链接，用户可通过链接跳转到品牌官网，了解品牌历史、产品定价、预约到店、咨询等，添加微信可更方便咨询产品。在梵尼洛芙的珠宝官网上可跳转到其淘宝店铺直接进行购买。作为官方账号还分享各种珠宝知识、相关珠宝产品介绍等文章、视频。回答知乎用户有关珠宝的问题，根据用户的需求提供精准推荐。

（6）哔哩哔哩。大部分用户为"Z世代"人群。悬浮于视频上方的实时评论功能"弹幕"，能够超越时空限制，形成一种虚拟的部落式观影氛围，让哔哩哔哩成为极具互动分享和二次创造的文化社区。哔哩哔哩的特点使其具有强大的圈层文化。鉴于哔哩哔哩是年轻世代高度聚集的文化社区，如果珠宝首饰经营企业涉及这一类群体，产品的文化属性与相关社区匹配，可考虑利用这一平台开展传播、与粉丝互动。反之，如果目标客户群体与哔哩哔哩主要用户不匹配，或者文化属性不搭，则可重点利用前述社交媒体平台。

第三节　内容营销策略

珠宝首饰企业想要利用好社交媒体平台，借此获得流量，形成有效转化，还需要内容营销：以图片、文字、动画、视频等为载体，向客户或潜在客户传播企业产品/品牌的独特卖点等信息，以达到吸引客户、促进客户购买的一整套传播活动。"内容"能否契合目标客户的某种痛点需求，是其能否吸引顾客、促进销售的关键。

一、内容营销的战略价值

（一）内容凸显产品与品牌的价值

在信息爆炸的时代，消费者想看的是感兴趣的内容。因此，珠宝首饰品牌需要思考：自己的社交媒体传播内容，无论是文案还是短视频，宣传的卖点是不是与消费者的某种需要与痛点相契合。

（二）内容是企业获取新流量的重要依托

在社交媒体上，有趣的内容才能戳中人们的心坎，引起他们的关注，激发他们的购买欲望。社交媒体情境下，只有珠宝首饰企业传播的内容被用户关注、观看或阅读之后，才可能有进一步的认知、了解、信任、购买。有趣的内容还可能引发人们的转发。这些都有助于企业获取新流量（潜在客户）。

（三）内容营销可以构成社交媒体时代的竞争力

珠宝首饰经营企业如果能够持续的生产有趣的内容，本身就是一种很强的竞争能力。在社交媒体平台上，阅读量达到"10万+"或者"100万+"的爆款内容，短期内，能够给消费者带来情感共鸣，从而影响消费者的购买欲望，促成销售；在长期，有趣的内容可以潜移默化地提升消费者对于珠宝首饰品牌的好感度、品牌认同度以及品牌黏性。相应地，如何生成这些爆款内容，需要强大的运营管理团队，需要强大的创作能力。

生产社交媒体环境下爆款内容的能力，具有"有价值、稀缺、难以模仿、难以替代"等核心竞争力的特点。社交媒体时代，珠宝首饰企业有必要着力培养这种内容营销的核心能力❶。

二、内容营销管理

做好社交媒体时代的内容营销，需要从理念上重视内容营销，建立专门的管理团队开展专业的内容创作。理念上，珠宝首饰经营企业需要意识到，内容营销是社交媒体时代持续获取流量、维系流量、促成销售转化、获得用户品牌好感与认同的利器。管理团队方面，珠宝首饰经营企业的社交媒体矩阵，需要专门的团队来负责系统化的建设与运营。专业的人做专业的事，才会有好的效果。专业化创作方面，需要以目标客户为导

❶ 木兰姐.打爆口碑：内容低成本驱动增长方法论[M].北京：机械工业出版社，2021.

向，深刻洞察客户需求和市场热点，做好选题与内容创作。图13-7展示了"名创优品"的内容生产模型，该模型同样值得珠宝首饰企业参考。

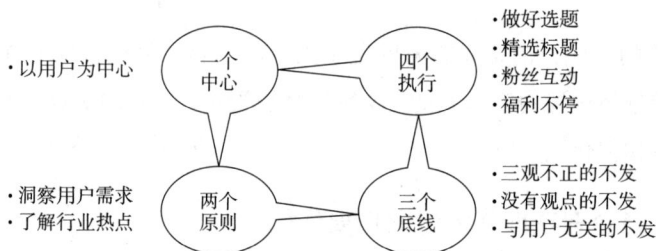

图13-7 "名创优品"的内容生产模型

以用户为中心，就是要深刻的洞察目标用户的需求与痛点是什么，他们对什么内容感兴趣。只有不断地琢磨用户，琢磨用户的需求痛点和兴趣点，才可能做出来让他们感兴趣的内容，才能打造出社交媒体环境下的"爆款"内容。了解行业热点，可以通过知乎等热点"话题"，看看用户关注的热点是什么，据此确定内容选题。

做好选题。要从目标客户的情感与功能需求出发，结合品牌的定位，打造用户感兴趣的、对用户有价值的内容。如知乎上讨论比较多的话题："什么牌子的钻石戒指比较好？几克拉以上相对保值呢？""海水珍珠与淡水珍珠哪个佩戴起来更好看？"❶

具体的选题和内容创作，可以参考如下法则❷：

有品——社交媒体的内容要有品质、有品位，彰显美好、正能量的内容；能够凸显企业品牌理念与价值承诺。

有情——内容与用户平等对话，激发用户的情感共鸣。

有用——用户通过内容能够有收获、有价值感知，或者帮助用户解决问题。

有趣——内容能让用户有参与感、有趣，让用户感到快乐。

精选标题。根据"锚定效应"，用户接触某项社交媒体内容时，首先接触的内容——标题，决定了后续的认知与行为。因此，标题是否吸引人，是否激发兴趣，至关重要。当然，不能做所谓的"标题党"，只有标题吸引人，内容质量低下。质量低下的内容会引发用户的"被欺骗的感觉"。"名创优品"曾经的营销总监成金兰（图13-8）❸总结的选题技巧，同样值得珠宝首饰经营企业参考。比如，制造悬念与疑问、制造冲突、追热点、刺激痛点等。

---

❶ 知乎. 珠宝[EB/OL].[2024-08-21]. https://www.zhihu.com/topic/19560392/hot.

❷❸ 木兰姐. 打爆口碑：内容低成本驱动增长方法论[M]. 北京：机械工业出版社，2021.

标题 → 第一印象 → 吸引 vs 忽略

选题技巧：

- 制造悬念与疑问
- 与"客户"有关
- 包含冲突
- 利用具体数字
- 描绘细节
- 追热点
- 知乎体、震惊体
- 运用对比
- 刺激痛点，提出解决方案
- ……

图13-8　社交媒体内容选题技巧

与粉丝互动、福利不停。业界经常用恋爱关系来比喻品牌和粉丝之间的关系。类似地，与粉丝的互动，也类似情侣之间的互动。业界信奉的一条原则是：粉丝对品牌的爱，取决于品牌有多爱粉丝。因此，珠宝品牌和粉丝互动，要带着粉丝"一起玩"，打造粉丝惊喜福利，是珠宝品牌持续吸引粉丝，获得裂变营销效果（粉丝转介绍其周边人群关注与购买品牌）的重要内容。

最后，底线方面，三观不正的内容不发，不能为了博人眼球，盲目追求价值观不正的热点，否则会负面影响消费者对品牌的认知。缺乏实质性观点的内容不发，否则可能浪费忠实粉丝的注意力。跟用户无关的内容不发，比如，很多微信公众号经常发企业董事长、总经理等高管人员出席政务或商务活动的内容。对企业而言，这些是"重要"内容，但对品牌的消费者而言，这些内容不是他们感兴趣的。因此也不建议发布，浪费用户的注意力。

本章小结

大数据营销是指企业收集、分析和使用大数据信息，从而帮助企业改善全过程的营销管理决策与效益。

珠宝首饰企业实施大数据营销的步骤：第一步，构建大数据营销系统：打造一个"蓄水池"；第二步，获取/积累大数据：不断往蓄水池"引流"；第三步：利用大数据：流量转化；第四步，持续盘活大数据：流量留存。

数字化情境下转化率提升的六要素：互惠、承诺与兑现、信任状、畅销好评、

第十三章　珠宝首饰数字化营销策略

痛点刺激、稀缺。

　　珠宝首饰企业的社交媒体策略可以总结为：打造自己的专属社交媒体组合矩阵；这要求现代珠宝首饰企业应结合自己的产品、定位、目标客户特点和企业能力，综合运用现代各类社交媒体。

重要名词

大数据　大数据营销　转化率　社交媒体　内容营销　用户终身价值

复习思考题

1.　大数据营销的内涵是？
2.　珠宝首饰企业实施大数据营销的主要步骤是什么？
3.　数字化情境下提升客户转化率的关键要素是什么？
4.　分析专注用户终身价值的逻辑？
5.　分析珠宝首饰经营企业使用主要社交媒体的策略。
6.　分析社交媒体情境下，内容营销的战略价值。
7.　分析社交媒体情境下，珠宝首饰企业做好内容营销的关键点。

章后测练

第四篇

珠宝首饰
销售实操

04

第十四章　珠宝首饰销售方式

本章提要

通过本章学习，可让学生理解销售方式的内涵和分类，掌握主要的珠宝首饰零售终端的概念及作用，了解各种零售终端在中国的现状和发展趋势，重点掌握珠宝专卖店、银行、珠宝展会、网购等主要零售模式。

章前引例　　珠宝直播的时代来了吗?

第一节　珠宝首饰销售方式概述

一、销售的概念及其重要性

销售是企业市场营销管理中的一个重要环节，是企业实现生产成果的重要活动。企业生存与发展的基石是盈利，只有经过销售活动与消费者达成交易，赢得消费者的"货币选票"，企业才能在激烈的市场竞争中脱颖而出。简单来说，销售是指以出售、租赁或其他方式向客户提供产品或服务的行为，包括为促进该行为所实施的所有辅助活动，例如推销、促销、广告、展览、服务等活动。

企业的"营销"是战略问题，"销售"则是战术层面的问题，相对来说是一个短期策略和行为，但并不是说销售不重要，特别对珠宝首饰来说，作为单价高、专业性较强、消费者决策谨慎的非生活必需品，与顾客达成交易相对困难，珠宝企业必须根据市场的具体情况制定合理高效的销售策略，选择合适的销售方式接触顾客，运用有效的销售技巧打动顾客，同时还应根据环境变化而不断变革与创新。

二、珠宝销售方式的概念及分类

销售方式指的是企业如何有效接触顾客，把商品送至消费者手中，达成交易，并为顾客创造价值的方式或手段。不同类型的企业，不同的商品，不同的销售对象，在不同的市场环境下，需要企业有针对性地采取不同销售方式。

在现代纷繁复杂的商业环境中，销售方式可谓五花八门，层出不穷，例如电话销售、网络销售、会议销售、商务销售、顾问式销售等。其中一些已经运用成熟、行之有效的销售方式，具有完整的体系，并经过企业实践的检验，可复制性、操作性较强，通过学习和研究这些销售方式，有助于企业寻找到适合的销售方式，增强企业在市场竞争中的应变能力和竞争能力，提高销售绩效。

下面简要介绍几种常见的分类方式。

（一）按渠道零售终端的不同

零售终端是企业直接接触消费者，达成交易的最终端口，是商品面对消费者进行展示、传达企业品牌形象的场所。通过零售终端，企业将产品卖给消费者，完成最终的交易，进入实质性消费。终端是竞争最激烈的、对企业销售业绩具有决定性的环节，因此有人称之为"决胜终端"。

珠宝首饰的零售终端主要分为店铺式和无店铺式，包括珠宝门店、珠宝专业市场、电视直销、网络购物、直播带货等多种形式。

（二）按商品所有权的转移方式来划分

按照商品所有权在渠道中转移的中间环节不同，可以分为以下几种销售方式，经销方式、代理制、代销方式、直销等。

（1）批发/分销方式。通过批发商或分销商将商品分销给下一级批发商或者零售商，制造商可以利用批发商将产品在市场上快速铺开，尽可能覆盖多个市场，并能快速回笼资金。珠宝首饰属于高价值的选购品，渠道较短，批发模式在珠宝企业中的占比不高。

（2）代理商方式。将全部市场划分为若干区域，每个区域设立代理商，制造企业授权代理商以制造企业的名义，全权负责该区域内的产品销售，并由代理商管理下属网络。例如，鸳鸯金楼采取"省代加直营"的加盟管理模式。

（3）代销方式。制造企业将商品委托给其他中间商代为销售，中间商不取得商品所有权，不承担资金投入和销售风险，只按双方合同约定获取佣金。珠宝首饰企业与银行的合作一般都为代销模式。

（4）直销方式。企业不经过任何中间环节，直接通过企业销售人员将产品销售给消费者。由于直销的覆盖面较窄，采用直销方式的珠宝企业很少。

（5）特许加盟。以特许经营权为核心，品牌企业授权给加盟商，按照统一的模式进行销售。特许加盟在零售业中的发展速度非常快，应用范围很广。大多数珠宝首饰企业都会使用特许加盟模式，它能帮助企业快速扩大市场，也能较好地控制渠道终端。例如，爱迪尔珠宝的大部分销售收入来自特许加盟。

（6）直营方式。制造企业自己投资建设、经营和管理零售终端，优点是企业对终端的控制力强，能够快速准确地掌握市场信息，保持品牌形象的统一。缺点是投资成本较高，零售终端管理能力要求较高。龙头珠宝品牌发展的早期都是采用直营模式，即使到现在，直营的比例也比较高。例如周大福的直营店占比达到55%。

（三）按提高产品附加价值的方式来划分

现代消费者的消费观念发生了巨大变化，从追求性价比转变为追求多元化的需求满足。另外，随着市场竞争的激烈，产品同质化已经成为普遍现象，企业必须认真考虑采用何种销售方式来提高产品附加值，并满足消费者更高层次需求。基于珠宝首饰的特性，提升珠宝产品附加值的方式主要有服务营销、情感营销、体验营销等。

（1）服务营销。"产品+服务"是制造企业提高产品附加值最为常用的方式。这里的服务是指一切为支持实物产品的销售而向消费者提供的附加服务，包括售前、售中、售后服务。美轮美奂的珠宝展示，优雅高档的购物环境，彬彬有礼的服务人员，使得珠宝的购物过程就是一种享受，也很好地烘托了珠宝的高价值。珠宝首饰的使用寿命长，高价值的珠宝还可以传承，因此消费者希望得到可靠而周到的售后服务，如终身免费清洗、维修、保养；首饰改款、变款；黄金等贵金属回收等。珠宝企业的服务承诺、服务态度和服务效率，已成为消费者决定购买的一个重要条件。

（2）情感营销。现在消费者的消费行为越来越感性化，为情感和情绪买单已经非常普遍。情感营销是指把消费者的情感需求作为企业品牌营销战略的核心，将传统的市场营销策略与情感挂钩，满足现代消费者的心理情感需求，注重和消费者之间的情感互动，以此取得消费者的信任，促使消费者的主动购买。常用的手段有情感包装、情感促销、情感广告、情感口碑、情感设计等。珠宝首饰一直与爱情、亲情等情感因素密切相关。例如戴比尔斯的经典广告语——"钻石恒久远，一颗永流传"，成功地影响了中国消费者的钻石购买意愿。

（3）体验营销。体验经济时代来临，卓越的体验成为产品和服务之外的重要经济提供物。珠宝体验营销指的是消费者在购买珠宝过程中观赏、触摸、试戴、接受珠宝知识等一系列方式，通过实际体验珠宝的品质而喜欢和认同产品，并达成交易的销售方式。珠宝企业必须善于营造体验氛围，设计相关事件，吸引消费者愿意体验、学习，甚至主动参与珠宝首饰的设计制造。以关注顾客体验为核心的体验营销战略是现代珠宝首饰企业的必然选择。

（4）文化营销。珠宝首饰是文化的产物，珠宝高昂的价格不仅取决于其本身的物质属性，更取决于它丰富的文化内涵，包括宗教信仰、身份地位象征、情感功能等。脱离了社会文化，珠宝就会黯然失色。各国的珠宝文化源远流长，例如中国的玉文化。珠宝也越来越成为人们追求美好精神文化生活和陶冶高尚情操的一种象征和"时尚"。珠宝销售就是文化传承的体现，企业必须挖掘珠宝的文化内涵，与消费者产生共鸣。

第二节　基于零售终端的珠宝首饰销售方式

珠宝首饰的高价值和高体验属性，决定了零售终端对珠宝首饰企业的销售方式具有直接影响。线下零售门店作为珠宝首饰产业的主要零售业态，其发展状况决定了整个行业的景气度。在珠宝产业快速发展的三十余年里，中国珠宝企业通过线下门店的不断扩张获得高速成长，珠宝品牌的发展历史，同时也是珠宝门店数量不断高速增长的历史，门店的数量一定程度上决定了珠宝企业的市场占有率。换言之，国内珠宝品牌抢占市场份额、赢得销售业绩的关键是零售终端的开拓和布局。

因此，本书将根据珠宝首饰零售终端的不同来介绍一些重要的销售方式。本章的第二、三节将围绕珠宝首饰特有的零售终端类型对与之相对应的销售方式进行介绍。

一、百货商场珠宝专柜销售方式

20世纪80年代珠宝产业开始复兴时，百货商场的珠宝专柜是最主要的零售模式，伴随中国商业地产和百货商场的热潮而迅速成长起来。到目前为止，它依然是最常见的，也是最传统的珠宝零售终端。大型珠宝企业，如周大福、周生生、谢瑞麟等，都在全国各地百货商场设有专柜。以百货商场店为主的珠宝企业包括两类，一是国外奢侈品珠宝品牌，例如卡地亚、蒂凡尼、宝格丽等，它们往往占据商场最优的位置；二是代表现代珠宝的镶嵌类品牌，例如以钻石镶嵌为主的戴梦得。

百货商场专柜的主要优点包括：城市商圈的黄金位置，客流量大，可以借助商场强大的客户资源来实现品牌传播和销售规模的快速增长；依托百货商场的健全管理体系，减少安全、支付、人员、卖场管理等诸多问题，降低管理成本；百货商场的品牌和高端形象是珠宝品牌最好的保证，对提升珠宝的品牌力具有很高的象征意义，基本上是大多数珠宝品牌进入市场的首选。

对珠宝企业来说，百货商场的缺点包括：百货商场的坪效（单位面积的盈利水平）要求不断上涨，对珠宝品牌保底销售任务和销售扣点的要求越来越高，一个新进驻的珠宝品牌可能需要前三年贴钱来培育市场，如果缺乏资金实力和品牌运营能力，可能会被直接淘汰。而相对弱势的中小国内珠宝品牌受到的冲击则更为明显，百货商场基本是国际大牌和本土大牌的天下；珠宝品牌在百货商场的运营成本快速增加，居高不下，包括人力成本、财务成本、营销成本、商场的各类店庆费、促销费、商业公关费等，造成了很多本土品牌微利甚至无利可赚的窘境；面对强势的商场，珠宝企业对产品价格、折扣、人员的控制权都会降低，市场一线信息掌握在商场手里，珠宝企业可能无法及时应对市场竞争，把控消费者喜好的能力也会被弱化。

随着消费升级和信息技术的发展，传统百货商场受到万达等城市综合体、品牌专卖店、网购等现代零售业态的极大冲击，著名百货商场倒闭已不新鲜，传统百货商场迫切需要转型和变革，百货商场目前主要的应对方法有：类购物中心化、开展自营业务、提升自有物业比重和线上线下业务联动等。

面对线下困境，珠宝首饰企业也不能仅依靠百货商场业态的自救，而是应深度思考和探索未来的渠道发展之路。首先，应创新多元化的渠道模式，特别是近年来发展极快的线上渠道。其次，做好引流，提高销售转化率。从商圈、商场、客户着手，充分利用线上社交媒体作用，实现精准拓客；最后，把顾客转化成真正意义的忠诚顾客，精准洞悉顾客需求，增加个性化的特色服务，与相关行业进行跨界合作，整合其他社会资源，搭建消费生态链，为顾客创造更高价值。

二、珠宝专卖店销售方式

专卖店专门经营某一主要品牌的商品，产品线虽然较窄，但花色规格齐全，并提供专业化服务体验。珠宝专卖店主要设立在各大中型城市的主要商业街上，或者在百货商场中采用店中店经营模式，近年来，珠宝专卖店开始大量在大型购物中心开设。

伴随特许加盟在中国的发展热潮，专卖店得以快速成长，成为多数珠宝品牌优选的零售终端。以黄金为主的品牌传承了中国传统珠宝渠道的运作方式——金铺，较多采用专卖店模式。但是在国内采用全部专卖店的品牌并不算多，多数品牌还是采用"专卖店+商场专柜"的线下方式。例如周大福，在华南地区拥有较多的专卖店，而在华北、华东、中西部等区域仍以商场专柜为主。少数品牌，例如克徕帝珠宝全部采用专卖店模式。

珠宝专卖店主要分为直营店和特许加盟店，从销售过程管理的角度来看，直营店的主要优点在于珠宝品牌对门店具有完全的控制权，有利于维护品牌形象，同时能够精准获取目标消费者信息，毛利率高于经销加盟模式，盈利能力较强；特许加盟店的优点则是可以利用社会资金实现快速扩张，另外经销商或受许人更为了解本地市场或拥有本地资源，缺点是珠宝企业对加盟门店的控制力较弱。

珠宝品牌专卖店可以让珠宝企业保留独立经营权，能够贯彻品牌的基本运营规划和营销策略，有效控制专卖店的装修、进出货量、产品品种、产品售价、店面人员管理等；如果运营得好，专卖店可以有效压低运营与管理成本，取得一定的价格优势；另外，专卖店可以保证统一的品牌印象，并提供专业化的服务体验，迎合了消费升级的需求。

当然，珠宝专卖店对珠宝企业的品牌号召力、营销能力和资金实力有极高要求：独立店面的投入资金多，包括店面租金、装修费用、运营成本、吸引顾客的广告和促销成本等，另外不能借助其他产品品类或其他品牌的客流量，单店客流量相对较小，实现盈利有一定困难。总体上来说，通过建立全国范围的品牌专卖店网络，有效控制零售终端，从而获得统一品牌形象并扩大市场份额，将是众多珠宝品牌的必然选择。如今，随着众多珠宝品牌加大渠道下沉力度，快速扩张三、四线城市市场，品牌专卖店将成为主流线下渠道模式。

三、珠宝连锁大卖场销售方式

珠宝连锁大卖场是近年来新兴的线下销售方式，与珠宝专柜和珠宝专卖店相比，珠宝大卖场的最大特点是庞大的体量，面积基本在二千平方米以上，甚至达到三万平方米。大部分大卖场的主营品类是钻石，并提供18K金、彩色宝石、翡翠等多种品类。大卖场以连锁模式和规模效益改变了珠宝行业的格局，近年来这种销售方式在全国发展迅猛，出现了一批优秀的珠宝连锁卖场品牌。比如安徽的星光珠宝、北京的菜百首饰、江苏的常州金店等。

珠宝连锁大卖场分为两种模式：一种是"多品牌集中专卖"，即集中在一个大卖场内销售多个珠宝品牌，这个模式的代表企业是安徽的星光珠宝，曾被《中国黄金报》誉为珠宝零售行业的"星光模式"。这种模式的大卖场将周大福、金至尊、老凤祥、明牌、潮宏基等珠宝品牌集中专卖，汇集不同品牌能有效吸引不同的消费者；另一种模式是"单一品牌规模销售"，大卖场只经营一个企业品牌，但包括黄金、铂金、钻石、玉器等多种珠宝品类，比如北京的菜百首饰、河南的金鑫珠宝、东北的萃华金店等。

珠宝连锁大卖场的销售方式以庞大的供给体量为消费者提供多样化的品牌或多种产品选择，充分满足消费者一站式的珠宝首饰购物需求，并提供比商场专柜更专业的服务。珠宝大卖场的建筑和店面设计精美、时尚，能够充分凸显珠宝的高端形象，给消费者提供了非常好的珠宝时尚购物体验。珠宝大卖场最具吸引力的是其极低的零售价格，大卖场与厂家直接对接，剔除了中间商环节，并主动压缩自身利润，通过规模效应实现薄利多销，例如，卖场里成品钻戒的售价一般仅为市场平均价格的一半，低价成功吸引了不少顾客。

但是珠宝连锁大卖场庞大的体量和过高的铺货量造成大卖场的运营成本过高、资金压力过大。另外，大卖场的"薄利多销"模式必须建立在规模经营的基础上，对卖场所在区域的消费者聚集度、消费能力都有很高要求，因此大卖场的量贩式模式更适合国内一线城市，以及部分消费能力强和消费理念超前的二线城市，从而很难成为珠宝行业的主要渠道。

四、珠宝专业市场销售方式

珠宝专业市场设在国内主要的珠宝集散地，专业市场的体量通常都很大，对本地甚至是全国珠宝产业的影响力也很大，但由于专业市场的数量少，对终端销售方式的影响有限。

专业市场的主营业务是批发，兼做部分零售。珠宝专业市场的顾客以珠宝行业人士为主，最终消费者相对较少。这是因为最终消费者对珠宝品牌、消费环境和专业服务有较高要求，与珠宝专柜、专卖店等相比，这些是珠宝专业市场的弱项，另外退换、回收等售后服务也有较大缺失，无法提供给消费者更高的附加价值。

珠宝专业市场根据所在地分为产地型专业市场和销地型专业市场：产地型专业市场基本建立在当地珠宝加工业的基础上，例如深圳罗湖区水贝、广州番禺区沙湾珠宝产业园、江苏东海水晶城等，有些专业市场是基于珠宝玉石的原料基地，例如辽宁的岫岩玉，有些是基于当地逐步累积起来的珠宝生产链。有些产地型专业市场能够充分发挥产业集群效应，集研发设计、生产、物流、展示、交易、仓储、金融、结算、旅游文化于一体，构建成完整的产业链，对中国珠宝产业发展有极强的影响力；销地型专业市场大多位于一、二线城市或省会城市，通过中心城市辐射周边中小城市，主要的批发对象是

四、五线市场的中小零售企业，诸如华东国际珠宝城。由于珠宝渠道的日益扁平化，直接导致了以区域批发功能为主的珠宝专业市场日益衰落，以零售为主的销地型珠宝专业市场更是困难重重，甚至停业退出。

国内的珠宝专业市场已进入存量发展阶段，渠道扁平化、终端下沉、电子商务快速发展等趋势，对珠宝专业市场的发展带来了巨大挑战。未来的珠宝专业市场应专注于打造产业集群，构建全产业链，提供金融、质检、包装、物流等配套功能。

五、高级珠宝会所销售方式

随着中国经济的腾飞，中国国民消费能力快速提升，在中国一、二线城市里，高级珠宝会所逐渐兴盛起来，它是珠宝消费的潮流趋势，也是珠宝品牌化经营走向成熟化、高端化的一种进阶型销售方式。高级珠宝会所主要为喜爱珠宝的高消费人群提供私密空间进行珠宝品鉴，搭建珠宝的交流平台，提供供货、设计、定制等更专业和更高端的珠宝服务。例如深圳的灵云·鸾珠宝会所、郑州翠钻宫珠宝会所、杭州越王珠宝会所等。

与普通珠宝店不同，高级珠宝会所的选址注重私密性，一般开设在相对偏僻的写字楼，甚至是高级私人别墅区。珠宝会所更为重视顾客购物体验，融合多种高端配套设施和多层次的功能区，奢华舒适、安静私密。所销售的商品都是名贵钻石、高端翡翠等价格极高的珠宝，提供各种贵客服务。其目标群体为具备高端消费能力且乐意消费顶级珠宝的小众群体，主要包括高端珠宝投资者、奢侈品收藏者以及富豪名流。

高级珠宝会所并不是珠宝高端卖场，高昂的价格、奢华的布置、小众高端的珠宝无法支撑起高级珠宝会所的内涵。世界知名会所的成功之道，主要源于稀世珠宝产品、国际著名珠宝设计师的设计、显赫客户群带来的品牌影响力。因此，要将中国高级珠宝会所吸引力转化为销售力可以从以下方面入手。

首先，打造珠宝会所的品牌影响力。稀缺的高端珠宝能吸引喜爱鉴赏或投资的高端客户，也是会所实力的象征；会所应拥有专业的设计团队和手工作坊，能为客户打造高端定制珠宝，并与一些国际知名设计师展开部分合作；通过赞助明星、名媛、政要佩戴的方式来逐步扩大品牌影响力。

其次，高级珠宝会所是一个集资源、交际、文化传播于一体的综合性交流平台，它需要为高端顾客提供安静私密的空间，以进行珠宝的鉴赏、交流和购买，也要促进顾客之间互相学习、探讨，通过讲座、鉴赏等交流方式吸引和聚集顾客。会所还应与珠宝文化有机融合，陶冶顾客的珠宝文化的情操，营造珠宝文化氛围。

再次，与其他相关企业展开合作，实现资源互补，互利共赢。与红酒或其他奢侈品等企业进行跨行业合作，丰富珠宝会所的产品和服务；与珠宝供货商加强合作，争取获得稀缺的珠宝原料；银行拥有高端客户，也希望将珠宝引入其理财体系，会所可以与银行联合，共同开发珠宝类理财业务。

最后，珠宝会所的目标客户主要为极少数高端消费群体，开设初期，应通过会所内部人脉、与银行合作等多种形式开发目标消费群体，但是后期如何留住优质顾客将成为会所发展的关键。会所应当建立顾客数据库，与顾客保持紧密的社会联系，为顾客量身定做专业贵客服务，通过一系列的关系营销手段来保留优质顾客。

与国外知名高级珠宝会所相比，我国的珠宝会所在品牌影响力、高端珠宝定制等方面还有很大差距，但是，随着中国奢侈品消费总量的持续增长，高级珠宝会所消费的客户群将逐渐扩大，高级珠宝会所必将获得一定发展。

六、依托银行载体的销售方式

2003年，招商银行首次推出实物金条的"销售+回购"投资业务，随后各家商业银行陆续推出实物贵金属黄金产品。经过近二十年的发展，商业银行已经成为实物黄金的主要销售渠道，也是消费者投资消费黄金的主要购买渠道。这几年银行渠道达成的实物贵金属销售额大约在530~550亿元，在黄金珠宝市场中占比超过10%，是黄金珠宝企业未来发展中不可忽视的重要销售渠道。例如，倡导"黄金艺术生活化"的国金黄金，它的主要销售渠道就是遍布全中国的银行渠道。

与黄金珠宝店相比，银行在营业网点数量、资金实力、客户资源等方面具有极高甚至是绝对优势，因此，就投资金条、金币和收藏类的实物黄金产品来说，商业银行比黄金珠宝门店竞争优势要大，销售上也更胜一筹。但是商业银行涉足消费类的黄金珠宝首饰，与传统珠宝门店相比，其劣势也比较明显，下面分析一下银行渠道的优劣势。

（一）银行载体的优势

首先，银行拥有遍布全国各地的营业网点。截至2020年末，全国银行网点总数达到22.67万个，仅工、农、中、建、邮五大行的网点总数就超过10万个，已覆盖了中国全部城市、县城和97%的乡镇。而黄金珠宝零售门店总计大概有8.1万家，除了一、二线城市开发较为充分外，三四五线城市目前只是初步完成了布点，还有待开发。

其次，银行拥有数量庞大的客户资源和雄厚的资金实力。长期的经营沉淀，银行获得了极为详尽的客户信息，并建立了完善的客户管理体系，能够以相对低的成本直接接触顾客。珠宝的高价值决定了高投入，银行雄厚的资金实力是黄金珠宝店无法比拟的。

最后，银行雄厚实力和不可取代的信誉解决了消费者在购买黄金中的信任问题，是天然的信用保证。另外，银行把黄金珠宝纳入整套理财体系中，在挖掘黄金消费场景、提升客户体验方面更具优势。

（二）银行载体的劣势

首先，银行的主要业务是金融服务，黄金业务只占商业银行总业务的一小部分，因此，在珠宝首饰销售的专业程度上无法与珠宝门店相比。相较于银行，珠宝门店会花费大量成本对服务人员进行专业培训，包括品牌历史、珠宝专业知识、销售技巧等，另外，珠宝门店提供产品的维修、改制、兑换、回收等一整套售后服务。而商业银行则在培训和售后上的投入很少，银行一般只对本行销售的投资金条进行回收，而首饰金的回收则交由珠宝品牌企业。

其次，珠宝首饰的核心竞争力来自品牌，特别是高端珠宝。而在品牌优势方面，商业银行绝对弱于珠宝门店，因为在消费者品牌认知中，商业银行并不是经营黄金珠宝首饰的，银行也无法像珠宝实体店那样提供美轮美奂的店面布置来突显品牌形象，商业银行更适合以贵金属为核心的投资收藏类产品。

最后，在珠宝首饰产品价格上，与黄金珠宝店相比，商业银行的中间收入比例、结款期、人员销售奖励、资金周转时间等相关成本更高，如果这些成本都转嫁到产品上，零售价会升高。因此，如果是同样的珠宝首饰产品，银行零售的价格会相对高一些，黄金珠宝实体店更有价格优势。

黄金以其贵金属特性兼具投资和消费双重属性，随着中国居民收入水平的快速增加，黄金作为理财投资的重要品类，以及中国消费者传统上对黄金的偏爱，这些年黄金消费的增速显著高于其他珠宝首饰品类，特别是新一代年轻人也开始热捧黄金。作为黄金的主要销售渠道，银行渠道必然会得到进一步发展，越来越多的珠宝品牌将与银行开展深度跨界合作。

第三节　珠宝首饰无店铺的销售方式

虽然线下零售终端依然是珠宝销售方式的主要渠道，但是珠宝首饰无店铺的发展趋势已经逐渐体现出来，例如仅线上销售而言，销售占比已由2016年的4.6%增加到现在的9.9%。特别是2020年以后，线下消费受到很大冲击，线上消费则开始发挥作用；另外随着大数据、物联网等信息技术快速发展，新生代的年轻人成为线上珠宝销售无店铺化的追捧者，无店铺销售的未来发展潜力很大。

一、直复营销

直复营销是通过使用一种或多种宣传媒体实现与消费者直接沟通，并达成销售的渠道模式，直复营销能够实现企业与顾客的双向沟通，并能获得可度量的顾客反馈，在与顾客的有效互动中达成交易。珠宝行业直复营销模式主要有网络营销、电视营销和目录营销。

二、直接销售

（一）直接销售的概念

直接销售，简称直销，是一种通过人与人之间的直接沟通，或者通过人际关系网络来进行推销的销售模式。

直销分为单层次和多层次：单层次直销是指企业直接通过销售人员把产品销售给顾客，如雅芳；多层次直销是指企业通过多个层次的直销商把产品销售给顾客，直销商不仅通过推销的商品获得利润，还会从他/她的下一级直销商中获取佣金，因此，直销商会努力扩大和管理自己的直销组织，通过整个组织的绩效增长来获取更多的利益。大多数直销企业采用多层次直销，最典型的多层次直销公司是美国安利公司。

（二）首饰珠宝的直接销售

直销是一种古老的销售形式，在全球零售业中的占比并不高。直销的黄金期发生在女性只能选择有限的传统职业，特别是家庭主妇居多数的时期。但是，随着越来越多的女性在主流经济中获得成功，以及消费者生活节奏加快，上门或聚会的机会减少，直销的发展受到局限。

近年来，直销不断以崭新的面貌出现，并开始重新受到企业青睐，特别是初创企业。首先，自金融危机以来，世界经济发展缓慢，人们需要寻找更多的职业道路以补充收入，直销是非常有吸引力和较易进入的第二职业；微信等社交媒体或社交网络能够帮助人们低成本维护社交圈，甚至是前所未有地让大家更为接近，这与直销的社交网络销售方式非常吻合；网络软件和平板电脑的普及，让直销工作变得轻松，直销人员不必携带大量样品，一台平板电脑就轻松搞定，顾客数据库、客户关系管理等软件，可以大大提高直销的销售能力。

基于互联网和信息技术的发展，不少直销企业开始重新定义"直销"，逐步尝试网络营销、O2O等模式。例如美国珠宝直销公司Chloe+Isabel，它的创新模式可总结为"线上销售平台＋直销商加盟"。公司为直销商开发了一套移动展示和销售平台，直销商在平台上建立自己的零售店，使用Facebook等社交媒体与消费者接触，并达成交易。公司严格筛选直销商，并为每个直销商选择一个销售区域，减少他们之间的过度竞争。公司也为直营人员提供在线培训，帮助他们掌握珠宝的流行趋势。

拓展阅读14-1　　Stella & Dot的直销模式

三、自动售货

（一）自动售货的发展

自动售货是20世纪70年代从日本和欧美发达国家发展起来的，它利用自动设备进行销售，节省人力，占地小，不受销售时间和场地的限制，购物流程简单便捷，能保证消费者随时随地快速获得商品，成为现代零售业态中很重要的一种零售形式。这种销售方式满足了现代消费者追求购物便利性的需求，方便、无接触、快速购买的特性使得无人售货成为契合人们新消费习惯的最佳形式。借助现代信息技术，无人售货还能更好地实现自助界面的友好度以及无现金支付、实时配送补货等功能。

最适合自动售货的商品是日常快消品，商品特点是市场消耗量大，消费者基本每天消费，复购率高，消费者对购买的便利性要求高，例如饮料、食品、水果蔬菜等。现在，自动售货机销售的商品种类越来越广泛，成人用品、药品、口罩、玩具等，自动售货形式还包括自动取款机、售票机、盲盒机等。

（二）珠宝首饰的自动售货

珠宝首饰与自动售货销售的传统商品正相反，非生活必需品，产品价值高，消费频率低，需要购买场景和长时间决策，还可能需要专业的服务，那么珠宝首饰如何使用自动售货这种销售渠道呢？

2011年，印度珠宝制造商姬坦雅莉集团在印度孟买推出全球第一台可自助购买金银钻石首饰的自动售货机，消费者可以自助购买金银币、金银条、金银首饰以及钻石首饰，外形与普通自动售货机差别不大。另外，欧洲、北美洲都推出了可购买金条的自动售卖机。

2018年，自动珠宝售货机开始走入我国市场。Magic Home 自动售货机主要售卖轻奢珠宝，类似潘多拉的模式，将饰品拆分成基础手镯和串珠分别售卖，消费者可以根据喜好自己搭配手链。珠光宝盒公司最初推出了无人珠宝零售终端机，并逐步打造智能化无人珠宝体验店，消费者还可以在店内自行设计喜爱的首饰样式，系统还可以根据消费者预算来智能调整金重、宝石级别、产品大小等。周大福于2018年1月推出周大福友宝盒子，充分说明了领先珠宝品牌对自动售货渠道的重视。

当然，珠宝自动售货存在一些短板，例如自动售卖机展示的款式数量较少，珠宝首饰的贵重性使得一部分消费者更倾向于到门店接受专业服务，另外退换货无法及时解决。总体上来说，珠宝自动售货作为珠宝新零售模式之一，未来将融入珠宝首饰的全渠道体系中，发展前景大好。

四、珠宝首饰展销会

珠宝首饰展销会在珠宝首饰的零售渠道中占比很低，但是珠宝展会对珠宝首饰行业的发展至关重要，它是一个国家珠宝市场发达的象征。珠宝首饰展销会是与珠宝首饰相关的会展形式，它将珠宝相关的所有资源（包括珠宝首饰产品、设备、原材料等）整合在同一个平台上，为珠宝业内人士提供了极好的展示品牌形象、专业交流、收集市场信息、达成交易合作的场所，也能为消费者提供多样化的珠宝商品学习和购买平台。

（一）国内外知名珠宝展会简介

在发达国家，珠宝首饰展销会的发展已有近百年历史，世界范围内规模最大、最著名的珠宝展包括：瑞士巴塞尔的欧洲钟表珠宝展、美国拉斯维加斯珠宝展、美国图森珠宝展、意大利维琴察珠宝展、日本东京国际珠宝展等。除此之外，泰国曼谷珠宝展、韩国国际珠宝钟表展、深圳珠宝展等展会也趋于成熟，逐渐成为每年国际珠宝行业交流的盛会。中国的珠宝首饰展销会起步较晚，随着中国珠宝首饰业的发展而快速发展起来，目前中国大陆的前三大珠宝展会分别是北京珠宝展、深圳珠宝展、上海珠宝展。

中国国际珠宝首饰展览会，简称北京珠宝展，始于1991年，当时中国珠宝玉石首饰行业协会在北京成立，简称中宝协，并举办了中宝协的第一次珠宝展。2002年北京珠宝展转移到中国国际展览中心，逐步发展成为中国内地规模最大、档次最高的珠宝展，每年分为春季展和秋季展。2021年展览面积5万余平方米，共有来自20个国家和地区的2200多家参展商，超过8万名买家，专业买家达到70%。

"世界珠宝看中国，中国珠宝看深圳"。深圳国际黄金珠宝玉石展览会，简称深圳珠宝展，2000年9月，第一届深圳珠宝展举行，每年举办一届。依托深圳珠宝产业的庞大规模以及完善的产业链，深圳珠宝展被誉为中国内地最具规模、最多买家群体、最具影响力、最为国际化的专业珠宝盛会。2021年展会面积45000平方米，展位1600个，参展商约600家。

上海国际珠宝首饰展览会，简称上海珠宝展，每年六月举办。上海珠宝展在2005年以前，每年3~4个展览，一直没有形成规模。2006年上海国际珠宝首饰展览会在上海浦东新国际展览中心举行。上海珠宝展的规模和影响力日益扩大，一跃成为国内三大珠宝展之一，是华东地区规模最大的珠宝盛会，它拥有中国大陆珠宝展中唯一的钻石馆。2021年，上海珠宝展展览面积近30000平方米，展位1000多个，汇聚800多家展商参展。

（二）珠宝展会的重要作用

珠宝首饰展销会是集珠宝首饰相关企业的产品、品牌、技术、信息等方面的展示、交易、推广和交流为一体的综合平台。它伴随珠宝首饰业的发展而兴盛，是珠宝业发达的象征，反过来，它也促进了所在地区珠宝首饰业的发展。

（1）珠宝展会最大的作用在于促进了生产与销售之间的联系和合作，成为珠宝生产商与中间商之间实现低成本、快捷合作的桥梁。优秀展会能吸引几百家，甚至上千家的参展商，既包括国内外众多知名品牌，也有不少个体商户。参展产品既包括不同层次、不同类型、不同风格的各类珠宝玉石，也包括珠宝原材料、制造加工设备、检测设备、珠宝首饰包装、宣传策划等各相关品类；大型国际珠宝展的观众及专业买家的数量可以达到数万人，同时吸引大批珠宝中间商前来寻找合适的商品。在展会这样一个巨大、开放的平台上，有助于生产商和销售商达成稳定的合作关系，它解决了生产企业销售渠道的问题，彻底改变了珠宝行业的供货模式。

（2）珠宝展会的第二个重要作用是能够塑造企业品牌，提升企业形象，传达企业价值观。对珠宝首饰来说，场景体验对品牌塑造的作用是无可替代的，珠宝展会为企业提供了美轮美奂的展位装饰、商品陈列的机会，中小企业也可以展现自己的产品创意和独特理念。珠宝展的规模化和专业化汇聚了众多专业买家以及优质的消费者，利用展会这个优质平台，珠宝企业通过各种特色推广手段展现和宣传自己的品牌，并经由观众将品牌信息传播到各地。

（3）珠宝展会提供了专业性、综合性的信息交流和学习的平台，已经成为珠宝业界了解国内外最新市场动态、洞悉市场商机的最佳窗口。珠宝展会上展销的内容是以珠宝首饰为核心的一系列相关的产品和服务，珠宝展的观众一般都是专业买家或者珠宝爱好者，他们的目的是寻找珠宝投资资源或者了解更多珠宝知识，为珠宝展营造了浓厚的专业氛围。基本上所有的珠宝展会都会举行多场学术研讨会，方便珠宝业界人士了解并学习国内外的新技术、新创意，洞察珠宝市场的新变化、新趋势，为珠宝行业内部提供了非常好的学术交流机会。

（4）珠宝展会能够帮助珠宝品牌获得相对低的展示成本、较高的成交率。珠宝展会的展位费用不算太高，另外规模大的珠宝展能够吸引数万的专业买家以及相对优质的观众，他们参观的目的性强，达成合作或者购买的愿望也很强烈，只要珠宝产品符合其需求，价格在合理范围内，一般都能达成交易。在展会短短几天的时间内快速成交，同时还能把企业品牌很好地传播出去，珠宝展的性价比相对来说比较高，特别是对于实力弱的中小珠宝品牌或者初创品牌。

（三）国内展会现阶段存在的问题及建议

近几年来，大型珠宝展会开始逐渐出现了衰落的情况，以深圳珠宝展为例，2021年的深圳珠宝展与2020年相比，展示面积缩减近50%，参展商缩减近38%，周大福等不少知名品牌缺席。当然，最根本的原因是珠宝首饰企业与顾客之间的沟通渠道越来越多元化，其中线上信息沟通渠道有网上平台（如企业网站、网购平台、微博等）、手机短信、邮件等，而线下的展示渠道有企业展厅、新品发布会等。加上不少珠宝企业的工厂展厅越做越规模化，部分大品牌利用珠宝展会期间独立举办企业新品发布会、答谢酒会等活动，导致珠宝首饰展会成本增加，性价比大大降低，企业参展的必要性和动力越来越小。

未来的中国珠宝展应如何改变呢？

首先，各个不同的珠宝展应明确自己的定位，究竟是希望并有能力办成国际化展会？还是致力于办成国内顶尖的珠宝展会？甚至选择成为地区性展会。不同定位的展位在展示产品、参展企业和观众、宣传方式等方面都有不同的选择。另外，应将以零售为主的珠宝展区与针对专业人士的行业性珠宝展区分开，这样既能满足消费者对珠宝购买的零售需求，又能保证珠宝专业性氛围不受破坏。

其次，珠宝展应注重协助参展企业宣传和推广品牌，很好地扶持和推动珠宝行业的品牌化发展。品牌是珠宝首饰企业的生命，因此宣传和推广品牌是珠宝企业参展的核心需求，珠宝展的规模化平台效应可以吸引珠宝业界的专业买家或合作企业，也能为参展企业带来巨大消费人流。因此，珠宝展应提升展会品质，吸引有实力的珠宝业内人士或参观者，并大力打造珠宝展自身品牌。

再次，珠宝展对中小企业的品牌宣传、达成交易合作的作用尤其巨大，因此初创品牌或设计师品牌对珠宝展会的参展欲望比较强烈。鉴于中小企业的资金和品牌号召力有限，展会应提供给中小企业一些优惠条件，例如减免部分参展费用，开放专门的展会区域等，鼓励具有中国原创设计能力的小公司参展，帮助中小企业扩大商机，促进展会成为中小珠宝企业的孵化器。

最后，随着新的信息技术不断发展以及新冠疫情的冲击，O2O展会成为近些年关注的焦点。O2O展会指的是线上展会和线下实体展会的有机结合，是一种全新的展会运营模式。它立足于线下实体展会，采用先进的互联网技术与信息化手段，将构建的虚拟线上展会作为实体展会的延伸与补充，并通过专业的系统运营，实现实体展会与虚拟展会的闭环运作，充分发挥实体展会的集聚效应与互联网的联结效应，使珠宝展会成为永不落幕的展会。在O2O展会方面，一些展会已经开始了一些有效的尝试，例如珠宝展会网站、App、微信扫描、虚拟展馆等线上服务项目，并逐步打造线上展会电子商务平台。

拓展阅读14-2　　世界知名珠宝展览会

本章小结

销售是企业市场营销管理中的一个重要环节，是企业实现生产成果的重要活动。在现代纷繁复杂的商业环境中，销售方式可谓五花八门，常见的分类方式：①按渠道零售终端的不同，可分为店铺式和无店铺式，包括珠宝门店、珠宝专业市场、电视直销、网络购物、直播带货等多种形式。②按照商品所有权在渠道中转移的中间环节不同，可以分为以下几种销售方式，直销、经销方式、代销方式、代理制。③按提升珠宝产品附加值的方式分，主要有服务营销、情感营销、体验营销等。

珠宝品牌抢占市场份额、赢得销售业绩的关键是零售终端的开拓和布局。

因此，本章将根据珠宝首饰零售终端的不同来介绍一些重要的销售方式。珠宝的线下渠道以百货商场专柜、品牌专卖店为主，还包括珠宝专业市场、珠宝大卖场、高级珠宝会所，以及特殊的合作渠道银行；无店铺零售有直销、电视购物、网络购物、电商直播等；另外自动售货机也是珠宝新零售模式之一。本章的主体内容介绍了这些主要零售终端的概念、优缺点以及未来发展趋势。

重要名词

销售方式　百货商场专柜　品牌专卖店　珠宝专业市场　珠宝大卖场
高级珠宝会所　合作渠道银行　珠宝展览会　直销　电视购物　网络购物
电商直播　自动售货机

复习思考题

1.简述销售对企业经营管理的重要作用。

2.珠宝专柜有什么优缺点？请为其未来发展提一些建议。

3.珠宝专卖店的直营与加盟模式各有什么优缺点？

4.请谈谈银行作为珠宝首饰销售载体的优缺点。

5.请为深圳珠宝展会的未来发展之路提出建议。

📖 章后测练

第十五章　珠宝首饰拍卖与典当

本章提要

> 通过本章学习，可让学生掌握市场营销的基本概念、内涵与营销理念的演进过程，掌握珠宝首饰营销概念及其特点，熟悉珠宝首饰营销趋势，了解珠宝首饰营销基本环节，以及影响珠宝首饰营销过程的因素。

章前引例　　璀璨十载——苏富比珠宝拍卖十年回顾

　　随着社会经济的发展和人们生活水平的提高，珠宝首饰对人们来说，早已不只是具有较高观赏价值的装饰品，更是当下人们所乐意选择的热门投资品。因为与房地产、金融证券、文物艺术品等其他种类的投资品相比，珠宝首饰更能保值、增值，最重要的是其投资存在损失的风险概率更小一些。珠宝首饰拍卖作为一种特殊的营销方式，如今已越来越普遍地被国内外拍卖行所实践。很多名贵的珠宝首饰都是通过拍卖这种营销方式，经由市场的作用，从而实现保值、增值的。有鉴于此，下文将从珠宝首饰拍卖的角度，对宝玉石的营销方式进行探讨。

第一节　珠宝首饰拍卖概述

　　珠宝首饰尤其是高档珠宝，作为拍卖市场上的重要拍品类型之一，因其较高的艺术观赏价值、较稳定的保值增值特点备受竞买人的青睐。珠宝首饰拍卖日渐成为一种普遍流行的宝玉石营销方式。对珠宝首饰拍卖而言，既有适用通行的拍卖类型和拍卖原则的特点，也有其特殊内涵与误区。下文将着重阐释珠宝首饰拍卖的概念与误区等方面，并对珠宝首饰拍卖的相关概念进行简要论述。

一、珠宝首饰拍卖的概念

珠宝首饰拍卖，是指以珠宝首饰为拍品的拍卖类型，即以公开竞价的方式将珠宝首饰转让给最高出价者的买卖方式。国外开始珠宝首饰拍卖的时间相对较早，我国珠宝首饰拍卖的起步较晚，仍存在一些亟待解决的问题。

（一）国外珠宝首饰拍卖概况

世界上最重要的珠宝首饰拍卖当属苏富比和佳士得拍卖行每年举办的珠宝首饰拍卖会。苏富比和佳士得两大拍卖行每年春季、秋季都在我国香港地区进行珠宝首饰拍卖，吸引了世界各地的收藏家、投资家和企业家。

（二）我国珠宝首饰拍卖市场的形成与发展

随着社会经济的发展和人们经济实力的提高，我国珠宝市场得到了蓬勃发展，拍卖市场也逐渐成熟。近二十几年来，我国拍卖的专业化程度越来越高，分工也越来越精细，珠宝首饰拍卖逐渐从古玩杂项中分离出来，成为一个独立的拍卖项目。我国的首场珠宝首饰拍卖于1994年，由北京嘉德拍卖行开创先河。近十几年来，珠宝拍卖作为现代珠宝市场交易的最高形式，得到了充分发展。在北京、上海、广州、深圳、西安等地相继成立了可以进行珠宝拍卖的公司，并形成了香港、北京、上海、深圳四大拍卖中心。

（三）我国珠宝首饰拍卖亟待解决的问题

首先，确保拍品质量和品位。严把拍品质量关，树立良好的珠宝首饰拍卖市场形象。为使买家放心，可将珠宝拍品送至权威的专业鉴定机构进行鉴定评估。其次，规范珠宝首饰拍卖市场。由于珠宝首饰的特殊性和信息不对称性，个别拍卖行的诚信度低、商业信誉差，致使买家担心高价拍到赝品。拍品的资源量和买家群体毕竟是有限的，应当控制好拍卖量和拍卖节奏。最后，加强买方市场培育。拍卖公司应当充分发挥中介作用，加强对珠宝拍卖及拍卖文化的宣传，使中国珠宝首饰拍卖业的潜力得到进一步挖掘和发展。不仅要吸引国外买家，还要兼顾国内买方市场，着力提高国内买家群体的艺术品位和鉴赏能力，形成一个具有理性思维的买家群体。

二、珠宝首饰拍卖的误区

珠宝首饰拍卖存在的误区，主要体现在以下两个方面：其一，误认为拍卖的珠宝首饰均为奢侈品；其二，误认为国内珠宝首饰拍卖市场非常有限。

（一）拍卖的珠宝首饰均为奢侈品

长期以来，人们大多误以为拍卖中的珠宝首饰均为奢侈品。其实，拍卖中不只有高端奢华的珠宝首饰，也有一些价格亲民的珠宝。拍卖市场中的珠宝首饰也有高、中、低档之分。珠宝首饰拍卖如今已成为我国珠宝饰品交易的重要渠道和颇具潜力的珠宝市场，随着我国经济实力的不断增强，我国珠宝行业也在不断发展、壮大，珠宝首饰拍卖市场也日趋成熟，丰富的珠宝首饰拍品可以满足人们多样化的需求。如今，珠宝拍品已不再只有珍稀的高档珠宝，也有中、低档的珠宝拍品，珠宝首饰买家群体面在一定程度上得以拓宽。

（二）国内珠宝首饰拍卖市场非常有限

我国珠宝首饰拍卖起步相对较晚，人们大多误认为国内珠宝首饰拍卖市场非常有限、珠宝首饰拍卖买家群体不够成熟。其实，近些年来，随着经济的发展和人们经济生活水平的提高，推动了低风险、高保值的珠宝首饰收藏之风，珠宝首饰拍卖会上的国内买家逐渐增多，我国珠宝首饰拍卖市场已有所拓展。近年来，国内珠宝首饰买家群体正在逐渐成熟，珠宝首饰竞买人不仅越发了解珠宝拍品的市场价值，而且逐渐拥有了比较高的珠宝首饰鉴赏评估能力。

拓展阅读15-1　　拍卖的概念、类型与基本规则

第二节　珠宝首饰拍卖的程序与组织管理

为充分发挥珠宝首饰拍卖在宝玉石营销中的作用，提高珠宝首饰拍卖的成交率，需要规范珠宝首饰拍卖的程序，提升珠宝首饰拍卖的组织与管理水平。本节内容，一方面着重论述珠宝首饰线下拍卖和线上拍卖的程序与关键因素，另一方面重点介绍珠宝首饰拍卖的组织与管理工作。

一、珠宝首饰拍卖的程序与关键因素

珠宝首饰拍卖的程序，主要包括珠宝首饰拍卖的委托、拍卖公告的制定与发布、拍卖标的展示、竞买登记、珠宝首饰拍卖会的举行、珠宝首饰拍卖成交结算与拍卖标的移交，以及拍卖档案管理等具体事务和流程。下面将分别介绍珠宝首饰线下拍卖和线上拍卖的程序与关键因素。

（一）珠宝首饰线下拍卖程序与关键因素

珠宝首饰线下拍卖程序主要包括珠宝首饰拍卖委托、珠宝首饰拍卖公告的制定与发布、珠宝首饰拍卖标的展示、珠宝首饰竞买登记、珠宝首饰拍卖会的举行、珠宝首饰拍卖成交结算与拍卖标的移交、珠宝首饰拍卖档案管理等几个方面。

1.珠宝首饰拍卖委托

珠宝首饰拍卖委托是拍卖的起始与源头，也贯穿于拍卖程序的始终，自委托人与拍卖人协商委托拍卖事宜开始，到委托拍卖合同履行完毕为止。珠宝首饰拍卖委托程序是指在珠宝首饰拍卖委托阶段，拍卖当事人为履行其权利和义务而应遵循的方式和途径。从拍卖人的角度考察，珠宝拍卖委托程序可分为征集拍卖标的、审核项目、洽谈合同和签订合同四个阶段。

2.珠宝首饰拍卖公告的制定与发布

珠宝首饰拍卖委托合同一经签订，即表明拍卖活动进入拍卖公告阶段。拍卖公告的制定与发布是拍卖活动的一个重要的法定程序。所谓珠宝首饰拍卖公告是指拍卖人于珠宝首饰拍卖会前在新闻媒介上发布的拍卖信息，是拍卖人向社会公开发布拍卖信息的要约邀请。为保证拍卖活动能够公开、顺利进行，《中华人民共和国拍卖法》（以下简称《拍卖法》），第四十六条规定了拍卖公告应当载明的事项，包括如下五项：第一，拍卖的时间和地点；第二，拍卖标的；第三，拍卖标的展示时间和地点；第四，参与竞买应当办理的手续；第五，需要公告的其他事项，如竞买登记时间、竞买人限制条件、商品流通范围限制、拍卖企业的联系方式等。

3.珠宝首饰拍卖标的展示

珠宝首饰拍卖标的展示是指在拍卖前提供的查看珠宝首饰拍卖标的的现状并提供相关咨询的活动。拍卖人在珠宝首饰拍卖前应依法对拍卖标的的进行的公开展示活动。《拍卖法》第四十八条规定："拍卖人应当在拍卖前展示拍卖标的，并提供查看拍卖标的的条件及有关资料。拍卖标的的展示时间不得少于两日。"

4.珠宝首饰竞买登记

珠宝首饰竞买登记是指珠宝首饰竞买人办理竞买申请的程序，是在珠宝首饰拍卖会之前进行的一项必要的法定程序。国内拍卖企业大都要求竞买人缴纳竞买保证金，否则不能取得竞买资格。为了便于竞买人充分了解参加竞买的相关事项，避免竞买人的盲目决策和可能发生的纠纷，拍卖企业大多会将与拍卖有关的资料和竞买人必须作出的承诺整理成文，要求竞买人签订拍卖文件。

5.珠宝首饰拍卖会的举行

珠宝首饰拍卖会是指拍卖人按照公布的时间、地点及方式组织的拍卖活动。经过拍卖公告和拍卖标的展示的法定程序，拍卖活动进入了拍卖会实施程序。拍卖人实施拍卖会前，应充分做好备案手续、人员分工、场地布置、网络调试及竞买登记等各项准备工作；竞买人也要为参加竞买做好信息收集、市场调研、拍卖标的的了解、竞买登记及预交保证金等拍卖会前的准备工作。举行拍卖会时，拍卖会由拍卖师主持，《拍卖法》第四十九条规定："拍卖师应当于拍卖前宣布拍卖规则和注意事项。"在珠宝首饰拍卖活动中，珠宝首饰拍卖成交是指竞买人的最高应价经拍卖师落槌或者以其他公开表示买定的方式而确定成交。拍卖成交也是拍卖合同成立的意思。

6.珠宝首饰拍卖成交结算与拍卖标的的移交

珠宝首饰拍卖成交结算与拍卖标的的移交，是珠宝首饰拍卖程序的收尾工作，也是珠宝首饰拍卖程序完结的重要前提之一。《拍卖法》第二十四条规定："拍卖成交后，拍卖人应当按照约定向委托人交付拍卖标的的价款，并按照约定将拍卖标的的移交给买受人。"其中，将珠宝首饰拍卖所得成交价款交付委托人，即为珠宝首饰成交结算；拍卖人、委托人将珠宝首饰拍卖标的的移交给买受人，即为珠宝首饰拍卖标的的移交。

7.珠宝首饰拍卖档案管理

珠宝首饰拍卖档案管理是指拍卖公司的档案部门直接对档案实体和档案信息进行管理并提供利用服务的各项业务工作的总称。珠宝首饰拍卖档案管理是指拍卖法律规定的拍卖人的一项重要的业务工作内容，也是法定拍卖程序的最后一道工序。《拍卖法》第五十四条规定："拍卖人应当妥善保管有关业务经营活动的完整账簿、拍卖笔录和其他有关资料。前款规定的账簿、拍卖笔录和其他有关资料的保管期限，自委托拍卖合同终止之日起计算，不得少于五年。"

（二）珠宝首饰线上拍卖程序与关键因素

线上拍卖（网上拍卖）是20世纪90年代从美国兴起的一种新的拍卖形式，最大的特点是利用互联网将现场拍卖方式变成非现场式交易方式，从而突破了现场拍卖的时空限制。线上拍卖是传统拍卖在互联网的延伸，是现代信息技术在拍卖行业的运用，是拍卖的一种特殊类型。

美国 eBay 公司开创了珠宝网络拍卖的先河。一般的珠宝首饰线下拍卖行多以拍卖高端珠宝首饰为主，而线上拍卖公司则在很大程度上占据了中、低端市场。珠宝首饰线上拍卖的兴起，为中、低端珠宝的拍卖提供了主要窗口，扩大了拍卖的参与人群。近年来，国内一些大型拍卖公司也相继建立了自己的拍卖网站，如"嘉德在线"等。珠宝首饰线上拍卖大多是在传统线下拍卖方式的基础上演变而来的，但与传统的线下拍卖相比，珠宝首饰线上拍卖方式更加多样。目前，我国由拍卖公司主持的线上拍卖方式主要有以下几种。

（1）电子竞价。电子竞价是指利用局域网技术，不同竞买人之间通过电子信息方式传输报价，相互通过价格竞争达成交易的方式。电子竞价的优势在于没有现场举牌出价，竞买人能够比较安心地出价参与竞买，从而在一定程度上达到防止竞买人恶意串通、垄断拍卖的目的；电子竞价的劣势在于容量有限，一旦某个拍卖标的竞买人达到几十人甚至更多，国内目前无论是产权交易所还是拍卖公司的电子竞价设备均不能满足需求。

（2）单一的线上拍卖。线上拍卖是指通过广域互联网方式传输报价，由系统服务器根据事先设定的交易规则，确定最终买受人的拍卖方式。线上拍卖的优势在于打破了传统现场拍卖受时间、地点、空间限制的局面，且有利于吸引更多竞买人参与拍卖、提高拍卖效率；线上拍卖的劣势在于不能充分实现拍卖师与竞买人之间的交流，以实现拍卖标的价值的最大化。

（3）线上与现场同步拍卖。线上与现场同步拍卖是指在现场拍卖的同时，场外竞买人通过广域互联网传输报价到拍卖现场，拍卖师根据拍卖规则确定买受人的拍卖方式。此种拍卖方式的优势在于使线上拍卖与现场拍卖的优势互补；劣势在于对拍卖企业的管理要求较高，如网络开发、硬件配置、技术升级、场地要求、拍卖师主持水平等均有较高要求，对一些规模小、运作能力差的拍卖企业是严峻的考验。

珠宝首饰线上拍卖承袭了传统现场拍卖的竞价特点，通过互联网实现从珠宝首饰拍卖标的原始搜集、展示、拍卖竞价过程到拍卖价款的电子支付等一系列活动。珠宝首饰线上拍卖程序（图15-1）主要包括以下三个部分。

（1）珠宝首饰线上拍卖的信息流。珠宝首饰线上拍卖的信息流主要包括线上拍品的展示（网上用户所展示的拍品图像及有关文字资料）、竞价信息、拍卖网站用户的反馈信息、拍卖当事人之间的信息交流等。

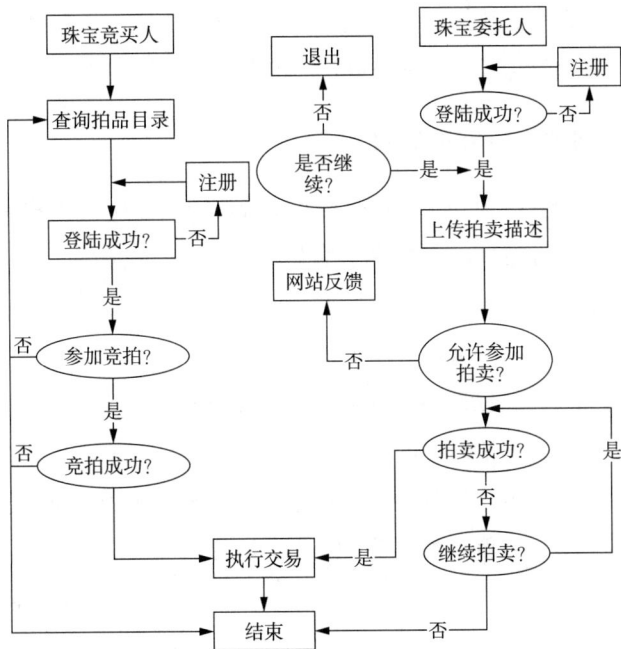

图15-1　珠宝首饰线上拍卖流程图

（2）珠宝首饰线上拍卖竞价与成交价款的结算。珠宝首饰线上拍卖的多数拍品会以委托方愿意接受的最低价开始竞价，每件拍品的详细描述均可在线查询，一些价值昂贵的拍品信息可通过电子邮件获得。竞价者看过拍品描述后，通过发送电子邮件或在线填写表格的形式进行竞价，竞价过程通常持续几天（有时甚至持续几个月），网站公开整个竞价过程，时刻刷新最新的最高报价。为保护竞买人隐私，竞买人均以代号形式参加竞价，只有在竞价结束后，买受人和委托人才能从网站得知彼此的真实信息。珠宝首饰线上成交价款的结算，是指线上拍卖的买受人支付拍卖价款，包括拍品成交价及其他拍卖费用。

（3）珠宝首饰线上拍卖成交与拍卖标的移交。珠宝首饰线上拍卖成交与拍卖标的移交是珠宝首饰线上拍卖程序的收尾工作，不同于珠宝首饰线下拍卖成交与拍卖标的移交，珠宝首饰线上拍卖成交拍卖标的大多需要通过快递物流配送至买受人手中。

拓展阅读15-2　　线上拍"后浪"来袭：年轻守艺人如何抓住年轻人的心？

二、珠宝首饰拍卖的组织与管理

拍卖企业接受珠宝首饰拍卖委托后，要通过企业的各个部门对整个拍卖工作进行组织、策划、实施和控制。珠宝首饰拍卖的组织和管理，具体包括珠宝首饰拍卖方案的制订、实施、控制与评估等活动，是把珠宝首饰拍卖方案转化为具体行动的过程。

（一）珠宝首饰拍卖方案的制订

珠宝首饰拍卖方案是表现和传送珠宝拍卖策划内容的载体，一方面是珠宝拍卖项目策划的主要成果，另一方面是拍卖企业进行珠宝拍卖经营活动的行动计划。

珠宝首饰拍卖方案的基本内容主要包括：①封面。规范的拍卖方案封面一般应包括拍卖方案的名称、拍卖企业的名称、拍卖方案制订者及其联系方式等。②目录。目录是珠宝拍卖方案中各部分题目的清单，通过目录可使阅读者快速了解珠宝拍卖方案概貌，同时方便查找相关内容。③正文。正文是珠宝拍卖方案中最重要的部分。珠宝拍卖方案的正文部分应包括以下内容：市场调查、市场分析、珠宝拍卖标的确定、新闻策划、公告策划、招商策划、拍卖活动方案策划、项目进度表及其人员配置。④拍卖企业的简介及相关业绩。拍卖方案的最后部分，可以将拍卖企业的资质、企业内部部门设置、专业经营业绩和获奖情况等列明。⑤附录。附录中可以提供珠宝拍卖知识的介绍或拍卖文书的样本。⑥还可将企业资质、获奖等文件附录在后。

拓展阅读15-3　　珠宝拍卖目录的编写

（二）珠宝首饰拍卖方案的实施

珠宝首饰拍卖方案的实施是整个珠宝拍卖最关键的环节，拍卖方案的制订是否切合实际、是否可以达成事先的目标，只有通过方案实施这一实践环节才可得到验证。

1.珠宝首饰拍卖方案实施前的准备

为确保拍卖方案能够成功落地，需要做好珠宝首饰拍卖方案实施前的准备工作。第一，统筹安排各部门和相关人员的具体工作，权责分明。因为整个珠宝拍卖工作比较复杂且内容繁多，所以必须作出详细的、便于执行的工作安排以便相关人员具体执行。第二，提前做好对实施珠宝首饰拍卖方案的工作人员的培训工作。具体的培训内容既包括岗位技能的培训，还包括相关的珠宝首饰文化知识的培训，前者可以快速提升人员与岗位的匹配度，后者可以提升珠宝拍卖方案实施人员的珠宝首饰鉴赏能力和人文素质，以更好地服务于整个珠宝首饰拍卖工作。

2.珠宝首饰拍卖方案实施的注意事项

珠宝首饰拍卖方案的实施，应当注意以下事项。

（1）注意方案实施中的沟通协作。任何项目方案不管计划得如何详尽，在具体实施的过程中都会存在一些风险或困难。珠宝首饰拍卖方案亦是如此。因此，尽管在珠宝首饰拍卖方案中已经详列了具体实施过程中可能存在的风险与相应的风险防范措施，但是能否在遇到风险时，很好地化解风险、成功地解决问题的关键在于方案实施人员的良好沟通协作，在于承担项目全局工作的负责人的统筹安排和面对风险的应变能力。

（2）注意对方案实施进展的监察和控制。珠宝首饰拍卖方案的相关负责人应当具有极强的项目控制能力，在拍卖方案具体实施过程中，要随时注意对方案实施进度、实施范围、实施发展趋势进行有效监察和控制，以确保珠宝首饰拍卖方案的顺利实施，保证向着方案预定目标推进。

（三）珠宝首饰拍卖方案实施流程的控制

珠宝首饰拍卖方案实施流程的控制，是指对整个方案实施过程及其效果的衡量和矫正，以确保拍卖方案目标的顺利实现。对珠宝首饰拍卖方案实施流程的控制和管理不是一次行为，而是一个过程，在具体的实施进程中，通过检查、监督并确定整个珠宝拍卖方案实施的进度情况，对实际工作与方案计划之间出现的偏差及时进行纠正，从而确保整个珠宝首饰拍卖方案的目标与计划得以顺利实现。

（四）珠宝首饰拍卖方案的评估

对珠宝首饰拍卖方案进行评估的目的在于判断实施方案计划达到预定目标的程度。评估并非只限于方案实施之后的反思与评价，按照评估进程的不同，可以分为前馈评估、现场评估和反馈评估三个类型。

1.前馈评估

前馈评估是指在拍卖方案实施之前进行的预测性评估。前馈评估又称事前评估或预先评估。前馈评估是一种面向未来的评估，强调防患于未然，以避免事后评估对已铸成的差错无能为力的弊端。此外，前馈评估是在拍卖方案实施之前针对某项计划工作所依赖的条件进行的评估，不针对具体人员，因而不易造成面对面的冲突，易被员工接受。

2.现场评估

现场评估是指在拍卖方案正在实施的过程中进行的评估。现场评估也称事中评估、同步评估。现场评估是面对面的评估方式，目的是及时处理例外情况、矫正工作中发生的偏差。现场评估主要有监督和指导两项职能。监督是按照拍卖方案中预定的标准检查正在进行的工作，以保证方案中目标的实现；指导是指方案实施的管理者亲临现场，针对实施过程中出现的问题，根据以往的经验指导下属改进工作，或者与下属共同商讨矫正偏差的措施，以顺利地完成拍卖方案中所规定的任务。

3.反馈评估

反馈评估是指在拍卖方案实施工作结束或行为发生之后进行的评估。反馈评估又称事后评估。反馈评估把注意力主要集中在工作或行为的结果上，通过对已形成的结果进行测量、比较和分析，发现偏差情况，据此采取相应措施，防止在今后工作中再度发生。

第三节　珠宝首饰典当概述

本节所论珠宝首饰典当是指经营珠宝首饰典当的企业依照我国《典当管理办法》的规定，合法依规对珠宝首饰绝当品进行的线下和线上的营销活动。下文将着重珠宝首饰绝当品营销的概念与误区等方面，对珠宝首饰典当的相关概念进行详细阐述。

一、珠宝首饰绝当品营销的概念

珠宝首饰典当，是指当户以珠宝首饰作为当物质押给典当行，交付一定比例的费用，取得当金，并在约定期限内支付当金利息和综合费用、偿还当金、赎回珠宝首饰的行为。珠宝首饰绝当品营销，是指典当企业为售出绝当的珠宝首饰而进行的一系列线下或线上的营销活动。若要做好珠宝首饰绝当品营销，典当企业应当树立现代市场营销观念，认真研究二手珠宝首饰的市场需求和市场规律，分析影响二手珠宝首饰销售的市场环境因素，探究二手珠宝首饰消费者的心理需求。

二、珠宝首饰绝当品营销的误区

珠宝首饰绝当品营销的误区主要表现在两个方面：其一，认为珠宝首饰绝当品营销不必注重人才培养；其二，认为典当企业进行珠宝首饰绝当品营销时，无须树立品牌意识。

（一）珠宝首饰绝当品营销不必注重人才培养

长期以来，人们对于二手珠宝尤其是典当行的绝当品存有一定偏见，于是，很多典当企业认为绝当品营销不必注重人才培养，因为似乎买不买二手珠宝首饰更多是在于消费者的心理，而非营销人才或者珠宝本身。其实并非如此，人们对于二手珠宝诚然存在一定偏见，但如今随着时代的变化，这种偏见正在逐渐消除。因此，若要扩大珠宝首饰绝当品销售的受众市场，二手珠宝首饰营销人才的培养显得至关重要。

（二）典当企业绝当品营销无须树立品牌意识

就珠宝首饰绝当品而言，虽然珠宝首饰作为一手商品时，品牌各异。但是，这些被当户作为当物质押给典当行的珠宝首饰一旦成为绝当品，那么它们便拥有了一个共同的身份——某某典当行的珠宝首饰绝当品。

因此，对于这些珠宝首饰绝当品的营销就在于典当企业自身的品牌与运营技巧了。绝当的珠宝首饰已有的品牌固然无法改变，但是只要对珠宝绝当品的营销工作做得足够好，典当企业即可有口皆碑。比如，典当企业不仅要加强珠宝首饰收当环节的鉴定和评估，还要对绝当的珠宝首饰进行二次评估，最大限度地减少赝品珠宝流入市场的可能性，以及保护珠宝首饰绝当品消费者的利益。诸如此类的措施，可以在无形中逐渐增加典当企业营销珠宝绝当品的口碑，形成较好的品牌效应。

第四节　珠宝首饰绝当品营销的程序与组织管理

为有效发挥珠宝首饰典当在宝玉石营销中的作用，确保珠宝首饰绝当品营销的效果，需要明确珠宝首饰典当的程序，提升珠宝首饰绝当品营销的组织与管理水平。本节内容，一方面着重论述了珠宝首饰绝当品线下和线上营销的程序与关键因素，另一方面重点介绍了珠宝首饰绝当品营销的组织与管理。

一、珠宝首饰绝当品营销的程序与关键因素

珠宝首饰绝当品营销的程序，主要包括营销机会的分析、目标市场的研究和选择、营销策略的制定、营销纲要的制定及营销工作的组织和实施。下面将分别介绍珠宝首饰绝当品线下和线上营销的程序与关键因素。

（一）珠宝首饰绝当品线下营销的程序与关键因素

珠宝首饰绝当品线下营销的程序具体包括分析市场营销机会、研究和选择目标市场、制定市场营销策略、制定市场营销纲要、组织和实施市场营销工作等几个方面。

1.分析市场营销机会

典当企业只有通过研究二手珠宝首饰消费者的需求、消费心理与购买习惯，才能更好地做好珠宝首饰绝当品的营销工作。典当企业在分析市场营销机会时，还应充分分析二手珠宝首饰营销的市场环境。市场营销环境可分为微观环境和宏观环境。珠宝首饰绝当品线下营销的微观环境包括典当企业珠宝绝当品的顾客、竞争对手、新闻媒体及珠宝绝当品的潜在受众；珠宝首饰绝当品线下营销的宏观环境即人口、经济、物资、技术、政策、法律、社会与文化的发展等。比如，国内阶段性的经济前景如何？这种经济前景对珠宝绝当品营销有何影响？有什么新技术可以促进珠宝绝当品的营销？典当企业在做珠宝绝当品营销时仅仅把注意力局限在微观环境而忽视了社会层面更大的变化力量是缺乏远见的。

2.研究和选择目标市场

从事珠宝首饰绝当品营销的典当企业必须懂得如何去测定二手珠宝首饰营销市场的吸引性，这就需要全面预估市场规模与规律。珠宝首饰绝当品线下营销需要对主要市场进行划分，并对其进行评价，选择并对准特定的目标，并决定这些目标在营销运营中的分量。细分市场即将总体市场划分为具有共同特征的细小市场，比如，可以按照珠宝首饰绝当品的"顾客规模"（大、中、小）、"顾客购买标准"（质量、价格、服务）等对珠宝首饰绝当品销售的目标市场进行细分。

3.制定市场营销策略

市场营销因素组合是典当企业从珠宝首饰绝当品营销目标市场中寻求其市场营销目标的一套市场营销工具。这些市场营销工具中的四要素简称4P，即产品（product）、价格（price）、渠道（place）和促销（promotion）。在短期之内，典当企业可以调整的市场营销因素有价格、广告开支和销售人员规模。从长期来看，典当企业可修改市场营销渠道。

4.制定市场营销纲要

典当企业中负责珠宝首饰绝当品营销的人员不仅要制定企业据以达成其预期市场营销目标的一般策略，还要制定支持市场营销因素组合的纲要。因为很多时候，一些策略设计不错，但到具体实施时却不够理想。就典当企业的珠宝首饰绝当品营销而言，制定市场营销纲要时需要考虑到的因素主要有产品、价格、渠道和促销等。最基本的市场营销工具是"产品"本身即珠宝首饰绝当品。另一市场营销决策的重要工具是价格，即珠宝首饰绝当品消费者购买二手珠宝时所付金额，价格优势是典当企业在做珠宝首饰绝当品营销时需要重点考虑的要素。渠道是指典当企业开展的各种易于使目标消费者得到珠宝首饰绝当品的活动。促销是指典当企业宣传珠宝首饰绝当品优点以说服目标消费者购买二手珠宝的各种活动。

5.组织和实施市场营销工作

珠宝首饰绝当品线下营销的最后一个程序是组织市场营销资源，实施和控制市场营销计划工作。组织和实施市场营销工作中重要步骤之一是建立好具有较强执行力的市场营销组织。市场营销组织的任务既包括协调所有的珠宝首饰绝当品营销人员的工作，也包括与典当企业珠宝首饰绝当品营销相关的研发部门、财务部门及人事部门的密切配合，以最终满足目标消费者的需求。组织和实施市场营销工作时，典当企业还要善于挑选、培训、指挥、激励和考核珠宝首饰绝当品的市场营销人员。典当企业在具体执行其市场营销计划时，由于市场营销环境的千变万化，可能有许多计划外的情况出现，因此在组织和实施市场营销工作时，典当企业还需要通过控制行动以确保其市场营销目标的实现，典当企业需定期评价珠宝首饰绝当品的市场营销效能。

（二）珠宝首饰绝当品线上营销的程序与关键因素

近年来，典当企业珠宝首饰绝当品已逐渐凭借着性价比高、品类繁多等优势成为典当企业日常经营的重要内容和"金字招牌"，一些典当企业与时俱进，将销售平台延伸至网络平台，相继展开珠宝首饰绝当品线上营销。典当企业开展珠宝首饰绝当品线上营销的平台主要有淘宝网、微店、微信公众号及各大直播平台。珠宝首饰绝当品线上营销的消费者群体既包括个人，也包括一些经营二手珠宝首饰的商铺。典当企业进行珠宝首饰绝当品线上营销的具体程序如下。

1.制定线上营销目标

典当企业珠宝首饰绝当品线上营销的首要环节就是要细分市场，做好目标市场的选择，以保证典当企业在选定的市场范围内打造竞争优势，避免盲目营销。典当企业珠宝首饰绝当品线上营销的市场定位就是典当企业根据目标市场同类二手珠宝首饰的竞争情况，针对消费者对该类二手珠宝的某些特征或属性的重视程度，为典当企业销售同类珠宝首饰塑造鲜明的个性特征，以获得消费者认同并吸引潜在消费者。网络市场定位的决策是典当企业制定线上营销目标的基础，因为线上营销目标的推广是受典当企业市场定位的制约的。比如，某个典当企业决定在线上销售质优价廉的二手珠宝首饰，这样的市场定位就决定了典当企业在线上销售的珠宝首饰绝当品质量很好，价格却很低，在做市场推广时可重点强调典当企业珠宝首饰绝当品质优价廉的特点。

2.营销平台的选择与建设推广

线上营销平台是典当企业进行珠宝首饰绝当品线上营销的门户，是目标顾客接近典当企业的网络窗口，更是典当企业品牌形象的展示空间。因此，线上营销平台的选择、建设与推广至关重要。近年来，不少典当企业选择淘宝网、微店、微信公众号及各大网络直播平台等作为珠宝首饰绝当品线上营销的网络平台。线上营销平台确立后，除了定期进行建设与维护之外，最重要的就是根据之前所确定的珠宝首饰绝当品线上营销目标进行线上推广服务以引流客户、拓展市场。线上推广常用的方式一般包括搜索引擎、网站链接、电子邮件、付费广告等形式。

3.线上营销的总结与优化

珠宝首饰绝当品线上营销最大的优势在于可以更加便捷地将典当企业的二手珠宝首饰推销给更多的潜在客户群体。在线上营销为典当企业赚得人气的同时，典当企业需要适时做好线上营销的总结与优化，认真经营和维护好自己的品牌形象，树立珠宝首饰绝当品线上营销的好口碑。具体而言，典当企业可从以下两个方面着手。

（1）做好内容营销，建立消费者信任。务必保证珠宝首饰绝当品"货真价实"，做到童叟无欺，为典当企业线上商城积攒较高的信誉度，这便需要典当企业中负责鉴定评估的典当师对绝当的珠宝首饰再次进行鉴定、复核并作出合理估价，必要时还可外聘业界专家代为把关。

（2）做好线上营销的售前与售后服务，保障消费者权益。比如，客户在网店选购好商品后，典当企业在寄出绝当品之前，当着快递员的面，对商品进行拍照确认；买家在签收包裹时当场检验物品是否齐全、有无损伤；比如黄金之类的贵金属，支持复检后再付款的灵活购买形式。

二、珠宝首饰绝当品营销的组织与管理

典当企业在制订好珠宝首饰绝当品营销计划后，就要通过企业内部各部门进行营销的组织、策划、实施和控制工作。典当企业珠宝首饰绝当品营销的组织与管理，具体包括珠宝首饰绝当品营销方案的制订、实施、控制与评估等活动，是把珠宝首饰绝当品营销方案转化为具体行动的过程。典当企业的管理者应根据营销方案的要求，合理分配企业的人、财、物等各种资源，处理好典当企业内外的各种关系，加强领导和激励，提高执行力，把典当企业珠宝首饰绝当品营销方案策划的内容落到实处。

（一）珠宝首饰绝当品营销方案的制订

珠宝首饰绝当品营销方案是表现和传送营销策划内容的载体，一方面是珠宝绝当品营销项目策划的主要成果，另一方面是典当企业进行珠宝首饰绝当品营销活动的行动计划。

珠宝首饰绝当品营销方案的基本内容主要包括：封面。规范的绝当品营销方案封面一般应包括方案的名称、典当企业名称、方案制定者及其联系方式等；目录。目录是珠

宝首饰绝当品营销方案中各部分题目的清单，通过目录可使读者快速了解方案概貌，同时方便查找相关内容；正文。正文是珠宝首饰绝当品营销方案中最重要的部分。珠宝首饰绝当品营销方案的正文部分应包括以下内容：市场调查、市场分析、珠宝首饰绝当品营销标的、新闻策划、公告策划、招商策划、项目进度表及其人员配置；典当企业的简介及相关业绩。珠宝首饰绝当品营销方案的最后部分，可以将典当企业的资质、企业内部部门设置、专业经营业绩和获奖情况等列明；附录。附录中可以提供珠宝首饰知识的介绍。此外，还可将企业资质、获奖等文件附录在后。

（二）珠宝首饰绝当品营销方案的实施

珠宝首饰绝当品营销方案的实施是整个营销工作中最关键的环节，绝当品营销方案的制订是否切合实际、是否可以达成事先的目标，也只有通过方案的实施这一实践环节才可得到验证。珠宝首饰绝当品营销方案一经确定，就应按照预定的时间和条件全面贯彻和实施，不可任意更改，好的策划方案需要强有力的行动进行落实，否则就会因为贯彻不到位而事败垂成。

珠宝首饰绝当品营销方案在实施过程中，既要根据其所定步骤逐步展开，随时注意对营销方案的实施进度、实施范围、方案实施发展趋势进行有效监察和控制，以确保珠宝首饰绝当品营销方案的顺利实施；还要加强对参与营销的工作人员的培训工作，着重培养其沟通协作能力。

（三）珠宝首饰绝当品营销流程的控制

珠宝首饰绝当品营销方案实施流程的控制，是指在整个营销方案实施过程及其效果的衡量和矫正，以确保营销方案目标的顺利实现。对珠宝首饰绝当品营销方案实施流程的控制和管理，需要在具体的实施进程中，通过检查、监督并确定整个珠宝首饰绝当品营销方案实施的进度情况，对实际工作与营销方案计划之间出现的偏差及时纠正，从而确保整个珠宝首饰绝当品营销方案的目标与计划得以顺利实现。

（四）珠宝首饰绝当品营销方案的评估

对珠宝首饰绝当品营销方案进行评估的目的在于判断实施方案计划达到预定目标的程度。评估并非仅限于方案实施之后的反思与评价，还可按照评估进程的不同，分为前馈评估、现场评估和反馈评估三个类型。前馈评估是指在珠宝首饰绝当品营销方案实施之前进行的预测性评估；现场评估是指在珠宝首饰绝当品营销方案正在实施的过程中进行的评估；反馈评估是指在珠宝首饰绝当品营销方案实施工作结束或行为发生之后进行的评估。

珠宝首饰绝当品营销方案评估的重点在于对营销方案执行前后的盈亏情况、销售增长率和市场占有率的测算与比较。在进行具体评价时，应将评价指标量化，尽量避免评价的主观色彩，结合典当企业营销方案所设定的目标分配各个指标之间的权重。

本章小结

就珠宝首饰营销而言，珠宝首饰拍卖和珠宝首饰典当虽然属于相对冷门的营销领域，但近些年来在珠宝首饰营销市场中逐渐占据一席之地。因此，紧跟市场变化，了解珠宝首饰拍卖与典当营销的相关知识很有必要。鉴于此，本章从拍卖、典当的角度着眼，首先分析了珠宝首饰拍卖与珠宝首饰典当相关的基础概念；其次，分别介绍了珠宝首饰线下和线上拍卖、珠宝首饰绝当品线下和线上营销的程序与关键因素；最后，分析了珠宝首饰拍卖和珠宝首饰绝当品营销的组织与管理。

重要名词

英格兰式拍卖　荷兰式拍卖　保留价规则　瑕疵请求权规则　珠宝首饰拍卖
质押典当　抵押典当　典当职能　珠宝首饰典当　珠宝首饰绝当品营销

复习思考题

1.简述拍卖的基本规则。
2.简述珠宝首饰拍卖的组织与管理。
3.简述珠宝首饰绝当品营销的组织与管理。
4.论述典当的类型、职能与作用。
5.论述珠宝首饰拍卖的程序与关键因素。
6.论述珠宝首饰典当的程序与关键因素。

珠宝首饰营销管理

📖 章后测练

第十六章 珠宝首饰销售技巧

本章提要

通过本章学习，可让学生掌握设计销售程序、销售技巧，了解企业销售组织架构。

章前引例 借助零售数字化，周大福线上GMV大涨

第一节 设计销售程序

销售程序的设计涉及售前、售中和售后三个阶段，一名优秀的珠宝终端销售员能够在这三个阶段中建立、发展和推进与顾客的关系，高效地促成交易。

一、选定适当的潜在顾客

销售中使用的"辨认潜在顾客"是指销售人员先通过企业内外部资源初步设定潜在顾客，随即对其筛选以决定哪些是合格的潜在顾客。潜在顾客是指对产品确实存在需求并具有购买能力的个体或组织。辨认潜在顾客的作用是为了了解他们的需求，从而更好地进行销售和营销活动，提高销售效率和销售额，这能使企业有限的人力和物力资源得到更高效地运用。

在进行珠宝销售的过程中，需要先辨认潜在顾客。从辨认角度而言可以从顾客的购买行为、购买历史、购买偏好、消费能力和消费习惯等方面来判断顾客是否为潜在顾客。此外，销售人员还可以通过与顾客的沟通交流，了解他们的需求和痛点。从辨认方

法而言，可以通过市场调查、数据分析、社交媒体等方式进行。除此之外，销售人员也可以通过过往的市场表现和市场趋势对潜在的顾客进行宏观上的分析辨认。

在我国，珠宝消费人群和消费偏好的特性主要体现在黄金消费市场大、婚恋因素影响强、女性消费占比高、线下消费主导这四个方面。在市场趋势上，随着居民收入增长、互联网电商的快速发展等，珠宝消费主力消费群体和潜在消费人群也发生变更，其中最大的特点是呈现年轻化趋势。唯品会销售数据显示，2021年12月以来，黄金饰品（包含K金和铂金饰品）的订单数同比增长近80%，其中，80后、90后和95后人群黄金饰品（包含K金和铂金饰品）订购数同比分别增长约72%、80%和105%[1]。中国的千禧一代（1980~1995出生）已逐渐成为电商珠宝消费的主力群体，同时Z世代正成为新崛起的消费人群，推动了市场增长。

二、设计销售演讲

珠宝企业通过设计销售演讲，可以增进销售人员对品牌与产品更系统的理解、对顾客需求更全面的考虑，也能帮助其在面对不同客户的时候，有更充足的准备，灵活应对。具备良好销售演讲技能的销售人员，可以让顾客在短时间内快速地认识品牌、了解珠宝产品，并提高购买成交率。

在预接近过程中，销售人员要收集关于潜在顾客的信息，这些信息将被用于销售演讲。在这一步，销售人员可以确定购买者的需要、动机，以及与即将做出的销售演讲相关的购买者详细情况。销售演讲模式涉及5个不同方面：演讲进度、演讲范围、询问深度，双向沟通程度及视觉辅助工具。同时，销售人员对销售演讲内容的熟悉度、表达方式等都会对销售过程产生重要影响。

珠宝作为一种高档消费品，需要通过珠宝销售人员的演讲来展现其独特的价值和品质。同时，相较于其他行业，珠宝产品由于贵重性，珠宝企业在设计销售演讲时需要更加注重产品本身的特点和消费者的需求。例如，对钻石而言，可以强调其品质、切工，情感性和意义性；对黄金来说，可以强调其纯度、重量、款式以及保值性和升值性等特点。对不同的消费者而言，有不同的关注点和需求差异，例如对年轻人来说，可以强调珠宝的时尚性和个性化；而对于中老年人，则可以强调珠宝的保值性和传承性[2]。

---

[1] 新浪财经. 黄金珠宝市场持续火热：悦己与年轻化消费崛起 [EB/OL]（2021-12-28）[2024-08-26]. https://finance.sina.com.cn/jjxw/2021-12-28/doc-ikyamrm21673909.shtml.

[2] 知乎. 珠宝销售技巧1240：你的话术怎么说，才能吸引顾客？[EB/OL]（2020-04-20）[2024-08-26]. https://zhuanlan.zhihu.com/p/133707176.

此外，随着直播电商的兴起，越来越多的品牌开始关注直播电商这一渠道的建设。直播销售演讲的互动性强、流量广和性价比高等特点能显著提升珠宝线上销售的购物转化率，同时能弥补珠宝产品的标准化程度不高、客单价高和缺少直观感受的线上销售痛点，由于其良好的互动性，能引起消费者的兴趣，同时帮助消费者更好地了解产品。

三、接近顾客

接近顾客涉及两个阶段，第一个阶段是接近顾客获得销售交流的机会，第二个阶段是接近顾客进行具体的销售交流。互联网信息技术的发展让人与人在沟通上突破了时间和空间的限制，销售人员接近顾客不再局限于线下的纸质宣传册，也不再局限于几十平方米的店铺和柜台。在互联网时代，珠宝品牌可以通过新媒体营销、体验营销以及会员制度等多种方式接近顾客，以达到营销目的。

在新媒体时代，珠宝品牌可以建立新媒体矩阵，如社交媒体平台微博、图文内容平台小红书、短视频内容平台抖音，通过多新媒体平台的协同，提高信息的覆盖率。另外可以通过这些平台发布产品信息、品牌故事、活动信息，以吸引更多的顾客关注和参与。同时，珠宝品牌还可以通过新媒体平台与顾客进行互动，了解顾客的需求和反馈。

此外，可以通过体验营销的方式进一步接近顾客。在珠宝品牌和消费者的接触过程中，线下体验和服务是非常重要的渠道。线下与线上相比能让消费者更好地了解和感受产品，例如消费者可以在店内试戴、观察珠宝的材质和工艺等细节，此外，线下体验还可以让消费者更好地了解品牌文化和价值观。例如，2021年，梵克雅宝在长沙IFS、成都IFS等城市地标推出"春之花园"限时体验空间，以"无常"与"惊喜感"为核心，满足了千禧一代对视觉冲击与体验感的需求，形成短期聚集效应，在展现出品牌魅力的同时，也吸引了众多消费者的关注。

同时珠宝品牌可以通过会员制度实现顾客的重复购买，降低再次接近顾客的成本。珠宝由于价值贵重，天然带有消费人群更加重视消费体验和服务的特点，珠宝品牌可以通过会员制度为顾客提供更加个性化的服务和优惠政策，例如，珠宝品牌可以根据顾客的消费金额和消费频次，为顾客提供不同等级的会员卡。此外，还可以通过会员制度为顾客提供生日礼物、节日礼券等福利，增强顾客对品牌的归属感和忠诚度。

四、完成销售

顾客到店后，销售人员需要通过温和、专业的态度发展客户关系，将事先准备好的销售演讲巧妙地通过口语向顾客传递、建立信任、获得理解和客户提出的困惑与异议。表16-1为珠宝顾问18步销售流程。

首先销售人员要提高自身的礼仪素养，保持服装整洁、穿着得当、适时地向顾客微笑，与顾客相处交流过程中动作需要大方有礼貌。在顾客进店后四处观望时可以客气上前询问，例如："您好，请问我有什么可以帮助您的。"但不要每一步都紧跟，要注意给顾客一个自由选购的空间，让顾客在店内感受到舒适。

其次在顾客选购过程中，销售人员要把握顾客的心理和欲望，通过交谈快速了解顾客的需求，关注顾客为谁购买？有无珠宝偏好？因何购买？了解到这些需求后要熟练、灵活地将之前的销售演讲计划中的内容穿插到与顾客的对话中。销售人员可以快速地根据这些需求挑选几款适合的珠宝给顾客展示，观察顾客在观看试戴过程中的神态动作。可以通过直接赞美顾客、暗示现在优惠力度大来刺激顾客购买。例如："您的皮肤白，带这款金刚刚好，显肤色提气色""最近金价涨得很快，现在这个价格很适合，您过段时间再来买就更贵了"等。在顾客确定购买后，要给顾客安全感，将珠宝检验单、包装过程完整清晰地向顾客展示。

表16-1 珠宝顾问18步销售流程

序号	顾客行为	珠宝顾问行为	工作标准
1	进门四处观望	微笑点头	您好，欢迎光临XX珠宝 思考顾客类型，看？买？ 琢磨顾客心理，自用？送礼？
2	走动浏览	注视礼	三米之内微笑 让顾客感到轻松 让顾客感到受欢迎
3	客户柜台前止步询问	仔细应答	欢迎光临XX专柜，您是看项链还是戒指 观察顾客注意点，综合描述商品 面带微笑，注视顾客，表情自然
4	关注同一产品超过3秒钟	介绍产品、让座、自己坐、奉茶	最多5问明白顾客目的，着重推荐4件高利润产品 辅销人员让座奉茶，注意礼貌礼仪，茶不宜太满，手握2、3件，品牌标识朝向顾客
5	要求拿出产品	拿出产品展示	双手递交客户，并介绍商品，同时拿出不超2件，注意顾客表情及语言变化 引导和推荐商品
6	询价	讲解价格	告知顾客价格及优惠政策，顾客不询问不着急告知
7	欣赏	仔细讲解产品	讲解产品优势 注意客户肢体表情及语言

续表

序号	顾客行为	珠宝顾问行为	工作标准
8	试戴欣赏	帮助试戴或演示	自己或同事帮助试戴 赞美顾客，不是吹捧 熟知不同的赞美形式及语言
9	议价	在公司政策范围内讲解	与竞品相比自己的优势在哪里 超出价格范围请示上级
10	提出异议	异议处理，解释	倾听顾客意见，清楚异议原因，迅速制订解答方案 冷静友善的态度回应，时刻保持微笑 突出我方优势，引导话题，转移焦点
11	购买决策	推动成交	倾听客户反映，找出购物动机，再次推动 严禁欺骗达到目的，根据需求做出回应 尊重客户选择权利，无论成交都礼貌相待，周到讲解
12	确定购买	与顾客确认成交，填写销售单据	称重，当面复称，检查确认商品质量无误 规范填写销售单据
13	准备交款	指引客户交款，办理会员卡	暂存商品，销售单交于顾客 指引收银台，陪同交款 办理会员卡，推荐连带销售
14	交款	包装准备	检验回单真伪，当顾客面核对商品，包装商品 包装应美观牢固，便于携带
15	回柜台，收货	交付商品、包装	交付商品，再次确认商品无误，无损，得到顾客确认后封包装 双手递与顾客
16	询问售后服务	讲解售后服务	向顾客讲解售后及注意事项 各类商品统一售后话术、重点讲解常见售后
17	准备离开	售后交谈	提醒顾客带好随身物品 邀请顾客转介绍
18	离开	感谢欢送，清理卫生	感谢光临，邀请顾客再次到店，送到门外，目送离开 清理柜台卫生，整理商品陈列，为下次销售做准备

资料来源： 珠宝知识与终端管理. 优秀珠宝顾问，18步销售流程[EB/OL].

五、实施售后活动

良好的售后服务能够推动更坚固的顾客关系建立。销售人员在交易达成后要做好交付准备，首先是包装用品——将货品包装好；其次是货品配套的其他资料——鉴定证书、售后服务卡与货品相关的产品说明等以及本公司宣传资料。等顾客结算完毕返回柜台时，最好将这些工作全部完成，让顾客——验收。然后，用公司统一制作的包装袋连同货品及销售单据一起装入其中，别忘了还有赠送的礼品，并再次提醒顾客首饰的佩戴及保养常识，并欢迎他定期来柜台做清洗、维护，最后友好地送别顾客。

第二节　选择具体销售方法

珠宝销售人员在与顾客接触的不同阶段，根据顾客对品牌和产品的了解程度，顾客的性格特性可以选择不同的销售方法，从而获得顾客更多的好感，更好地达到销售目的。

一、刺激反应式推销法

刺激反应推销法是指销售人员提供一系列的问题或者陈述说明来决定潜在的购买者时常以"肯定"来回答，一直到有希望。刺激反应法一般用于首次和顾客接触，在销售人员对顾客的情况知之甚少的条件限制下，通过不断地刺激试探得出顾客的反应进而判断顾客需求，这种方法在珠宝销售过程中被广为应用。

当顾客长时间在柜台驻足时，可以上前通过多方面的话术对顾客进行刺激，并仔细观察顾客的表情、神态，以及回答和行动，对顾客的反应进行判断，通过重复的话术刺激自然地转入下一阶段的货品介绍（图16-1）。首先可以激发顾客的好奇心，引导顾客了解珠宝的特点和优势，促使顾客产生购买欲望。其次可以利用顾客的心理需求，比如追求美、独特、时尚等方面，引导顾客购买珠宝。此外，可以利用刺激消除顾客的心理障碍需求，如顾客在购买珠宝时容易有质量、价格等方面的担忧，通过提供保障和优惠等方式消除顾客的疑虑，从而促进销售的完成。

图16-1　刺激反应式推销法

然而刺激反应销售法也存在着较强的局限性。刺激反应式销售法要求销售人员不断地发问和推荐，对于这种试探性和目的性很强的交谈，顾客可能会容易产生反感的情绪。因此，珠宝销售人员在使用这个方法的时候，要时刻注意顾客的反应，在察觉到顾客有反感情绪时，给予顾客一定的自由度，在顾客需要时再上前适时地进行讲解。此外，当顾客具有很强地专业知识或时间有限时，这种方法并不适用。

二、心理状态推销法

心理状态推销法假定大多数购买者的购买过程基本相同，购买者在购买过程中能够通过某种心理状态或步骤诱发购买行为。这些心理状态被称为 AIDA 法（注意、兴趣、欲望和行为）。适当的销售信息提供了从一种心理状态到下一种心理状态的过渡。心理状态方法如表16-2所示，包括兴趣和欲望之间的过渡阶段。

表16-2　心理状态推销观点

心理状态	销售步骤	销售任务
好奇心	注意力	使潜在顾客产生积极情绪,并且让他们喜欢你
兴趣	兴趣	面谈：促发顾客需求与欲望
劝服	劝服	了解顾客"我要买什么珠宝？"
		产品——珠宝的类型、设计是我心中所想要的？
		价格——这个珠宝品质和其价格是否匹配？同等价格下其他品牌珠宝品质是否更好？
		同伴——其他人认为怎么样？
		优先性——我现在需要它吗？（紧迫感）
欲望	欲望	通过精细的服务克服客户拖延
行为	成交	为顾客成交提供具体的方法

销售人员在销售过程中应时刻注意客户所处的状态。当感觉到顾客可能由于担心销售人员取出货品是想向他发起猛烈的推销而坚决拒绝时，应该尊重顾客的意见，继续让其浏览欣赏，同时在适当的距离内用平缓、轻柔的语气介绍本公司商品的特点，如新颖的款式、精致的做工等，而不是急于推销某一具体的商品，应当亲切、友好、客观地介绍商品，逐渐打消顾客紧张、戒备的心理，一步步地拉近与顾客之间的距离❶。当顾客确实对某个商品产生了兴趣，才是销售人员同顾客正式的交流开始。通过与顾客的交流，

---

❶ 丘志力，陈炳辉，陈剑浩，等 . 珠宝首饰销售手册 [M]. 广州：广东人民出版社，2002.

销售人员应了解清楚顾客的喜好、购买目的、顾客的大致预算，并通过推荐影响顾客的购买思维和购买倾向。

三、满足需求推销法

满足需求推销法是基于满足客户特别需要或一系列需求的销售方法。如图16-2所示，推销员的任务是辨别客户的需求，然后满足客户的需求。有别于刺激反应推销法和心理状态推销法，这种方法注重的是客户而非销售人员。销售人员可以通过问卷调查、客户关系管理系统等来了解重点客户的需求。这种方法减少了销售人员在进入信息说服阶段时因没有足够关注购买者的需求而引起的顾客抵触情绪与行为，同时提高了销售人员的专业性和服务质量，增强了顾客对品牌的信任感。此外，还可以提高销售人员的工作效率，减少不必要的沟通和交流。

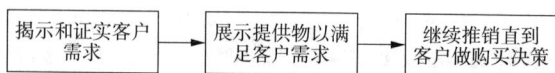

揭示和证实客户需求 → 展示提供物以满足客户需求 → 继续推销直到客户做购买决策

图16-2 满足需求推销法

在珠宝行业中，由于珠宝是一种高价值、高信任度的商品，因此需要极其关注消费者的需求，利用满足需求推销法可以帮助销售人员更好地了解客户的需求和问题，从而给客户提供个性化的服务和解决方案。例如，如果客户对品牌有更多的偏好，销售人员可以通过介绍该品牌的历史、品牌文化价值观以及品牌故事等信息；如果客户对价格比较敏感，销售人员可以向客户介绍性价比较高的产品。

四、解决问题推销法

解决问题推销法是指销售人员确定可能解决顾客的问题的各种供选择的方法，然后从其中选择一个代表性的解决方法。所有的可供选择的方法都要在顾客购买决定做出之前进行认真的讲解，这种方法是满足需求推销法的延伸。解决问题推销法如图16-3所示。

确定问题 → 设计可供选择的方案 → 评估可选择的方法 → 连续推销直到做出购买决定

图16-3 解决问题推销法

解决问题推销法需要销售人员善于倾听和观察。有些销售人员自以为是，不停地向顾客推介，不停地向顾客灌输珠宝知识，不认真倾听顾客的需求，不能给顾客提出的问题好的解决办法，这种自顾自说的推销方式很难成功。同时，解决问题推销法需要花费大量的时间和精力，在企业投入上具有局限性。此外，过度关注消费者的问题和疑虑，可能会导致销售人员忽略品牌和产品本身的特点和优势，从而影响产品的销售。

五、咨询式推销法

咨询式推销法是一个通过让消费者使用销售组织的产品、服务、专门技术来帮助他们达到战略目标的过程。这种方法将重点放在达到消费者的战略目标上，而不是仅仅满足需要或解决问题。推销人员确定顾客的战略目标，然后同顾客通力合作达到那些目标。咨询式推销法能够帮助顾客更好地与销售人员进行互动，在提供咨询服务的过程中，销售人员可以向顾客潜移默化地输出品牌和产品知识，从而增加顾客对品牌的了解度、对产品的兴趣，甚至是对品牌的忠诚度。

例如顾客可能会在购买过程中询问关于钻石切割、金价保值等各种专业问题，而销售人员对这些问题的回答是顾客了解的重要途径，并且这些回答能够帮助顾客做出更适合自己的选择，从而提高销售成功率。

第三节　销售队伍管理技巧

销售队伍是珠宝销售的重要组成部分，他们直接面对顾客，对产品和服务的质量以及品牌形象有直接的影响。珠宝销售需要关注销售队伍的管理技巧，主要涉及招聘与培训、激励和奖酬等方面。

一、招聘与培训

对于任何一个行业，人才的竞争都十分重要，高素质销售队伍能为企业创造更高的价值。对珠宝行业来说更甚，优秀的销售可以帮助珠宝公司创造利润、维系好顾客关系、提升品牌价值。企业可以通过招聘和培训来实现人才队伍的优化。

（一）销售队伍招聘

珠宝销售队伍的招聘需要考虑到招聘的职位、人员的数量、资质要求以及限定期限等因素，借助一定的渠道，采用相应的策略从候选人进行甄选。目前我国对珠宝销售队伍的招聘主要集中在"珠宝导购""珠宝顾问"等岗位上，在珠宝导购的任职需求中，关键词出现频率最高的是"沟通能力"，其次是"团队协作""服务意识""责任心"等。❶

> 拓展阅读16-1　　销售人员的素质

（二）销售队伍培训

新雇用的销售人员通常要接受公司的培训，以便于他们熟悉公司的历史、政策、设施、程序，以及与销售人员即将接触的关键性人物。通过培训，提高销售团队的产品知识和销售技巧，以帮助他们更好地了解客户需求，并提高销售业绩。

珠宝销售队伍培训流程可以分成以下几个阶段。根据珠宝行业的特点，企业接下来的目标以及客户需求，确定销售团队培训的需求与目标；同时制订相应的培训计划、培训内容、培训方式等；选拔合适的培训师资，包括内部员工和外部专家；根据培训的计划和内容进行相应的培训实施，包括理论学习、案例分析、角色扮演等；最后对培训效果进行评估和反馈，可以通过问卷调查、考试测评等方式进行，以及根据结果对下一次培训计划做出调整。

珠宝销售培训内容主要涉及品牌文化、专业知识、销售技巧和个人素质四个方面。首先，通过对员工进行品牌文化内涵、传播和落地等方面的培训，提高销售人员的品牌意识和品牌认同感，让员工更有主人翁意识，增强对顾客的感染力，带动顾客的品牌忠诚。其次，珠宝行业是一个高度专业化的行业，销售人员必须具备一定的专业知识和技能，才能更好地为顾客提供服务。再次，在珠宝消费过程中，和销售人员的互动会作为顾客购买的重要线索和因素，因此对销售人员进行技巧方面的培训能够帮助其更好更快更准地判断出顾客需求，以及通过良好的语言表达能力向顾客实施推销工作。最后，对珠宝销售人员的个人素质进行培训也十分重要，通过此方面的培训能帮助销售人员增强自身自信，在销售过程中更容易让顾客信任。个人素质方面的培训包括形象气质、沟通技巧、服务意识和职业道德。

❶ 陈秀英. 西安市珠宝首饰企业招聘需求网络调研分析 [J]. 科技视界 ,2015(13):122.

二、激励与奖酬

经过十多年的研究，激励的最通常的定义包括三个方面——激励强度、激励持续及激励方向。激励强度就是销售人员投入的脑力和体力的努力总量。激励持续描述的是销售人员随时间的变化而宁愿选择耗尽全部力量，特别当面临不利的环境时。激励方向暗示出销售人员在多种多样的工作活动中应选择的努力方向。

激励可以被看作是内在的，也可以被看作是外来的。如果销售人员发现他们的工作有内在奖励，那么他们将被内在激励。如果他们被提供的报酬激励，例如薪水和正式的认可，他们就被外在激励。尽管一个销售人员全部的激励既可以是内在也可以是外来的，但是一些人对外来的报酬有强烈的偏爱，例如薪水和正式认可的奖励，而其他人将寻求内在的奖励，例如兴趣、富有挑战性的工作。

奖酬系统管理包含选择和运用组织奖酬去指导销售人员的行为朝向组织的目标。组织的奖酬可以是补偿与非补偿奖励。补偿奖励是对那些可接受的业绩或努力的回报。补偿奖励可以包括非财务补偿，如认可、发展和提升的机会。非补偿奖酬包括与每个销售人员的工作状况和健康状况有关的因素。有趣和有挑战性的销售工作可以增加销售人员的动力，例如允许销售人员对其自身的活动进行一定的控制。非补偿奖酬的其他例子还有：提供足够的资源以便销售人员能完成他们的工作；对支持性销售管理的领导形式进行实践。

第四节　设计销售组织架构

不同的企业规模和行业特点适用于不同的销售组织架构，根据专业化、集权化、控制幅度与管理层次、直线制和职能划分为不同的架构设计方式，主要有地域型销售组织、职能型销售组织、产品型销售组织和市场型销售组织。

一、地域型销售组织

大多数销售队伍采用一些地域专业化的组织，这是专业化水平最低而最普遍化的销售队伍类型。销售人员常被分配到一个地理区域，并且在该区域内开展面向所有客户的所有推销活动，同时根据地域的高低层次确定管理层级（图16-4）。这种划分适用于产品销售范围较广，市场需求差异较大的情况，能帮助企业更好地适应地区市场特点，控制销售成本和管理销售人员，因此也是最为普遍的销售组织架构。在珠宝行业，知名的连锁品牌绝大部分采用此种组织架构，如周大福、周生生、六福珠宝。周大福官方网站的零售网络显示，先将其划分为中国内地、中国台湾、中国香港、中国澳门和其他五个大区，其次根据不同城市进行划分，再次根据具体的门店地址进行划分。在周大福门店内，又分成店长和销售人员。

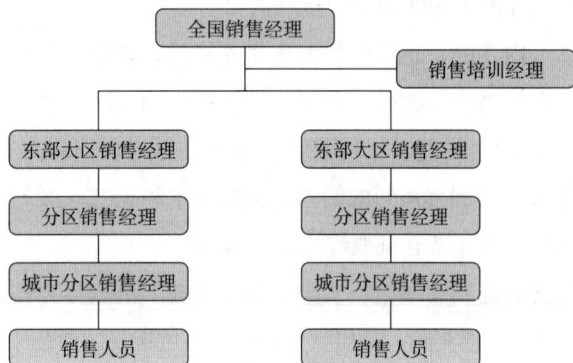

图16-4　地域型销售组织

二、职能型销售组织

大多数推销情形要求企业开展许多推销活动，所以，让销售人员专门从事某些规定的活动可能会更有效率（图16-5）。职能型组织架构主要服务于销售流程较长、客户规模较大的企业。例如现在很多企业会将销售队伍分成负责在线的线上销售团队，如专业的直播团队，和线下的销售团队，如店铺的销售人员。随着线上线下渠道的发展和销售环节的细化，职能型销售组织受到重视。珠宝行业也在逐步完善线上销售团队的架构建设，但目前仍以地域型为主。

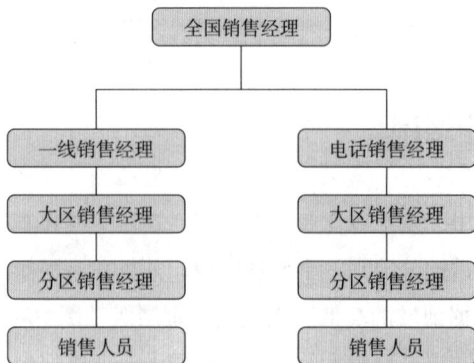

图16-5　职能型销售组织

三、产品型销售组织

产品型销售组织是指根据产品分配人员实现专业化，专人负责特定产品或产品线，例如电子行业中会分产品线进行（图16-6）。销售人员的目标是在所分配管理的产品类别中成为专门人才。这种组织架构更适用于产品专业性很强，且顾客消费主要关注单一产品类别时。虽然在珠宝行业的销售过程中，根据材质可以分为黄金、钻石；根据用途可以分为手链、项链、戒指等，但由于消费者在购买时，一般会多项询问选择，因此产品型销售组织架构并不十分适用于珠宝行业。但大的珠宝品牌在进行产品设计时，会有此方面的划分，以更精准地满足顾客的需求。

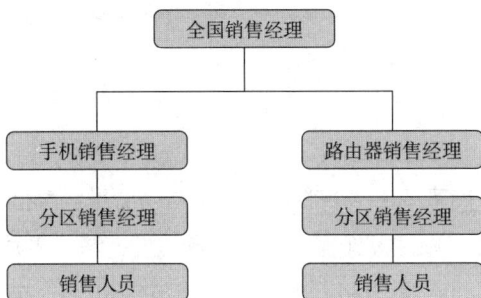

图16-6　产品型销售组织

四、市场型销售组织

市场型销售组织是一种越来越重要的专业化类型。销售人员被分配给指定的顾客，并且要满足这些顾客的所有需求（图16-7）。市场专业化的基本目标是确保销售人员理解顾客如何购买和使用公司的产品。市场型销售组织架构在珠宝行业中使用较少。

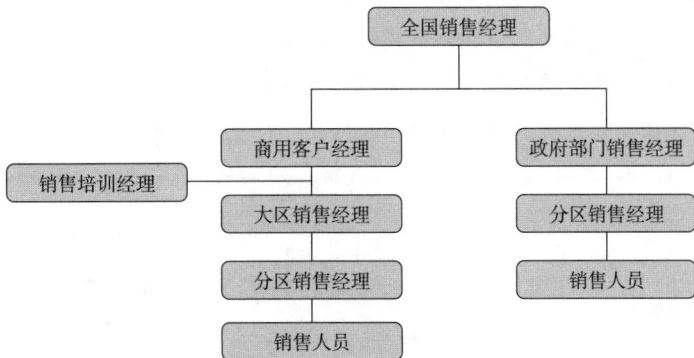

图16-7　市场型销售组织

本章小结

珠宝企业销售程序的设计主要包括选定适当的潜在顾客、设计销售演讲、接近顾客完成销售和实施售后活动四个环节。在这些环节中，销售人员可以选择不同的销售方法，以了解消费者的需求，更好地实现营销目的。具体有刺激反应推销法、心理状态推销法、满足需求推销法、解决问题推销法和咨询式推销法。

同时，珠宝企业在招聘和培训时，应关注销售人员多方面的综合素质，提高销售人员的水平，以及需要根据目标市场消费特点和企业规模来设定合理的销售组织架构。通过以上的了解与设计，企业才能更好地接触消费者，同时降本增效，获得更多收益。

重要名词

辨认潜在顾客　销售演讲　刺激反应推销法　心理状态推销法

满足需求推销法　解决问题推销法　咨询式推销法　激励

地域型销售组织　职能型销售组织　产品型销售组织　市场型销售组织

复习思考题

1. 珠宝企业设计销售程序主要涉及哪些方面？

2. 我国珠宝消费有什么特点？在消费人群上是否有新的变化？

3. 刺激反应式推销法的优点和缺点是什么？

4. 优秀的珠宝销售人员应该具备哪几方面的素质？

5. 一般而言，珠宝销售队伍的培训内容应涉及哪几方面？

6. 你是否能举出两个不同的内在的激励和外在的激励形式？

7. 最适合连锁珠宝品牌的销售队伍组织结构是什么？为什么？

📖 章后测练

第五篇

珠宝首饰营销策划

05

第十七章　珠宝首饰营销策划程序和组织

本章提要

　　通过本章学习，可让学生掌握珠宝首饰策划的相关概念、营销策划的程序与关键因素，关注相关问题的组织与管理；了解珠宝首饰营销策划的创意与方法。

章前引例　　意大利高级珠宝品牌能否迎来第二春？

第一节　珠宝首饰营销策划相关概念

一、策划的起源

　　策划是一个非常古老的概念，从构词角度理解，"策"有计谋、计策之意。在我国古代科举制度最高等级"殿试"中，会有"策问"的环节，意思就是针对某个问题，要求考生提取自己的对策；而"划"，则有合计、谋划之意。二者合二为一，即是"谋划对策"，具体指个人或组织为了达到既定目的，在一定方法或规则的指引下对未来事情进行预测并制订可行性行动方案的过程。

　　随着社会分工的发展和经济生活的展开，人们发现，许多军事策划的计略、方法，同样也适用于商业领域，策划活动进入更广阔的应用空间，人们尝试用自己的智慧和创造性的行为，对商业活动进行有目的的谋划，以此来提高在"商战"中的成功概率。今天，策划已经衍生出产品策划、媒体策划、公关策划、拍卖策划、游戏策划等分支，我们即将讨论的营销策划也是其中之一，可以说，无时不运筹，无处不策划。作为"一种运用脑力的理性行为",策划思维已经深入人心。

二、营销策划的原理与类型

(一)营销策划原理

根据《现代经济词典》释义,营销策划是"企业为制订和选择其市场营销战略和策略而进行的谋划"。不同企业要根据自身特点去制订、设计产品、价格、促销、渠道等策略,从而推动消费者实现购买。因此,营销策划的原理就是通过科学分析与预测而总结出的针对营销活动进行的规范性常识。营销策划的原理,具有前瞻性、整体性、程序性和创新性等特点。

1.前瞻性

营销策划是着眼于未来的行动决策,因而具有前瞻性特点。它不仅要关注事物发展的原因、现状,更要预测与分析事物发展的未来趋势。

2.整体性

营销策划包括许多环节,如市场调研、战略规划、企业定位、营销推广与公共关系等。它们之间前后递进,相互关联,构成一个互相影响和作用的整体,营销策划的效果就取决于这些环节的衔接与整合。

3.程序性

程序性体现在营销策划活动必须遵循一定的方法,按照一定的程序进行规划和实施。这也是策划区别于普通的"点子""灵感"之处,它除了要求策划者富有创造性的灵感设计,更需要用特定的程序规范下来,以确保能够实现策划目标。

4.创新性

创造性是营销策划的核心环节。我们的策划人员在策划工作生涯中面对的一大挑战,就是如何保持旺盛的创造力,正是这些创造力,确保我们在残酷市场环境中面对竞争对手的进攻或反攻时,能够"出奇制胜"。

(二)营销策划的类型

根据策划的不同角度,可以将营销策划分为多种类型。

1.按照营销要素划分

可分为产品策划、价格策划、渠道策划、推广策划等。

2.按照策划的层级划分

可以分为整体营销策划和单项营销策划。

3.按照策划主体划分

可分为企业主导策划和第三方营销策划两种。

（三）珠宝首饰营销策划的内涵

珠宝首饰作为一种特殊产品，其营销策划除需要具备普通策划要素之外，还应有一些特别需要关注的重点：一是要结合商品属性；二是要注重策划的差异化；三是要关注实际效益。

1.结合商品属性

珠宝首饰产品因其独特的质感、设计感以及原材料本身的价值感而为人们津津乐道。不论是金银、宝石还是其他贵重材质的珠宝首饰产品，其原料本身就具备了一定的稀缺性，因此从知名度的角度，可以说与普通产品不可同日而语，这种稀缺性越强烈，引起人们关注度也就越高，可以说有了"先发优势"。以金银首饰为例，这两种金属本身价值就比较高，因此在产品定位上，就决定了其不可能太过低端，而应该进入选购品和奢侈品的行列。但也正是因为金银作为原料有着相对公认的市场价格，因此倘若产品定价过高则会引起质疑，此时，就应该将宣传重点转移到产品设计上，通过出色的造型设计打消人们的疑虑。这正是珠宝首饰营销策划应该考虑的角度——结合商品属性。

2.注重策划的差异化

差异化就是要从实际出发，结合企业定位和产品特点进行营销规划。珠宝首饰是一个很大的范畴、金、银、玉、石乃至其他材质的产品充斥市场，各类不同定位的企业各行其道，既有走大众路线的产品，也有专注高端市场的企业，更有一些品牌独辟蹊径选择一些小众人群作为主攻对象。因此在进行营销策划时，必须关注客观存在的市场环境，根据企业定位、产品特点和消费对象等因素，进行差异化设计，选择最适合自身企业的道路。

3.策划要关注实际效益

珠宝首饰营销策划的目的性非常清晰，即实现企业效益，但关于收益的构成却有不同看法。有些观点认为盈利即收益，但越来越多的人认识到，实际收益可能并非"赚钱"那么简单。收益可以是短期的，也可以是长期的。短期收益以盈利为主，而长期收益却可以体现为品牌价值、企业口碑的累积。因此我们在进行珠宝首饰的营销策划时也应记得这一点，实际收益至少应该包括两部分内容：企业获得的经济收益和企业所积累的声望，即社会收益。

第二节　珠宝首饰营销策划程序与关键因素

一、策划程序

珠宝首饰的营销策划是一件系统性很强的工作，必须遵循一定的程序。这套流程以市场调研为开始，以评估反馈为终结，经反馈形成的方案或发现的问题，又可作为新策划方案的起点，各个程序之间紧密衔接，形成一个完整的闭环（图17-1）。

（一）珠宝首饰市场调研

珠宝首饰市场调研，需要借助一定的调研方法，对影响本市场的宏观、中观和微观环境进行分析预测，在认清外部因素、行业因素以及企业内部因素的条件下，为下一步目标设定与战略规划打下基础。

（二）设定营销目标

营销目标的设定取决于珠宝首饰企业预计通过营销策划和方案实施达到的主要目的。一般来说营销目标应该是一个量化的具体数值，可以以预期达成的销售数字为主要目标。

（三）设计营销战略

营销战略的设计为我们搭建起整个营销工作的框架。在此阶段我们需要回答三个问题：市场如何构成？我们的目标客户是谁？我们的定位是什么？这三个问题的答案即是策划工作中营销战略设计的要点：市场细分、市场锁定以及市场定位。

（四）战术策划

在这个环节中，我们需要从产品、价格、渠道以及促销角度设计营销方案，这四种不同的因素即是营销人常说的"4P"。然而4P只是一种笼统的叫法，事实上还有很多因素可以被我们考虑，加入我们的营销策划"豪华菜单"。

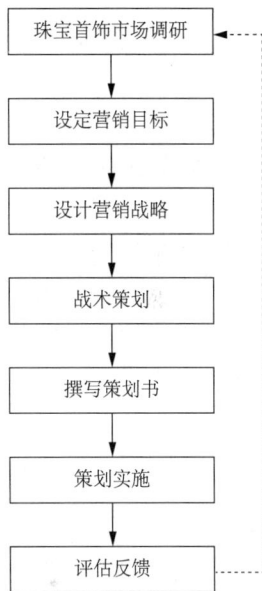

图17-1　珠宝首饰营销策划流程

（五）撰写策划书

策划书承载着我们的策划方案，是一种书面性文件。策划书要遵循特定格式，将我们全部策划工作纳入其中。

（六）策划实施

策划实施工作，是将我们的营销策划方案加以实施的环节。在这个阶段，非常考验策划人员的组织、控制和协同能力。

（七）评估反馈

评估反馈，主要工作在于考察营销目标的完成度。这种考察不是一次性的，而是应该在营销策划各个阶段均能形成行之有效的监督、检查、修订，以推动工作顺利进行并确保最终营销目标的达成。最后的反馈结果将形成一种制度化的经验，供新的策划任务参考。

二、各类环境中的影响因素

在市场调研中我们熟悉了珠宝首饰行业所面对的环境：宏观、中观和微观环境。它们由不同的具体影响因素组成。

（一）宏观环境

指的是企业外部环境，主要包括：政治环境、经济环境、社会环境、技术环境。

（二）中观环境

指的是行业环境，主要包括：产业结构、产业生命周期、供应商、分销商、消费者的构成与特征、竞争者和替代者等。

（三）微观环境

指的是企业内部环境，主要包括：企业资源、企业定位、企业整体战略、企业组织结构、企业市场地位、企业文化、产品、定价、分销渠道、推广和宣传方案等。

各类环境中的具体影响因素如表17-1所示。

表17-1　珠宝首饰营销策划调研中的各类影响因素

宏观环境	中观环境	微观环境
政治环境：政局稳定性、法律制度等 经济环境：经济形势、金融货币政策、税收政策、产业政策、就业或失业率、基础原料行情及供应状况等 社会环境：人口、家庭、文化传统、流行趋势、审美和价值观、生活方式等 技术环境：新材料、新工艺和新技术发展及应用	产业规模、产业结构、产业生命周期、产业利润率、市场壁垒、供应商、分销商、消费者的构成与特征、消费习惯、市场份额、竞争者和替代者等	企业资源、企业定位、企业整体战略、企业组织结构、企业市场地位、企业文化、产品生命周期、主要战略业务单位、定价方案、价格调整方案、分销渠道、销售队伍、推广和宣传方案、公共关系水平等

拓展阅读17-1　　珠宝品牌的"真爱营销"亟待变革

第三节　珠宝首饰营销策划的组织与管理

珠宝首饰营销策划的组织与管理，是指从选取策划人才、组建团队到完成策划评估等阶段的任务。可以说，正是这些核心阶段的工作完成，让企业能将纸面上的策划方案付诸实现。

一、策划的组织

在策划组织的环节，我们需要建立起合理的组织结构，规定岗位职责并挑选合适的人选。当我们希望借助外力完成策划任务时，也需要任命相应的协调人员，确保双方沟通能够顺畅进行。

（一）选择策划方式

这里策划方式的选择，指的是在企业主导策划和第三方机构策划方式中二选一。一些大型珠宝商实力雄厚、人员齐备，因此会拥有自己的策划团队，而更多企业则倾向于选择第三方策划机构来完成这项专业化工作，企业只需要提出自己的营销目标即可。

（二）建立策划组织机构

以下是两种不同策划方式选择下的组织机构（图17-2、图17-3）。

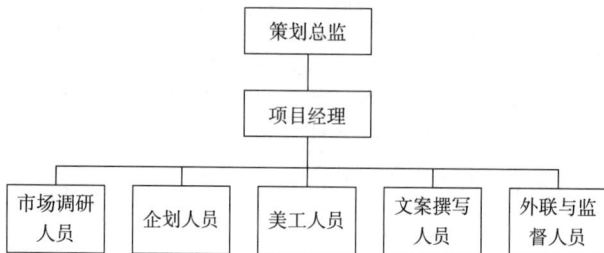

图17-2　企业主导策划组织机构图

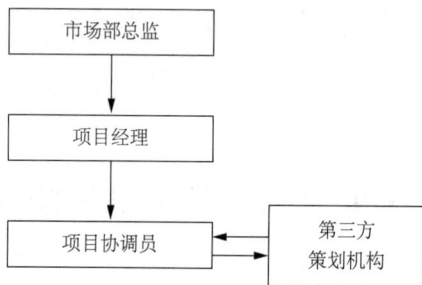

图17-3　第三方机构策划组织机构图

如图17-2所示，珠宝企业主导下的营销策划结构更为复杂：一般需要以策划部总监为总负责人，领导一名项目经理开展工作；在项目经理管理下，分有市场调研人员（负责前提调查）、企划人员（负责创意）、美工人员（负责电脑制图）、文案撰写人员（负责推广方案的文字部分）以及负责对外联络和监督策划案落实的外联与监督人员。

而第三方机构主导的策划组织（图17-3）对于企业而言就相对简单，此类企业一般不会有专门的策划部门，因此总负责人由市场部总监兼任，在他领导下，项目经理负责具体开展工作，并由项目协调员负责与策划机构之间进行日常沟通。在人力有限的情况下，也可不设项目经理而由市场部直接管理项目协调员。

（三）策划人员的选拔

在确定了相应岗位及岗位职责之后，企业将面对挑选合适人选的问题，建议珠宝企业在面对众多人才时按照下列原则进行选拔：一是具有敏锐观察力和市场分析能力；二是对行业环境以及企业产品特点足够了解；三是思路敏捷善于创新；四是具备美术和文字专业功底；五是善于与人沟通、协调能力强；六是具备良好的职业道德和责任心。

二、营销方案的制订

在营销方案制订阶段，需要结合市场调研分析结果，在产品、价格、渠道、促销等方面做出具体方案设计。关于4P营销的相关内容在前文章节中已有详细描述，因此本环节主要针对方案制订的步骤以及营销策划书格式内容进行介绍。

（一）营销策划方案制订的步骤

企业在制订营销策划方案时，必须按照既定流程进行，不可疏漏。要明确一件事，营销策划案并不会直接转化为立即执行的工作。倘若我们的策划人员无法自圆其说，或是在制订环节太过草率，有可能导致策划方案的夭折。如图17-4呈现了营销策划方案的制订流程。

1.素材汇总

所谓素材汇总，是将市场调研结果、产品说明书、企业年报、历年营销策划方案及实施记录等材料加以总结，准备根据其内容形成具体营销策略的过程。

2.形成初稿

初稿是策划团队第一次将完整的策划方案以文字呈现的结果。

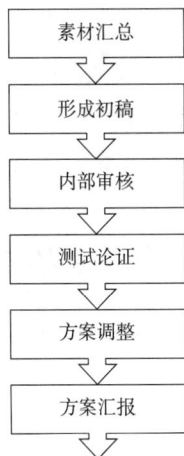

图17-4　营销策划方案制订的步骤

3.内部审核

内部审核需要由策划团队对前期初稿进行自我审核，主要审核重点围绕策划方案的完整性、科学性、严谨性、可行性做出内部判断，并在内部初审合格后，进入下一步外部论证阶段。

4.测试论证

在测试论证阶段，我们会把策划案提供给一些人士进行评价测试，以发现一些相对隐蔽的问题。

5.方案调整

本阶段任务是在之前积累的行业和市场反馈意见下，对营销策划方案进行最后修改，修改的结果，是推出最终版策划案终稿，因此，不能放过任何一处漏洞。

6.方案汇报

最终，终稿策划方案将会提交给决策层或客户审核。在这一阶段，策划人员要善于展示自身的工作成果，力求能够得到对方对方案的首肯，并根据对方意见对方案加以修改，直至最终获得通过。

（二）营销策划书的内容

营销策划书作为营销方案的书面文件，既是提供给决策人员的说明文件，成为其制订决策的依据，又是策划人员的行动纲领。

营销策划书有其固定规范，包含了特定的板块：封面、珠宝首饰企业信息及策划人员名单、目录、前言（包含策划案的背景、目的、意义、调查方法、策划书摘，还应特别提出本策划案中的亮点）、正文（正文主要包括珠宝市场的环境分析、行业分析、企业分析、消费者分析、竞争分析等，同时针对产品、价格、促销、渠道、公共关系等提出具体营销策略。完整的策划书正文还应包括活动预算、财务分析以及提出相关效果评估的有效方案）、总结、附录。

三、策划的实施

（一）实施前的准备

项目实施是营销策划案成功落地的关键，为了不出现"纸上谈兵"的状况，我们要做好充足的实施准备工作，对涉及策划团队的岗位、人手、职责等加以明确。

（二）实施方案的注意事项

1.注意实施的"务实精神"

实施一项任务需要多部门的配合，并不像大脑指挥手指那么简单。在实施过程中，应该本着灵活应对的态度，而不应该照本宣科，限制工作人员的热情。

2.注意实施的"快慢结合"

为了尽早达到策划目标，方案的实施应当提倡"快"，这是追求效率的必然。不过有时候也要当心"欲速则不达"。一旦现实与计划不符，也要学会慢下来，专注于方案调整、替代。

3.注意实施的沟通协作

最后依然要强调沟通，众多部门之间协同工作，唯有目的和方向都一致才能形成合力。所谓沟通顺畅，一是指拥有良好的沟通渠道，二是对合作抱有最大的信心。相关部门不但要在顺境中合作，也要在面对意见分歧和市场困境时密切协同，如此才能无往而不胜。

四、流程的控制

流程控制需要对实施环节进行管理，合格的流程控制能够让我们的实施工作少走"冤枉路"。在实际工作中，存在许多"业务流"，信息、产品和任务通过业务模式由上级部门转移到下级部门，并经由具体实施人员的操作转化为工作成果，这些业务流如果运转不畅，就会导致企业的某项业务"卡壳"，影响系统的健康性。营销策划流程的控制，需要设立专门人员，对其实施加以监督，并根据监督结果提出修改意见，或是将其反馈给上级主管。因此，流程控制在实质上，是一种绩效管理。

作为提升绩效的流程监督可以由定期检查和突击检查来实现。前者指的是按照既定方案，在一定周期内根据在事先确定的时段，定期对实施工作进行检查，如珠宝商派出人手，在各大卖场进行每周例行检查和月度例行检查，以确定工作人员持续认真地执行着操作方案；后者则是在操作人员不知情的情况下进行突袭式检查，这有利于管理方掌握下属的真实工作情况。需要注意的是，这两种监督检查方式并不是截然对立的，只能二选一。事实上，在实际工作中，它们经常被结合使用，以确保对保质保量工作的强化，始终使其维持在必要水平。

五、策划的评估

策划的评估主要目的是审核营销策划效果，以判断达到目标的程度。而一项策划是否"有效"，可能并非仅仅在结项之后才可衡量。从某种意义上而言，策划评估的结果，不论它的评价是否积极，都可以视为一种收获，可以帮助我们的企业在未来活动之中吸收完善。

评估营销策划方案的方法，按照时间阶段的不同，可以分为事前评估、事中评估和事后评估三种，以下分别阐述。

（一）事前评估

事前评估，在项目实施之前，对策划项目予以预测，事前评估的目的是检验项目的合理性和可行性，一般采取自我审查和专家论证相结合的方式。

（二）事中评估

事中评估，在项目实施过程中，针对营销推广的具体做法加以评价，它常常和监督检查配合进行。通常可以调查消费者对项目的关注度、对广告的理解度和对产品的接受程度等内容，反映在指标上，应该注意收集客户接触率、品牌影响力、产品好感度和实际使用体验这些数据。

（三）事后评估

事后评估发生于项目结项之后，因此最为企业重视，主要包括以下内容。

1.评估项目实现的经济效益

对经济效益进行评估，需要统计因实施项目而产生的实际销售数据，如营业额、收益率等，将其与预期指标进行对比，判断营销策划目标实现程度。

2.评估项目带来的品牌增值

有些营销项目并不以短期盈利为主要目的，这时就有必要统计出实施项目为企业带来的"无形资产"。应该看到，任何成功的营销，最终都会成为企业品牌价值的积累，经年累月，业界口碑就会形成。品牌增值评估可以以企业知名度和好感度为主要关注对象。

3.评估项目实现的社会效益

营销的高级阶段要求珠宝企业必须在关注商业利益之外，也关注自身社会形象的提升，这就是项目要实现的社会效益。社会效益可以由企业所实施的公益营销数量及质量，以及媒体对企业活动的正面报道来评价。

第四节　珠宝首饰营销策划创意与方法

一、创意的意义

策划离不开创意，珠宝首饰营销策划的亮点，要由创意来体现。那么，什么是创意？创意，即"创造意识"。创意不同于发明创造，它和实物作品未必相关，而是由创作者基于对现实事物的理解，而抽象出一种新的思维意识和行为能力。因此，可以这样理解创意：它通过创新思维，来发现潜在资源或是对现有资源重新整合，从而提升它们的价值。

创意赋予我们的营销策划以灵魂。在策划行业有这样的观点：宁肯接受一份有缺陷但富有创造性的方案，也不接受一份四平八稳但平庸的方案。因为前者可以通过继续打磨而变得完善，但后者却乏善可陈，实在浪费时间。在营销策划领域中，保持创造力一直是策划人员最敏感的事情，也是寄希望于通过策划来实现营销突破的企业家们最感兴趣的东西。

二、创意的过程

创意是一种灵感，而灵感不会油然而生，必须经过长时间的积累。广告界的"魔岛理论"恰好说明了这个问题：大海中突然出现的"魔岛"并不是不可思议魔法的产物，而是珊瑚礁日积月累的结果。当它最终长到高于海平面的时候，往往会让人大为惊讶，把它看作一种突如其来的魔法。

创意灵感亦是同样道理。它需要策划者长期的知识积累，并且要经过一定的流程，才能形成真正有价值的创意（图17-5）。

明确目标 → 资料收集 → 寻找灵感 → 形成创意 → 方案筛选 → 发布创意

图17-5　创意形成的过程

（一）明确目标

在创意形成的初级阶段，我们会有一个明确的任务，这个任务将决定我们的创意以何种形态问世。

（二）资料收集

在收集资料阶段，我们需要做的功课有很多，我们会涉及大量关于目标对象的资料，有些是有价值的，也有些没有太大用处。但有一点是可以肯定的，我们收集到的资料越完整，产生灵感、形成创意的可能性也就越高。

（三）寻找灵感

产生灵感几乎没有什么经济成本，但灵感本身却具有相当的价值，这个价值就是我们的创意者历年的知识沉淀，有了这些基础，再加上自身对于资料和素材的理解，那么灵感的产生只是时间问题了。以珠宝广告创意为例，能够激发我们灵感的东西可能包括：现有产品或创意设计、竞争者方案、积累的素材库，甚至我们身边不相干的任何事物。总之，灵感和知识积累有关，灵感更需要我们的联想。

（四）形成创意

灵感不是创意，灵感会催生创意。我们可以把灵感比喻成一个火星，而我们最终的目的，是让火熊熊燃烧起来。

（五）方案筛选

在上一阶段中，我们的创意者已经成功收集到了一些不错的创意，接下来就要评价它们的价值，将那些最独特的、最新奇的、最有市场前景和最具有可执行性的方案保留下来，成为我们最终完成的创意。

（六）发布创意

一旦拥有了最终创意，那么我们的创造工作也就基本完成，需要借助一定的平台将它发布出去，比如申请专利或与人共享。在我们的营销策划中，它可能会成为一系列工作的起点，期待在市场上验证自己的价值。

三、创意思维方法

创意思维方法有许多种，而它们的作用只有一个：通过锻炼创意者的思维方式，来激发真正的创造力。

（一）横向思维法

所谓横向思维法，是指以非常规、非传统方式进行思维的方式。它无视问题和结果之间的因果关系，倡导使用非逻辑的方法，打乱并重新排列问题要素组合，以此形成创新型的解决方案。

（二）逆向思维法

逆向思维法，就是从与正常思考路径相反的方向出发，反其道而行之，寻找"捷径"的思维方式。这种逆转思维能够帮助我们发现别人忽视的线索，找到解决问题的全新角度，让"绝对不可能"变成"相当有可能"。

（三）头脑风暴法

与上述两种方法不同，头脑风暴法属于一种群体思维方法。它通过组织小型研讨会，鼓励参会者充分发表意见，以此在参加者之间形成"脑力激荡"，启发更多的人提出更多的方案。

四、创意思维的培养

创造力不是先天的，虽然儿童思维发散但在他们之间并没有出现什么发明家或策划人才。一方面，孩子的知识储备极度缺乏。另一方面，创意思维的培养需要相当长的过程。为了提升自己的创造力，我们的专业人员需要做到以下几点。

（一）要善于观察生活

生活是丰富多彩的，与工作相比，我们每个人的日常生活占据了人生最大的份额。这意味着当我们缺乏灵感与创意时，应该走出办公室，向广阔的生活空间寻求方案。通过观察生活，我们会发现很多答案就隐藏在那些看似不起眼的角落。

（二）要注重知识的积累

我们都知道一句话，叫"书到用时方恨少"。这件事讲的就是知识的积累。从策划者的角度来看，并不存在"没有用"的知识，只要我们掌握了将它们融会贯通的能力，一切学识就都是触类旁通的。

（三）要培养想象力和发散思维能力

想象力是我们打破思维定式的利器，人一旦进入思维定式框架，规范性就会越来越强，原创性就会被扼杀，慢慢地就只能进行按部就班的工作。这对于策划者而言无异于一种灾难，因此，培养想象力和发展思维能力就成为一种任务。

（四）要注意对意志的培养

意志力帮助我们能够在遭遇挫折之际坚持到底。意志力就是直面困难的决心，在实际工作中，特别是那些需要投入耗费精力、责任重大的任务，非常考验人的意志，而对于长期从事策划工作的人士，也难免会有"江郎才尽"的焦虑，这时，拥有强大的内心和坚强的意志就非常重要了。

拓展阅读17-2　　恒信玺利拓展钻石珠宝多场景市场

本章小结

　　本章对早期策划的起源进行了追溯，并按照类型—原理—内涵的层次，对营销策划的相关基础概念作出了分析。对于珠宝首饰营销策划而言，学习者掌握基本程序与各阶段关键性的影响因素非常重要，应该认识到，策划各个程序之间紧密衔接，围绕策划主题形成了一个完整的闭环。本章梳理了营销策划方案制订的步骤，简述了营销策划书的主体内容，在此基础上，对珠宝首饰营销策划创意与方法进行了介绍与分析。

重要名词

策划　整体营销策划　市场定位　流程控制　公益营销　逆向思维

复习思考题

1.营销策划是否排斥模仿？

2.珠宝首饰营销策划的基本程序是什么？

3.宏观环境因素会对珠宝营销带来哪些影响？

4.策划的事后评估包括哪些主要内容？

5.你如何看待横向思维与逆向思维之间的关系？

📖 章后测练

第十八章　珠宝首饰营销策划方案实例

本章提要

　　通过本章学习，可让学生掌握珠宝首饰营销战略策划全过程，了解柘归主流产品系列的企业产品规划设计以及促销策划方案。

💡 **章前引例**　　柘归，路在何方？

第一节　珠宝首饰营销战略策划

一、柘归的市场营销战略设计

　　在柘归这个名字中，"柘"为木石，"归"代表山水，品牌含义为"千山万水之中寻觅最好的材质"，以暗示其珠宝产品本质。它原本为在校大学生创新创业大赛参赛项目，经过一段时间运作之后在师生中引起关注，设计的实物作品受到广泛好评。学生团队察觉该项目有着不错的市场发展前景，遂成立了柘归创意珠宝有限公司，实现了项目的落地，成为大学生创业的典型范例。企业经营范围涵盖珠宝、玉石首饰、文化创意类产品设计、制作；玉石、金属配饰批发兼零售；珠宝手工制作咨询服务；展览展示服务；企业形象策划；服饰设计；产品包装设计等内容。

　　营销战略策划，需要对企业战略环境进行综合分析（SWOT分析），即充分掌握企业的机会、威胁、优势与劣势，并在此基础上，完成市场细分、市场选择和市场定位工作（STP策略）。

（一）柘归的SWOT分析

1.柘归的机会

柘归作为一家大学生创业的珠宝公司，其机会来自以下三个方面。

（1）政策的支持。近年来，我国先后出台了一系列鼓励和扶持相关领域发展的利好政策：上海钻石交易所和上海黄金交易所分别于2000年和2002年成立，以此为契机，建立起了多层次、全功能、多元化的钻石和黄金市场体系；2006年7月1日起，经由钻石交易所进口的毛坯钻石获豁免缴纳进口增值税，降低了企业经营成本；2016年，国务院办公厅发布了《关于开展消费品工业"三品"专项行动营造良好市场环境的若干意见》，其中，黄金珠宝作为市场重要商品，其消费获得了有力的政策支撑。以上政策，为珠宝首饰行业壮大提供了政策红利。此外，国家对大学生创业的扶持政策，也让柘归获得了发展的初始动力。

（2）珠宝消费的增长。随着我国城乡居民可支配收入不断提高，消费者对用来满足审美和欣赏等较高层次需求的产品购买不断增加，对这些产品的消费目的，已经从以往追求贵重、保值、收藏等过渡到以满足情感需求为主。这些变化导致珠宝消费快速向大众市场靠拢。

（3）市场建设日趋完善。政府和行业协会陆续出台了一系列行业标准及规范，为良莠不齐的珠宝首饰市场扫清了制度障碍。

2.柘归面对的挑战

（1）原材料因素。珠宝行业对原材料要求较高，且天然钻石、翡翠等原料很多依赖进口，在进出口贸易波动大前提下，其价格和供货稳定性易受影响。

（2）企业运营成本攀升。目前，珠宝销售多依赖线下渠道，一些小规模企业和新兴品牌，也开始尝试线上营销。但即便是在线销售，搭建交易平台、平台引流推广、客户维护等成本也日益高涨，让许多企业背上沉重负担。

（3）产品设计缺少原创性。"山寨"恐怕是珠宝类企业最为头疼的问题，从产品的角度来看，品牌、材质和设计是构成价值感的主要因素。而越是实力不足的企业，就越无法保障其设计原创性，造成抄袭现象横行。

3.柘归的优势

柘归的主要优势，集中于以下几点：产品原创性强、运营团队年轻、目标客户较为集中、产品口碑良好。

4.柘归的劣势

柘归的劣势非常明显，主要体现为：产品知名度低、企业融资能力有限、运营队伍不够专业且流动性强、销售渠道单一等。

（二）柘归当前的STP策略

柘归提供的商业计划书显示，其目标客户人群锁定为：以青年学生为主，兼顾高校教师。风格以年轻、时尚、轻奢为主。柘归将全部珠宝首饰客户划分为不同区间，选择青年学生作为深耕对象，应该说这个细分市场还是比较精准的，但相对而言，企业市场定位却不那么清晰，因此也就很难维持客户的忠诚度。

柘归以大学生为主要营销对象，但学生群体一大特点就是好奇心强烈而忠诚度不足，而柘归又未曾针对这个特点对营销策略加以调整，因此根据调查，很多消费客户购买柘归产品是出于尝鲜心态，复购率非常低。此外，细分市场之后，企业也缺乏打入市场的有效方法，造成覆盖人群有限、盈利能力不足。

二、柘归营销战略策划方案

（一）柘归的战略选择

根据SWOT分析结果，企业一般可形成四种不同的战略选择：优势发展战略（SO战略）、优势防御战略（ST战略）、劣势扭转战略（WO战略）和收缩防御战略（WT）。根据对外部环境的综合判断，虽然对于柘归而言机遇与风险并存，但其所在行业面对的原料供应、经营成本等外部风险并不具备长期性，或者可以通过经营手段予以回避，而设计方面的短板也会随着企业成长而逐渐弥补，这意味着，柘归面对的机遇事实上大于风险，因此应更多考虑发展战略而不是防御战略；从内部环境考虑，柘归除原创性较强、市场形象不错以及企业文化积极上进之外，其内部资源明显缺乏。综上考虑，柘归作为实力较弱的新兴企业，目前应该选择"劣势扭转"（WO战略），充分利用政策红利，克服困难争取不要掉队，同时通过对市场风向的准确把握获取先机，在逐渐完善自身条件基础上，力争扭转竞争劣势。

（二）柘归的目标客户与市场定位

柘归当前以大学生（主要是本校学生）为主要目标，从盈利角度而言明显不足以维持企业运转，因此应借助前期良好口碑，通过拓宽宣传渠道和推广手段，快速扩散至全市大学生群体，并尝试辐射京津冀地区。同时，应该将目标客户人群扩大到高校年轻教师及入行不久的办公室白领，这二者的共同点就在于相对于大学生有着较强的购买力以及较高的品牌忠诚度，但实力还不足以消费更高端产品或对高端产品没有太大的需求，因此从产品角度不需要进行太大调整，只要寻找到合适的推广方式，很快就能开拓新的市场空间。柘归目前的目标客户主要为年轻、时尚的消费群体，应在此基础上进一步明确自身定位，来用企业文化、设计语言和推广行为诠释什么是"年轻和时尚"，以及如何去服务年轻时尚的对象。年轻人普遍好奇心强且抱有强烈娱乐心态，柘归可以尝试摆脱一家单纯以设计见长的企业形象，去迎合消费过程中的"玩乐"主义，让消费者不但买到了产品，更能享受购买产品、彰显品位、交流文化这个过程。

拓展阅读18-1　　年轻的珠宝创业者们

第二节　企业品牌策划

品牌意味着竞争优势，品牌也可帮助消费者区分产品。品牌形象由六大因素构成：品牌属性、品牌带来的利益、品牌价值、品牌文化、品牌个性和品牌使用者。应该说，打造品牌对于任何一家企业都至关重要，但对于柘归而言，首先应该具有清晰的企业形象，然后对此加以完善、强化，最终才能形成强有力的品牌。

一、柘归品牌分析

自创立之初，柘归就有着强烈的意愿，意图打造一个立足于中国传统文化、具有校园"学院派"风格的珠宝品牌。可惜的是，由于缺乏进一步的企业品牌形象建设，这个意愿尚且停留在口头上。

品牌建设包含如下主要内容：品牌名称、品牌标志、品牌定位、品牌传播和品牌拓展。

（一）品牌名称

从品牌名称来看，柘归，取"木石水土"之意，寓意着大学生企业朝气蓬勃，聚土木之气，采山水之华茁壮成长。应该说，这个名称起得非常传神，颇能显示命名者较为深厚的文化造诣。不过，"柘"却并不是一个生活常见字，许多人很难第一时间读出这个字的正确发音，存在信息错误表达的可能。不但如此，因生僻的名字无法引发联想，也不利于人们记忆。因此，"柘归"这一名称，的确能够显示品牌的文化特征，但却因此和其主要消费人群拉开了距离。

（二）品牌标志

柘归LOGO设计为"柘"字的文字变形，结构上参考了中国传统窗棂造型，显得颇为巧妙。不过，同上文一样，对"柘"字陌生的顾客恐怕很难理解其用意之精妙，也就完全领会不到图案背后的文化底蕴。

（三）品牌定位

柘归的目标客户主要为年轻、时尚的消费群体，因此柘归的品牌定位主要是走年轻化路线；同时，柘归也有一个企业自我社会定位，那就是做珠宝知识和传统文化的传播者。但正是这个略显"沉重"的自我定位，可能会影响柘归品牌的形象传播。柘归的创始人和主要设计、管理团队均为在校或刚刚走上社会的大学生，若说对传统文化有深刻的理解很难令人信服，在这种前提下谈文化传播，难免会有"隔靴搔痒"的感觉。知识与阅历的积累会有一个过程，但柘归并不能等待这个过程完成再去认真考虑自己的品牌定位，因此，从这个的角度来说，柘归也需要重整思路。

（四）品牌传播

柘归的品牌传播力严重不足，现有能够称得上品牌传播方案的，仅有一些不定期公众号文章推广，定期、系统化和多样化的企业形象宣传非常缺乏。

（五）品牌拓展

至于品牌拓展，它涉及品牌延伸和多品牌策略，一般自主品牌进入成熟之后启动，目前柘归尚未涉及。

二、柘归的品牌策划方案

经过上文分析不难看出，柘归现有品牌建设方案并不成熟，这非常不利于产品在市场上获得稳定的市场形象，更不利于使柘归品牌摆脱挣扎在生存线上的众多中小珠宝品牌队伍，以这样的形象入市想要获得客户，依赖的武器就只有定价低廉，走低端路线，这恐怕不是柘归管理团队的初衷，因此，对其品牌建设提出如下建议。

（一）品牌名称的修改

"柘归"二字起得非常传神，柘归企业可以考虑保留其作为企业名称，而在命名品牌时选择更为常用的字眼。常用不意味着平庸，好的品牌名称，应具备以下特点，柘归团队可以从中获得灵感。

（1）简短、简单的名称。

（2）朗朗上口的名称。

（3）有好的意境的名称。

（4）容易与品质建立起联想的名称。

（二）设计专业化品牌标志

参考修订之后的品牌名称，聘请专业人员设计品牌LOGO。品牌标识设计同样有一些原则可供柘归管理团队参考。

（1）准确传达企业宗旨。

（2）便于长期使用。

（3）具有独特的风格。

（4）内容易懂，易于传播。

（三）品牌重新定位

柘归的消费者多为"95后"甚至"00后"，简单的"时尚"无法满足其需求，因此，柘归在品牌重新定位之际，应该考虑将品牌向"潮流化"靠拢。潮流化意味着拥有独特的设计理念和文化，并且能够一定程度上代表年轻潮流文化的现状、影响年轻潮流文化的未来。柘归企业本身具有独特的文化内涵，将这种文化传统与潮流结合，让传统中国文化与现代潮流产生碰撞，"国潮"定位就呼之欲出了。它能够很好地回应新生代对中国文化的自信，以品牌为媒介，以文化为武器，引导消费者关注产品背后的传统文化，这才与柘归创立的初心相吻合。

（四）更积极的品牌传播方案

品牌传播，是指企业为将品牌信息传递给消费者、劝说其购买产品的各类方法。当代珠宝品牌最热衷使用的品牌传播方式为明星代言，而这明显不是柘归应该走的道路。在确立品牌传播重点——将品牌形象、品牌个性信息顺利传达到消费者心中之后，选择合适传播方案就成为当务之急。珠宝首饰因其造型美观，具备相当的审美价值，因此非常适合现场观摩，因此，经常性参加一些珠宝展销会、产品推介会对于珠宝首饰的品牌传播而言效果显著。此类现场传播方式成本并不一定很高，选择在一些人流量较大的商场设置展示柜台，是一种成本与收益较为均衡的方式，这些现场展示会并不一定会成为销售的直接场景，但对于传播品牌信息效果良好。另一方面，线上应该作为另一个传播重要渠道，这是柘归正在摸索尝试的，但是单凭一些公众号文章推送，很难完成此重任。柘归应当继续拓宽思路，借助更多元的平台，如微博、豆瓣、短视频平台、交友和婚恋网站等，持之以恒地对企业品牌加以推广，最终依托上述平台庞大的用户群实现客户引流。

（五）考虑未来多品牌策略的可能

目前柘归的实力尚且薄弱，尚未顾及进一步品牌拓展的工作。但它作为一种长远规划，也需要经营者投入思索。柘归的客户看似精准，但从整体消费市场来看，依然属于小众人群。发展一定时间之后，必然会遇到市场容量的天花板，与其到那时转型，不如从现在起就制定好未来的品牌拓展方案。待时机成熟，柘归应适当推出一些中高端产品，尝试涉水更专业的产品线，以满足消费者对奢侈珠宝产品的需求，为了将此类产品和之前大众产品相区分，更适合采用全新品牌；柘归同时应思考产品线的下探，将一些定位更低的产品投放大众市场，这类产品限于成本未必一定要以首饰为主，可以考虑柘归子品牌的文创类产品，做到既不伤害原有品牌形象，又能够借助老品牌既有的知名度。

拓展阅读18-2 2021~2026年中国市场将推动高级珠宝和豪华手表行业复苏

第三节　产品策划

产品策略是营销组合的核心，用户对企业和品牌形成某种态度，要经由对产品的使用完成，产品策划在营销策划中的重要性不言而喻。产品分为许多层次，从内层的核心产品，到外层的外延产品，从产品的设计到产品的包装，从新产品的定价再到产品上市时机，都有许多功课可做。本节主要围绕柘归企业，探讨珠宝首饰的产品设计、产品定价、产品线规划和新产品上市推广等问题探讨产品策划。

一、柘归的产品规划

（一）产品系列

柘归共有手链、项链、耳环、脚链等四大产品系列，共八十余种珠宝首饰产品正在销售，此外，柘归也提供定制化产品供消费者选择（表18-1）。目前，柘归产品的设计师均来自学生团队。

表18-1　柘归的产品系列

产品系列	产品类型
手链系列	编织款、穿线类、绕线类、纯素珠类、手镯类
项链系列	设计镶嵌类、锁骨链、素链类、绕线类
耳环系列	耳钩类、耳钉、耳线类、耳夹
脚链系列	编织类、素珠设计类
定制产品	根据客户要求定制

从选取的原材料上看，柘归首饰一般采取金、银、珍珠、和田玉、天然红纹石，摩根石、蓝晶石、绿幽灵、和田玉、石榴石、黑曜石、海蓝宝等中低端材质，这符合柘归贴近学生市场的定位。

柘归以学生作为主要设计人员，很好地控制了设计费成本，对设计专业出身的在校学生而言也确实起到了"以练代学"的目的，但从产品设计的专业性角度来讲则有所欠缺。不过，对于对珠宝首饰行业不甚了解的大学生消费群体，对专业方面的要求也确实不会太高。

（二）产品定价

如图18-1所示，目前在售的4大系列81种柘归首饰产品，价格集中在100~500元，特别是200~300元的产品有46种，占比超过全部产品的一半以上。500元以上产品只有一种，没有低于100元的产品。可见，柘归在售产品价格非常忠实地反映了柘归的定位原则，不存在高端甚至中高端产品，也不涉足特别低端的领域。考虑到一半以上的产品

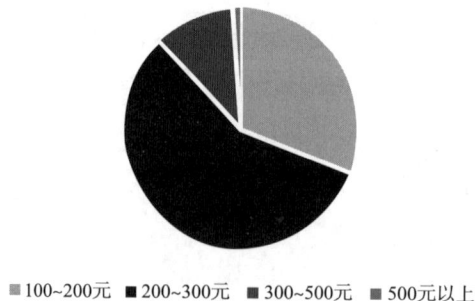

■100~200元　■200~300元　■300~500元　■500元以上

图18-1　柘归在售产品定价区间

均"扎堆"于200~300元这个价格区间，这种定价实际上是并不高明的。目前柘归并没有提供具体每一种产品的销售数字，但可以相信，46种二百多元的产品，销量最好的一定集中于寥寥数个，至多不会超过10个，这说明这些产品之间实质上处于相互竞争的关系，消费者并不能很好地识别每一种产品的差异，在得不到有效信息的情况下，他们常常会选择销量最高或是提供最大优惠的那一款下单，从而让其他的"陪衬"产品成为某种形式的浪费。

（三）产品线规划

柘归的产品线规划可以从本节前述内容中获得一些线索。从产品线类别上而言属于面面俱到，而从产品线档次角度而言则完全没有区分。定制产品可以看作柘归试图突破中低端天花板的一种尝试，可惜受制于设计能力，定制产品销售并没有取得实质上的突破，一方面低端定制就成本来说让企业无利可图，而高端定制消费者会更倾向于选择更知名品牌。但定制产品确实可以作为产品线多样化的一种突破，关键就在于能够提供何种层次的定制体验。更多的内容，将在下文策划方案中再做建议。

（四）新产品上市推广

柘归的新产品上市推广方案和它的品牌传播一样，是乏善可陈的。据了解，柘归最经典的产品推广方法，就是在网店上新之后，通过公众号和朋友圈发布新产品上市信息。这些产品一般会在一些特别时机予以推出，如情人节、父亲节、母亲节等。但这些节日也是各类珠宝商开展促销攻势的主要时机，在这样强大的竞争压力下，柘归能吸引多少客户的关注是相当令人存疑的。为了提高曝光度就要大打促销牌，而这并不是柘归的强项，况且，新产品应该属于利润比较高的产品，而一旦因为促销而降低价格，又会相应降低它的利润率，这成为柘归无法回避的两难境遇。综上，柘归的新产品上市推广工作有着极大的提升空间，柘归制订产品营销策划不能在现有策略上修修补补，而是必须从更新的高度出发重新进行。

二、柘归的产品策划方案

（一）产品设计策略

柘归产品从设计风格来说具有浓厚的中国风，这一点让人称道，但从设计表现来说就太过单一，甚至太过"古板"。我们既然已经将"国潮"定为柘归的品牌形象，那么就必须在设计语言中，体现其"潮"的一面。而目前柘归产品精美有余而灵动不足，首饰设计趋向于烦琐。复杂的设计语言对于追求奢华感和品质感的高端产品而言可能是优势，但如果销售对象是年轻群体就会显得过于正统、过于沉重，这是喜爱玩乐的00后所不感兴趣的，甚至会因此觉得它与"时尚"不沾边。

年轻人对于"潮"这种时尚，有更狭义的定义，那就是"街头潮流"，街头潮流不一定是四平八稳、中规中矩的，它代表着与众不同、个性化和前卫的探索精神。因此从产品设计角度，柘归应该尝试将一些潮流元素融入其中，比如说唱艺术、街头涂鸦甚至二次元文化。这些元素的融入会快速降低消费对象的接受门槛，让年轻人认为柘归产品就来自自己身边。

（二）产品定价策划

从定价角度，柘归可以保留主要产品的价位区间，与此同时，尝试研发一些百元以内更低端的产品来打开销售市场。这种产品利润不高，但可以凭借走量来实现盈利，并通过更广泛的消费者提升柘归品牌的市场影响力。这方面，可口可乐是一个很好的范例：2019年，可口可乐品牌价值约为808.3亿美元，而一瓶可乐的销售价格最低只有1块多钱。相对于那些产品高端但知名度较低的产品可以看出，品牌价值的实现并不一定和高端定位有关。当然柘归也应尝试规划一些高价值产品，以应对购买力相对充足的教师群体和白领群体，在这个市场当中，1000~2000元是合理价位。

（三）产品线调整

柘归应利用好定制产品这个"利器"。定制产品可以尝试较高定价，但价格有了，如何体现定制的意义非常重要，在这个过程中我们有一个原则，即降低客户的选择难度。珠宝产品的原材料不下百种，设计方法复杂多变，形成的产品组合数不胜数，因此毫无限制的定制等于没有定制，对珠宝首饰缺乏常识的客户也很难在我们的定制清单中做出选择，以至于最终我们拿出什么产品，对方都会觉得不是自己想象的样子。柘归应该将定制"定制化"：将一件产品分解开来，如项链，可分为系绳、吊坠、首饰盒三部分，每一部分；提供3~5种选项，这些选项必须是可视的，相互之间有一定差异的；由客户自由组合，最好能够以虚拟动画方式，让对方看到组合之后的产品；最后按照顾客生成的图样制作实物产品。这样的定制规范了流程，简化了步骤，为双方节省了时间。

柘归产品线应该向高、低端延伸，这是我们刚刚形成的共识。柘归也应该丰富产品线内容，虽然身份是一家珠宝首饰公司，但柘归的社会定位是做中国文化的传承人，因此可以考虑与历史、文化、艺术相关的其他领域进行"联姻"，推出周边产品，丰富自已的产品系列。

（四）灵活的新产品上市推广方案

新产品问世的推广计划应该具有更多设计感。即便是在普通的在线平台上，也不应该平铺直叙，让上市过程显得波澜不惊。制造轰动效应的方法有很多，一是制造悬念，在上市之前进行长时间铺垫；二是进行"饥饿营销"，采取限量发售的方式激发消费者"奇货可居"的心态；三是可以结合产品线规划，在一个时间周期内，陆续上市系列产品，形成关注度的连续性。

新产品推广渠道也应继续拓展，短视频造势、品牌联合推介、网红带货等都可以考虑。在求新之路上没有什么必然可行和必然不可行的做法，一切出其不意、有助于打开知名度、有利于品牌价值积累的方法都值得尝试。

第四节　促销策划

一、柘归的促销现状

（一）广告

柘归因为财力所限，在广告方面并没有太大投入。据工作人员介绍，柘归曾经在电商平台购买广告位，但高额广告费成为柘归沉重的成本负担，且由于持续时间太短，并没有产生什么效果，因此没有继续进行下去。事实上，对于这类中小微企业，主流广告媒介成本高昂，不应该成为其首要选项。

柘归的口碑是通过熟人关系圈传递开来的。一般如果有一位学生购买柘归产品，往往会带动身边更多同学成为消费者，这说明，面向朋友圈的口碑营销应该作为柘归重点考虑的广告传播方法。

（二）短期促销活动

柘归的短期促销比较简单，一般采取在特定日期进行商品打折的方式进行。据了解，柘归也尝试过朋友圈集赞免费换购的促销方式，不过由于影响力有限，没有取得预期的成果。柘归的促销活动有一个特点，就是"浅尝辄止"，在没有立即取得市场反馈的情况下，迅速终止活动。企业采取短期促销手段快速提升销售业绩的目的非常明确，柘归这样做当然有及时止损的考虑，不过促销项目的仓促上马和迅速落幕，也从一个侧面反映了管理团队和负责人员没有成熟的策划思路，缺乏严谨的思考。

（三）人员推销

人员推销需要由企业派出销售员，与消费者进行一对一或一对多沟通，通过口头表达、感情渲染等方式直接销售产品。柘归曾参加过一些小型珠宝首饰展销活动，在活动现场由企业工作人员面向参会者进行产品介绍，可以看作一种人员推销。

（四）公共关系

公共关系营销与广告推广侧重点不同，虽然二者最终目的都是帮助企业实现营销效果，但公共关系营销很明显带有更为浓厚的"公共属性"。柘归不定期会在校园内部进行一些珠宝科普知识讲座，根据调查反馈，参与者普遍积极性较高，效果还不错。面向公众的知识讲座可以视为公共关系营销的一种，它以普及科学知识为目标，拉近企业和社会公众的关系，提升企业在民间的好感度。知识讲座切勿办成产品推介会，这样就和广告无异了。广告的宣传存在一定夸大成分，如果客户真的将二者混为一谈，无疑就会对讲座的内容产生怀疑，不利于实现提升企业形象的目标。

二、柘归的促销策划方案

（一）短期促销活动方案

1.促销主题的确定

促销必须确定主题，而主题的设定必须经过严谨的思考和论证。这个论证过程，要经历客户调研、痛点与痒点分析、决定活动主题等阶段。

2.促销方案的设计

每年的十月份恰逢国庆假期，很多新人选择这时候举办婚礼，因此是珠宝首饰销售的旺季，以下就以国庆期间柘归网络促销活动为主题，为其提供促销建议。

（1）活动主题：金秋十月柘归珠宝节。

（2）活动范围：全网客户。

（3）活动时间：××××年××月××日——××月××日。

（4）活动目的：提高销量、扩大客户群体、塑造品牌形象。

（5）活动主要内容：全场商品8.8折优惠。

（6）限时特别活动。

① "喜从天降"。客户在小程序中收集红包，红包金额直接抵扣商品价格，且与8.8折优惠叠加。

② "电话传情"。新客户完成注册且现场下单者，领取精美礼品一份。

③ "普天同庆"。通过老客户分享链接入场购物者，新老客户均享受产品折扣。

④ "两情相悦"。购买情侣款首饰的客户可参与抽奖，最高可获得免单资格。

（7）活动分工。

（8）活动预算。

（二）人员推销方案

人员推销可以选择的场合有很多：如网络、营业点、展销会、发布会、电话推销、上门走访等，柘归可以根据自己的承受能力和业务特点酌情考虑。人员推销也可不必太过于拘泥形式，通过业务人员社交网络进行产品推介，也是不错的选择。这里针对如何选好推销人员向柘归提出一些建议。

（1）选择人际交往能力强的人员。

（2）选择灵活性强的人员。

（3）选择压力承受能力强的人员。

（4）选择善于思考的人员。

（5）选择能够注意倾听，并及时反馈客户意见的人员。

（三）公共关系营销策划

1.现有讲座的系统化

柘归曾在高校内部举办过多次讲座，但讲座系统性不强，内容相互脱节，容易造成泛泛而谈、泛泛而听的结果。因此柘归应该注意将讲座内容规范化、系统化，每一年年初即制订本年度企业讲座的时间、内容和面对的对象，把讲座内容同重要时间节点、社会热点话题结合起来，让讲座能够长期、循序渐进地吸引公众参与。

2.对讲座的推广也是营销

讲座的目的是介绍知识，讲座的终极目的依然要服务于企业营销活动。因此应当把知识讲座当作企业另一个产品来看待，对它的推广也是企业良好社会形象的累积。柘归的主要客户虽然是大学生，但珠宝知识面对的受众却可以更广泛，因此柘归应该将单一的讲座串起为"知识课堂"，走出高校，走进社区，增加讲座的受众覆盖面。

3.与其他公众的关系的培养

公众是一个非常广泛的概念，所有的消费者、潜在消费者以及非消费者都可以是公众，有时候，对企业进行评价，并不以是否消费过企业产品为前提。因此柘归应该注意与这些公众，包括媒体、主管部门、金融机构、社区、合作伙伴、股东、员工队伍等，搞好关系，营造全方位企业形象，如此不但提升了企业口碑，更能赢得更为宽松的生存环境。

第五节　销售渠道策划

销售渠道，是企业产品通达客户的手段。销售渠道有线上与线下之分，又有直接渠道与间接渠道的区别。

一、柘归当前销售渠道建设

在柘归的宣传资料中，提到主要销售渠道为"在线销售"。事实上，珠宝本身不是在线销售的良好范例。珠宝首饰因其材质价值较高、普通人难辨真假，因此在涉及较昂贵商品时（如钻石、名贵玉器），消费者往往倾向于去实体店购物。只不过，柘归因为产品单价较低，因此不存在这方面的困扰。但珠宝首饰真的不适合在线销售吗？这并不尽然。根据上市公司周大生公布的企业年报，2020年其线上业务收入已经超过5亿元，较2019年增长43.22%。这一方面是由于企业发力在线销售市场，另一方面，也是由于2020年疫情对实体商业的冲击，使其购买力转移到了网上。

柘归的网络店铺经营得并不出色，目前除了公众号、柘归网站外，已终止与主流电商平台的合作，因此柘归的大部分销售，实际上是在线下完成的。大学相对来说是一个封闭的环境，校园内部有自己的活动空间和人文环境，据调查，柘归大部分订货，都来自产品展销会，它们往往会依附一些庆典、讲座和会议而举办；除此之外，如果某个同学对柘归网站上的珠宝感兴趣，他并不会直接下单，产品也不依赖配送公司的服务。他通常会通过相关认识的同学联系上柘归的经营团队，手机支付，然后由兼职的学生负责送货上门。看起来虽然简单便捷，但却和真正规范化的销售渠道相差太远。通过这件事我们应该产生三种认识：一是柘归的销售方法并不是经典的"在线销售"，而更接近于线上看样，线下支付；二是柘归的熟人网络，才是它真正得以立足的销售渠道；三是柘归的销售渠道勉强能应付当前销售额不高、客户较为集中的现状，立足于企业的长远发展，柘归应该认真考虑建设多渠道、正规化的销售网络。

二、柘归的销售渠道策划

（一）网站直销

网站是企业最佳展示平台。作为企业独立自主的业务平台，必须维护好一个良好的企业网站。对于柘归来说，这个网站既是对外形象宣传平台，也是直接的产品销售平台。它可能没有第三方网站知名度那么高，但企业可以完全掌控其运营规则，不会受制于人。至于人气不足，可以通过网络引流改善。

对于柘归网站的建设，除具备相关的产品介绍、客户下单的标准模块之外，必须要强化体验式营销功能，对于前文提到的定制销售，亦应该成为其组成部分之一。可视化体验能够提升无法产生真实触感的珠宝产品的质感，通过缩放、旋转、动画等功能展示产品细节，刺激浏览者的购买欲望。

而对于企业关心的网络引流问题，可以从如下角度加以考虑。

①搜索引擎推广。

②电商平台引流。

③自媒体、社交网络平台推广。

（二）第三方平台销售

第三方平台销售可以通过京东、淘宝等电商平台，也可以通过在微信内部提供小程序入口的方式进行。考虑到柘归自身实力不足，微信小程序可能存在流量不够的问题，柘归也可以和一些第二、第三梯队小有名气的电商平台合作。此类电商不属于头部企业，因此对入驻品牌比较友好，同时用户接触范围又比小品牌要广泛，因此曝光的概率更大。经过一段时间合作，自身实力得到提升后，柘归可以再考虑推广自己商城的小程序。

（三）合作伙伴营销

采取这种销售渠道必须明晰两个问题。

1.谁是合作伙伴

合作伙伴营销是通过客户介绍客户的营销模式，当完成新客户吸收之后，为老客户提供一定的佣金。因此，客户就是我们最好的合作伙伴。可以看出，这种营销渠道，实际上是对柘归原有"熟人网络营销"加以完善，因此实现的难度最低。

2.如何制订激励措施

将客户变为合作伙伴，就必须提供相应的利益奖励，否则对方既没有动力，也没有理由主动为企业寻找客户。因此，柘归必须致力于如下措施的制订。

（1）合作伙伴准入及退出机制。并不是所有的客户都适合做我们的分销渠道，只有那些有一定的野心，将其视作一种财富增值渠道的人才适合合作，且这些客户必须对企业产品特别认同。对于这些人，要采取签订协议的方式确定双方的关系与各自责任。同时，合作伙伴不是一成不变的，对于那些无益于实现营销目标的客户应该按照一定的规则将其移出合作伙伴清单。

（2）合理的提成比例。合理比例的设置应该既能让对方动心，又能确保企业利润。提成比例不应该千篇一律，而应该按对方为企业创造的价值层层递进。

（3）产品展示体系。成为企业合作伙伴的客户，会通过自己的私人网络将产品信息发布出去，它不应该仅仅是一个链接、一个二维码这么简单。过于粗糙的转发内容，会让新的关注者失去兴趣，因此在设计之初，就应当在有利于忠实呈现产品特征、有利于多级客户管理的方案上倾注精力。最后，不管采取哪一种销售渠道，同专业物流公司的合作都是必要的，这将让企业的专业性得到展现。

本章小结

本章以"柘归"经营实践为案例，对企业现状进行了SWOT分析，并提出了当前形势下柘归可采取的STP策略。在分析柘归主要营销内容基础上，从不同角度为柘归设计了营销策划方案。根据对现实案例的抽丝剥茧，借此向读者阐述珠宝首饰营销策划方案实战中企业品牌策划、产品策划、促销策划和销售渠道策划的专业知识。

重要名词

STP策略设计　品牌拓展　产品线　饥饿营销

复习思考题

1.劣势扭转战略（WO）和收缩防御战略（WT）有何区别？

珠宝首饰营销管理

2.年轻珠宝首饰购买群体在购买力和品牌忠诚度上有什么特点？为什么会形成这样的特征？

3.什么是品牌的重新定位？

4.柘归的中高端产品应如何摆脱之前消费者心目中"廉价首饰"的印象？

📖 章后测练